子ども学への招待

――子どもをめぐる22のキーワード――

索　引
［修正版］

ミネルヴァ書房　編集部
（2017年7月・非売品）

本書巻末の索引につきまして，誤りがございました。心よりお詫び申し上げます。

　つきましては，このたび索引中のページ数の修正と，項目の追加を致しました。

　『子ども学への招待——子どもをめぐる22のキーワード』の索引は，こちらの修正版をご利用ください。

2017年7月

　　　　　　　　　　　　　　　　　　　　　　　　　　ミネルヴァ書房　編集部

索　引

アルファベット・数字

1.57ショック　238
2つの理論的流れ　2
DNA　7
ICF（国際生活機能分類）　230
JSL　255
JSLカリキュラム　255

ア　行

愛情　5
愛着（アタッチメント）　5, 35-44, 145
愛着障害　43
アイデンティティ　17
アクセサリー　129, 137
アナリティック抑うつ　42
移行　92
伊勢崎市　247, 255, 258
一次体験　98
遺伝　2
遺伝子　2, 4
遺伝的形質　4
衣服　129, 131, 133, 137
意味記憶　49
イヤイヤ期　38
インクルーシブ保育　226-232, 235
印象　131
インフォームド・コンセント　29
ウィトゲンシュタイン, L.　8
ウェル・ビーイング　26, 28-29
内なる国際化　248
うつ　3, 5
運動学習　76
英語指導　249
絵かきうた　207
エピソード記憶　49
エリクソン, E. H.　9, 17
演繹的な推論　217
エンゼルプラン　238, 239
エンパワーメント　30

大泉町　248, 255, 257
太田市　250-252, 255, 257
お母さん　6
おしゃれ　129, 132-134, 136-138
おしゃれ障害　137
お父さん　6
大人　2-3, 5, 9
お歯黒　131
オペラント条件づけ　109, 113
親　3-6, 8
親子関係　4-6, 8

カ　行

カーチス, I. E.　216
外観　129
外見　132-134, 136, 138
外国人児童　250
外国人児童生徒　247-250, 257
解読　105-108
顔　133
学習言語　253
学習指導要領　246
学習遅進児　253
学力保障　257
数　216-223
数の理解　216-218
数える　217, 218
数える原理　218
カタログ的表現　195
価値観　147, 148
葛藤　4, 8
かのような（as if）　92, 93
髪型　132
感覚運動段階　16
感覚統合療法　60
環境　2, 4-5, 8-9
環境を通した教育　185
感情　131
記憶　46-55
記号化　105, 106, 108

気質　4
基礎体温　79
基底線　195
気分　131
基本的信頼　17
義務教育　258
虐待　41, 43, 44
教育　141, 144, 147, 149, 150, 166, 168-177
協調運動　60
緊張性頸反射　74
具体的操作段階　16
首輪で引き伸ばされた長い首　129
倉橋惣三　183, 184
形式的操作段階　17
化粧　129, 132, 138
化粧品　129, 137
健康　23-32, 137
健康権　28
健康な子ども　3, 4
健康な人間　3
健康な発達　5
言語的教示　109
原始反射　73
巧緻性　60
行動観察　233, 234
行動理論　2, 5
誤学習　112, 113
国際疾病分類　27
国際生活機能分類　27
国際理解教育の推進　251
孤育て　241
子育て　144
子育て支援　236
孤独　154
孤独な人間　154
子どもたちの健康　9
子どもの最善の利益　245
子どもの参画　159, 160
子どもの仲間関係　110
子どもの発見　180
コミュニケーション　105, 106, 141
こもりうた　205, 206
コントロール　5

サ　行

再接近期　38
三歳児神話　120
自我同一性　17
子宮外胎児期　21
自己　131
自己効力感　61, 62
自己受容感　133
自殺　4
自信　5
自然　2, 57-66
自然欠乏症（Nature Deficit Disorder）　57, 58
自然に対する感受性　64
疾病コントロール　25, 28
自伝的記憶　51-55
指導助手　252, 255-257
児童の権利に関する条約　258
自動歩行反射　74
指導補助者　256, 257
自発的微笑　36
社会　1, 3, 8, 9
社会化　6, 8
社会性　6, 93, 100
社会的階層　131
社会的機能　130, 131
社会的スキーマ　107, 108
社会的スキル　104-114
社会的スキルの学習過程　109
社会的スキルの生起過程モデル　106, 107
社会的地位　131
社会的排除　152, 154
社会的包摂　157, 158
社会的問題　3, 4
社会の問題解決スキル　110, 111
社会的微笑　36, 37
就巣性　19, 20
集団　130, 131
主張性スキル　110, 111
出産　79-82, 84-86
出入国管理及び難民認定法　248
シュトラウス, M. S.　216
ジュニア・ファッション市場　132

障害のある子ども　226-232, 234
生涯発達　14, 53
消極的健康　25-28, 31
少子高齢化　4
身体　129, 134-138
身体のトラブル　136-138
身体への不満感　135
身体保護機能　130
信頼感　5
心理検査　233
心理漸成図式　17
心理社会的発達段階説　17
心理的機能　130
心理的問題　3
心理臨床的課題　4
スキナー, B. F.　2, 9
スキャモンの発育曲線　68, 69
スクリプト　50
スクリブル　194
図式的表現　195
スタイル　133
ストレンジ・シチュエーション法（SSP）　39
生活言語　253
精神的健康　131
精神分析（家）　2, 5
制服　131
生理的早産　21
世代間伝達　44
積極的健康　25-28, 30-32
摂食障害　137
前生説　1
早期教育　79, 88-90
総合的な学習の時間　252
相互に支えあう存在　9
装飾　129
痩身　129, 134-136
痩身願望　134-136
痩身志向　134, 135
ソーシャルスキル教育　105, 114
粗大運動　74

タ　行

ダイエット　129, 134, 135, 137
待機児童緊急対策　243
体型　133, 134
胎児　205
体質　4
対自的機能　131
体重　133, 134
対他的機能　131
第二言語　255
第二次性徴　133, 135
多視点描法　196
他者からの評価　133
多文化共生　4
短期記憶　46
知情意　91
父親　1, 4
着装　129, 131
長期記憶　47
爪の障害　137
強い怒り　5
定住化に向けた外国人児童生徒の教育特区　257
適応指導　248, 250
展開描法　196
頭足人　194
投影　91
統合保育　227
統制　106-108
特別の教育課程　246
となえうた　207-214
トラブル　136
取り出し指導　248, 249
どれにしようかな　208-212

ナ　行

なぐりがき　194
ナショナル・トラスト　64
二次的就巣性　20
日系南米人　247
日本語教室　249, 251-256
日本国憲法　257
日本語指導　246-249, 252-257
日本語指導が必要な外国人児童生徒数　247
日本語文法　254
人間　2, 6-10

人間観　142
人間全体　3
妊娠　79-87
認知機能　51
認定こども園　236
ノーマライゼーション　29, 227

ハ行

把握反射　74
ハーロウ, H. F.　14, 15
入り込み指導　249
バイリンガル　255, 256
バイリンガル教員　257
パターナリズム　30
パターンの科学　219
発達　12, 143
発達心理学　14
発達段階　15-17
発達のプラン　2
発達プロセス　48
母親　1, 4
バビンスキー反射　74
パンプ　53
反応性愛着障害　43
ピアジェ, J.　2, 9, 16, 216
ピアス　137
微細運動　74, 75
ピタゴラス　252
ひとみしり　37
皮膚　137
皮膚のかぶれ　137
ヒューマニスト　2
表象　52
美容整形　129
貧困　152
ファッション雑誌　133
ファッションショー　132
不安（感）　3, 5
服　136
不信感　5
普遍　141
フレーベル, F.　181, 182
文化　4, 8, 9, 140
分離―個体化理論　38

分離保育　227
ヘルス・プロモーション　26, 28, 31
保育所　180, 185, 186, 236, 237, 241-244
ボウルビィ, J.　18, 120
保護者　4, 6
ホスピタリズム　41, 42
母乳育児　79, 88
母乳信仰　123
哺乳反射　73
ホモ・サピエンス　8
ホモンキュラス　1, 2
彫り物／タトゥー　129-131, 136
ポルトマン, A.　19

マ行

前操作段階　16
マスロー, A.　2
マターナル・ディプリベーション　41, 42
松野クララ　182
マニキュア　137
まりつき　207, 208
未学習　112
身だしなみ　132
身分　130
未来　3, 7, 10
魅力　136, 138
メンデルの法則　2
モデリング　109, 113
森のようちえん　65
モロー反射　74
問題解決力　61
文部科学省　247, 255

ヤ行

友情形成スキル　110, 111
よい社会　6
幼児（期）　49
幼児期健忘　53
幼稚園　180-186, 236, 237, 241, 242
装い　129-132, 136-138
装い起因障害　137
装いの機能　130

ラ 行

ライフサイクル　17
螺旋構造　2
離巣性　19, 20
リハーサル　109
両親　6
ルソー, J. J.　2, 9
レジリエンス　157, 158
練習期　38
レントゲン描法　196

労働人口の減少　4
ロールシャッハ・テスト　93
ローレル指数　134
ロック, J.　2, 9

ワ 行

ワーキングメモリ　47, 49
ワーク・ライフ・バランス　240
ワトソン, J. B.　2, 9
わらべうた　205-210, 212-214

Introduction to "KODOMOGAKU"

子ども学への招待

子どもをめぐる22のキーワード

近藤俊明／渡辺千歳／日向野智子［編著］

ミネルヴァ書房

はじめに

　「子ども学」は，多湖輝先生が「東京未来大学」2007年の開学時，お一人で受け持たれた科目であるとうかがった。

　多湖先生のお名前は，ずっと以前に一世を風靡した「頭の体操」で私たちの年代の者はよく記憶している。その先生が学長の任に就かれたのが東京未来大学であり，私も僅かな時間だがかかわりを持たせて頂いている。

　とはいえ，「子ども学」という学問分野の勉強をしてはおらず，諸先生に対していささか気おくれがしているが，大学の学生たちとは別のグラウンドで出会い，ともに汗をかいたことがある。

　舞台はカンボジア。不幸な内戦が20年も続き，和平協定が結ばれても，すぐ国の秩序が回復するわけではなし，その中で一番の被害者は子どもであった。

　学校らしきものはほとんど壊滅し，教師も戦場と混乱の中で8割が虐殺されたり海外逃亡をしたりしていたので，私たちは「学校をつくる会」というNGOを立ち上げ，学校建設にとりかかった。

　校舎そのものは業者に依頼し，その他の付属物や遊具などを，活動隊と称して，各大学から応募して来た若者たちが灼熱の大地で汗を流し作成した。その中に東京未来大学の学生たちがいた。

　途上国での日常は分からないことばかり。

　その中で彼らが一番癒されたのは現地の子どもたちだろう。

　学校教育の他に数々の習い事を持つ日本の小学生とはまったく違うカンボジアの子どもたちが，日本の大学生の作業を手伝おうと寄って来た。

　両者はたちまち仲良しになり，まさに「子ども学」の真実がそこにあった。野生そのものの子や，やたらすりよる子もいたが，休憩時間には何事かを学ぼうとするかのように離れない。

　東京未来大学の学生たちも，彼らの中に生命力なるものを感じとっていた。それが教育の真実だと思う。改めて子どもとは……と学んだはずだ。

その思いを持ち帰った大学生たちの一部は，すでに社会人となっているが，ごく最近同期の活動隊であった2人の結婚報告があった。嬉しかった。彼は小学校の教師，彼女は保育園の保育士としての共働きだそうだ。

　私は東京未来大学のネーミングが好きだ。子どもこそ私たちの未来であり希望だからだ。その大学で学ぶ学生諸君，そして教員の皆さんに敬意を表しつつ，お仲間入りさせて頂いている。

　そして，2016年。子ども学は新たなプロジェクトを立ち上げた。この「子ども学への招待──子どもをめぐる22のキーワード」の執筆・刊行である。このテキストは，東京未来大学こども心理学部の通学・通信両課程における1年次必修科目のテキストであると同時に，子どもを学ぶ高校生，大学生，一般のすべての方々に，子どもをみつめ，子どもについて意欲的に学ぶことを期待し執筆された。本書によって，子どもに関する豊かな視座を提供することができれば幸いである。

2016年12月
小山内美江子

子ども学への招待
――子どもをめぐる22のキーワード――

目　次

目　　次

はじめに

序章　**子どもって何？**（近藤俊明）　キーワード：子ども ……………… 1
　　　子どもはホモンキュラスが成長？／なぜ子どもについて学ぶのか／健康な子どもを育てるには／人間はどこからやってきたのか／人間はどこへ行くのか／もう一度，子どもとは

―――――――第Ⅰ部　すこやかな育ち―――――――

第1章　**子どもと発達**（渡辺千歳）　キーワード：発達 ……………… 12
　　　発達とは／心理学用語としての発達／発達心理学の位置づけ／発達段階という考え方／ピアジェの発達段階／エリクソンの発達段階／愛着の大切さ／人間の赤ちゃんの特殊性／二次的就巣性／発達を学ぶ意義

第2章　**健康と子ども**（平部正樹）　キーワード：健康 ……………… 23
　　　健康と子ども／健康とは何か／子どもの健康権／子どもの健康は誰のものか／子どもの健康と成長／子どものケアをするということ／

第3章　**養育環境と子ども**（井梅由美子）　キーワード：養育 ……………… 34
　　　人間関係の出発点とは？／生まれてすぐの赤ちゃんの生活／愛着とは？／愛着の発達／愛着のタイプ（個人差）／ホスピタリズムとマターナル・ディプリベーション／虐待と愛着障害

第4章　記憶と子ども（坪井寿子）　キーワード：記憶 …………………………… 46
　　　　記憶について／幼児の出来事に関する記憶／子どもの頃の思い出
　　　　を振り返る

第5章　自然と子ども（藤後悦子）　キーワード：自然 …………………………… 57
　　　　自然と子どもとの触れ合いの現状／子どもが育つ空間としての自
　　　　然／子どもの成長と自然／自然と子どもとのかかわりを保障する
　　　　ために

第6章　子どもの発育と運動発達（真家英俊）　キーワード：運動 …………… 68
　　　　身体の発育と発達／反射と運動発達／運動学習

第7章　妊娠・出産と子ども（小谷博子）　キーワード：妊娠・出産 ………… 79
　　　　自分の体をもっと知ろう！／妊娠のしくみ／産みどきはいつ？／
　　　　妊娠で変わる心と体／満足いくお産，よいお産ってどんなお産？
　　　　／母乳とミルクの違い／早期教育の是非

第8章　子どもの中の動物性（須田　誠）　キーワード：動物 ………………… 91
　　　　子どもは動物か人間か／おだやかな時代／動物の正体

―――― 第Ⅱ部　人と社会の環の中で ――――

第9章　子どもの社会的スキルと仲間関係（日向野智子）
　　　　キーワード：社会的スキル ……………………………………………… 104
　　　　社会的スキルとは／コミュニケーションの基本となる3つのスキ
　　　　ル／社会的スキルの生起過程／社会的スキルの学習過程／子ども
　　　　の社会的スキル／子どもの仲間関係と社会的スキルとの関連／思
　　　　春期以降の社会的スキル獲得の曖昧さ／社会的スキルの未学習と
　　　　誤学習／なぜ不適切なスキルを身につけてしまうのか／子どもの
　　　　社会的スキルを育むために

第10章　子どもを取り巻く「曖昧さ」（金　瑛珠）
　　　　キーワード：遊び・データ……………………………………………117
　　　　　　昔の常識，今の非・常識／思い込みによる，「いまどきは……」
　　　　　　というとらえ方を見直す

第11章　子どもの装いを考える（鈴木公啓）　キーワード：装い………………129
　　　　　　装いとは／装いの機能／おしゃれの低年齢化／痩身志向の低年齢
　　　　　　化／子どもの装いに対する親の影響／装いによる身体のトラブル
　　　　　　／子どものおしゃれにどのように向き合うか

第12章　子どもの発達と文化（大橋　恵）　キーワード：文化 ……………… 140
　　　　　　「文化」の影響／日本人とアメリカ人のコミュニケーション・ギ
　　　　　　ャップの例／理想とする人間像／家庭教育の文化差／学校教育の
　　　　　　文化差／文化の違いを考える

第13章　社会的つながりと子ども（西川ハンナ）
　　　　キーワード：貧困・社会的排除 …………………………………… 152
　　　　　　貧困と社会的排除／東京都足立区の「子どもの健康・生活実態調
　　　　　　査」／「逆境を乗り越える力」の増進とそのための地域活動／社
　　　　　　会が子どもを支える地域活動／地域活動における子どもの参画

─────第Ⅲ部　学び育つ子ども─────

第14章　教育を受ける権利と子ども（大西　斎）
　　　　キーワード：教育・権利 ……………………………………………166
　　　　　　学校の安心安全と教育を受ける権利／子どもの教育を受ける権利
　　　　　　の保障と学説／子どもの教育を受ける権利の保障と公教育／今後
　　　　　　の教育のあり方について

目　次

第15章　保育と子ども（佐々木由美子）　キーワード：保育 …………180
　　　　保育と子ども観／日本における最初の幼稚園／倉橋惣三の子ども観／「生活を生活で生活へ」／現実と非現実を行き来して遊ぶ子どもたち／遊びの中で育つもの／土台としての乳幼児期

第16章　線描と子ども（髙橋文子）　キーワード：線描 ……………193
　　　　子どもの描画の発達段階／表現を支える「きもち」と「もの」に関する教育的理解

第17章　わらべうたと子ども（森　薫）　キーワード：うた …………205
　　　　子どもをとりまく音楽／わらべうたとは／となえうた「どれにしようかな」の調査から／調査のこぼれ話／子どもたちのわらべうたが保育・教育にもたらすヒント

第18章　数と子ども（中和　渚）　キーワード：数………………………216
　　　　子どもたちは数をどのように身につけていくのだろう／ドイツで行われている数についての研究／「うさぎとかめ」のゲーム／「うさぎとかめ」の実践／保育者としてどのように子どもの数の成長に携わるか／幼児算数教育の今後

第19章　インクルーシブ保育と子ども（岡本明博）　キーワード：障害………226
　　　　インクルーシブ保育／障害のある子どものとらえ方／大切な保育者の役割／子どもの特性をとらえる

第20章　子育て支援と子ども（今井康晴）　キーワード：子育て支援…………236
　　　　幼稚園と保育所の子育て支援／子育て支援の歴史／さまざまな子育て支援／現代の子育て支援の課題

第21章　学校教育と外国籍の子ども（所澤　潤）
　　キーワード：多文化教育……………………………………………………246
　　　　外国人の子どもの教育統計／学校現場で積み重ねられた実践／日本語指導の専門性とは／バイリンガル教育という視点／迎える学校の体制／就学の権利と義務

索　引　261

子どもって何？

近藤俊明

　子どもって何でしょう？　頭，手，足，目，耳，鼻，口，全部そろっています。しかし赤ちゃんは，歩けないし喋れません。乳幼児は，次第に歩き喋るようになりますが，まだ字は読めません。

　小学生は，勉強して書いたり計算したりできるようになりますが，体は大人よりずっと小さく，それほど力も強くありません。遊びや運動はするようになりますが，まだ仕事はしません。

　しかし，いずれ，成長し大人になっていきます——。

　それなら子どもは，小型の大人なのでしょうか？　体も，能力も，行動も，全部大人を小さくしたものなのでしょうか？

　そのような，成長途上の「ホモンキュラス」？

■子どもはホモンキュラスが成長？

　中世のヨーロッパでは，目にみえないほど小さい人間のミニチュアが父親の精子または母親の卵子の中に入っていて，それが母親の体内で成長し，生まれてくると信じられていた。このミニチュアが，ホモンキュラスと呼ばれ，小さいけれど大人と同じ体と心の要素・構造を備えていると思われていたのである（Crain, 1980）。このような考え方を前生説と呼ぶ。

　この考え方では，子どもは小さく，機能的に不完全であるだけで，体と心の構造は基本的には大人と同じであり，社会的にも小さいときから大人の社会に入り，同じような服を着，仕事をし，大人と同じように扱われていた（Crain, 1980）。

　前生説は，18世紀に顕微鏡による観察がなされるようになるまで，ほとんどの科学者によって信じられてきたようである。

現代に生きる私たちはこのような考え方はせず，人間を含めた生物は，遺伝や環境の影響を受けて成長することを学校の授業やメディアなどを通じて知っている。
　それでは，中世の人たちの考えたホモンキュラスの成長の仕方と，環境と遺伝子の働きを体現する成長とはどのように違うのだろうか。
　遺伝子が我々人間を含む生物の発達，成長の基礎にあることは，19世紀後半のメンデルの法則の発見（経塚，2008）から20世紀中頃にかけての多くの研究成果，たとえばノーベル賞を受賞した遺伝子の螺旋構造の発見（Watson & Crick, 1953）などに基づいている。その後も，遺伝と環境の働き方，相互作用の研究は飽くことなく続けられている。
　心理学においては，人間の心の成長の仕方に関して大きく２つの理論的流れがある。１つは環境の影響をもっとも重視する流れで，イギリスの哲学者，J. ロック（1632-1704）に始まる。この流れは，J. B. ワトソン（1878-1958）や B. F. スキナー（1904-1990）に代表される現代の行動理論につながるものである。もう１つの流れは，J. J. ルソー（1712-1778）に始まるもので，個人の成長は，その人の内にある「自然」から与えられた発達のプランが決定すると考えるものである。この流れは，精神分析，J. ピアジェ（1896-1980），そして，A. マスロー（1908-1970）などのヒューマニストへも大きな影響を与えていると考えられている（Crain, 1980）。
　子どもについて学ぶとき，自分はこの２つのどちらの考えに基づいて学んでいるのかということを意識しておくことは，子どもを理解しかかわる上で重要な鍵となる。それらは，子どもの育て方や教育の仕方，そして，自分自身の生き方にもかかわってくるからである。

■なぜ子どもについて学ぶのか
　それでは，なぜ子どもについて学ぶことが大切なのだろうか。そこには，多くの意味がある。
　まず，「子どもについて**理解**することは，大人を知ること，そして，人間を

理解すること」だからである。

　たとえば，ある人が子どものときにどのような育ち方をしたか，どのように親や友達とかかわったかという知識が，その人の大人になってからの性格や行動のパターンを理解する手助けになることはよく知られている。つまり，大人の性格や行動パターンは，子ども自身の持って生まれたものが，周りの人や環境と，その個人特有のかかわり方をすることで形成されるからである。

　そして，子どもの経験と大人の性格や行動の関係における広い知識があれば，子どものときに親がどのようにかかわり，また，友だちとどのように交わればより望ましい性格や行動パターンの形成に役立つかということも理解される。

　また一方では，うつや不安などのような大人の抱える心理的な問題を考えるとき，その人が，子どものときから現在に至るまで，どのような経験をしたかということの知識が大変役に立つ。それらの心理的問題を軽減する上で，有効な手だてを考える手助けになるからである。

　そして，一般に，大人になって心理的問題を持たないようにするためには，子どものときにどのような経験をし，どのような経験は避けた方がよいかという予測をすることもできる。

　このように，子どもについて学ぶことは，人間全体について学ぶことであり，それは，健康な子どもを育て，さらに，健康な人間の成長を支持・促進することに役立つのである。

　そして，そうすることは，「一人ひとりの生活をより幸福にし，また，さまざまな社会的問題を解決すること」にもなる。

　心や体が健康であることは，それ自体，病気や心理的問題を持たないということで望ましい。しかしそれだけでなく，他にもさまざまなよいことに貢献できる可能性を持つ。

　たとえば，自分の未来に希望があり，忍耐力のある健康な人は，社会にとって有意な仕事をなし，家族を作り，世の中を支える人びとの1人となることだろう。

　さまざまなことに興味を持ち楽しむことができる健康な心を持った人は，そ

うでない人たちよりも，他者や異なる文化の人たちに対してより広く深い理解と共感を持ち，葛藤よりも，より協調的・互恵的な関係を形成することができると考えられる。

これらが事実なら，健康な子どもを育てることは，心理臨床的課題や，自殺などの問題のみならず，少子高齢化や労働人口の減少，多文化共生の困難・葛藤などの現代社会が直面する社会的問題に少なからず明るい展望を与えることができると期待される。

■健康な子どもを育てるには

それでは，心身ともに健康な子どもを育てるためにはどうすればよいのだろう。よくいわれることは，もっとも重要な存在・環境は親（保護者）である，ということである。

子どもは，父親と母親から半分ずつ遺伝子を受け継いで生まれてくる。そして，その親から毎日ケアを受けて育つ。その意味で，親ほど子どもに影響を与える存在はないといえるだろう。それほど大事な親子関係とはどのようなものか，少し考えてみよう。

親子のかかわりに焦点を当てれば，次のようにいえるだろう。「**親が子どもを育て，そして，子どもが親を育てる**」。

先述のように，子どもはある遺伝的形質を持って生まれてくる。身体的な特性と，気質と呼ばれる心理的な特性である。赤ちゃんでも，おとなしい，おっとりした子もいれば，活発な子，感じやすくよく泣く子もいる。これらの気質は，それぞれの赤ちゃんが持って生まれたものであると考えられる。

親は，これらそれぞれ異なる体質・気質の子どものニーズに合わせ，さまざまな対応や，親としてのケアを行うことを学んでいく。

たとえば，赤ちゃんが泣くとき，親はお腹がすいたのかと思いお乳をあげてみる。それでも飲まず泣き止まないときは，おむつがぬれているのか，痛いところでもあるのかなどと，考えられることをしてあげるのである。

親が，このようにコンスタントなケアを毎日行うことにより，子どもたちは，

親に対する愛着や信頼感を持つようになる。また，自分自身に対する自信も形成する。つまり，空腹や痛みなどがあるときは，自分が泣くことにより「親」が来てくれてそれを取り去ってくれ，気持ちよくなるという，自分が環境と自分自身をコントロールできるということを学ぶのである。

このような経験をして育つ子どもは，人に対し信頼感を持ち，自分に自信のある大人に成長するといわれる。そして，これらの経験はその子の健康な発達や望ましい人間関係のもとになるのである。

親子関係に関するこれらの考え方は，多くの精神分析家が述べていることである（例えば，Erikson, 1950; Bowlby, 1969）。そして，それはまた，環境とのかかわりに焦点を当てる行動理論においても説明されることでもある（近藤, 2014）。

親がこのように子どもに対するケアを学ぶことは，同時に親が真に親になるプロセスでもある。親は，どの親も最初から子どものニーズに敏感な，望ましいケアのできる存在ではない。初めての子育てを毎日行い，子どもとのやり取りを重ねることによって，徐々に親の中に子どもへの愛情が育ち，子育てに対する自信も育ってくるのである。

しかし，なかには，さまざまな理由から子どものニーズにあまり気持ちが向けられず，コンスタントなケアができない親もいる。たとえば，自分がうつ状態であったり，子育てに関しての知識がなく，極度に不安であったりすると，子どもの感情に気がつかないこともよくある。

そして，子どもが泣いていても無視している，気が向いたときだけ対応するという状態であると，子どもの中に親に対する愛着や信頼感は育たず，逆に不信感や不安感が育つと考えられる。

また，親の中にも子どもに対する安定した愛情は育たず，不安や自信のなさ，ときには思うようにならない子どもに対し，コントロールできない強い怒りなどが生じることもある。

このように，子どもが健康に成長するとき，親もしっかりとした親に成長し，子どもが不信感などに苛まれるとき，親もそれに見合った状態を経験するとい

えよう。

さらに、子どもが成長すると、「親が子どもを社会化し、子どもが親を社会化する」ようになる。

たとえば、お母さん・子どもの公園デビューである。普段、1人で公園などに行かないお母さんも、子どもがよちよち歩きをするようになると、他の子どもたちが遊んでいる公園などへ出かけることが多くなる。

そこで起こることは2つある。1つは、子どもが他の子どもに興味を持ち、一緒に遊ぶ、またはかかわるようになることだ。つまり、子どもの社会化が起こるのである。もう1つは、お母さんが自分の子どもを通じて、よその子やそのお母さんと知り合い、話したり仲良くなったりすることである。子どもだけでなく、このようにお母さんも社会化されていくのである。

お母さんだけではない。子どもが小さいときは、学校などにあまり関心のなかったお父さんが、子どもが学齢期に近づくと、お母さんと一緒に近所の学校の説明会に行くようになることもまれではない。

このように、子どもが学校に行くことは子どもにとっての社会化であるが、両親（保護者）にとっても、学校や教師が重要な存在になるということでもある。つまり、両親（保護者）も同時に、子どものおかげで社会化されてくるのである。

言い換えると、子どもができて子どもを愛することによって、それだけ親として、子どものためのよい社会について強く考えるようになるということであろう。自分のためだけではなく、子どもたちのためによりよい社会を作り維持していきたいという広い意味での社会性を持つようになるということでもある。個人がよい社会を求める理由はこれだけに限らないが、親が子どもの幸福を願うことは、誰にもある強い想いであるように思われる。

■人間はどこからやってきたのか

ところで、そのような親子関係に結ばれて育つ現代の子ども、そして現代人はいったいどこからやってきたのか。

序章　子どもって何？

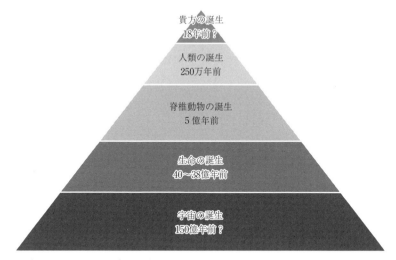

図序‐1　人間の歴史（渡辺・坂井・ラマチャンドラン，2012を参考にして筆者作成）

　現代の人類であるホモ・サピエンスは約20万年前に，その先祖であるホモ・ハビリスは約200〜250万年前に地球上に登場したようである。さらに遡れば，脊椎動物は約5億年前，地球上に生命が誕生したのは，38〜40億年前であると言われる（渡辺・坂井・ラマチャンドラン，2012）。

　どこまでを人間の先祖，ないしは関係する「生物」と考えるかは基準を何に置くかによるが，原初の存在が無から生じたとされる宇宙の誕生は約150億年ほど前（図序‐1）のことのようである（佐藤，1998）。

　ここでは，人類の先祖が何であるかを議論することが目的ではない。人間に焦点を当て，世界や人類の歴史，宇宙とのつながりに心を向けてみることが目的である。

　そうすることで，何がみえてくるだろうか。生命は，たんぱく質の設計図であるDNAによって担われ，変異を起こしつつも途切れることなく続き，現在に至っている。そうであるなら，今の子どもたちは，宇宙の産物であり，現代を受け継ぎ，次世代を創造する未来の世界の担い手であるといえる。

　ニュートン誌の以下の文は示唆に富んでいる。

わずか20万年で，ホモ・サピエンスは大繁栄をとげた。熱帯から極域に至るまで，世界中の陸地という陸地のほとんど全てに分布を広げたのだ。たった１種で，これほど広く分布した動物は，ホモ・サピエンス以外にみあたらない。
　　——今や，ホモ・サピエンスは，宇宙空間にまで居住しようとしている。こんな動物が，ヒトの他に居るだろうか？（渡辺・坂井・ラマチャンドラン, 2012）。

■人間はどこへ行くのか
　子どもは親に育てられ，親を育て，親から社会化され，親を社会化すると先に述べた。
　もちろん，子どもはさらに，友だちや異性，周りの人びととかかわりながら大人になり，広く社会の人びととかかわり，仕事をし，みずからも親になる。人間は，広くみれば，この親子関係を基礎に社会や環境とかかわって生きていく。人の一生は，この繰り返しであり，それは，特定の文化の中で起こる。
　文化とは，人びとがその共有する環境の中で，環境や物事とどのようにかかわってきたかを示す歴史であり，現在の多くの人びとによるそれらとのかかわり方の緩やかなパターンである。それは，人びとの感じ方，考え方，そして生き方の総体である（近藤, 2014）。
　人の歴史は，しかし，幸福なだけの歴史ではなく，葛藤の歴史でもある。多くの戦争，宗教的対立，環境破壊，災害，社会的格差や貧困など，人間は危機とともに生きてきており，なお生きつつある。
　米国の心理学者で，現ボストン大学の教授であるD. Bullock（1987）は，２度の世界大戦を経験したオーストリアの哲学者，L. ウィトゲンシュタイン（1889-1951）の発達心理学への貢献を評し次のように言っている。「彼の思想は，世界は大きなガラスのボールであり，全ての人々はそれを頭上に支えつつ，次の世代へ大切に譲りわたしていくものであると語っているようである」。
　子どもたちは，この大きなガラスのボールを譲り受ける，次世代の人びとで

ある。この大きなガラスのボールが，無事，さらに次の世代に受け渡されるかどうかは，子どもたちが環境とどのようにかかわり，どのような文化を築くかにかかっているのである（図序-2）。

図序-2　人間の未来（筆者作成）

■ もう一度，子どもとは

　それでは，子どもと大人は，互いに影響を与えながら文化を築き，この世界を支えているとすると，どちらもかけがえのない相互に支え合う存在ということになる。

　話を心理学に戻すなら，J.ロックとJ.J.ルソーから始まった2つの流れは，交わり，論争しつつ現代に至っており，決着はついていない。J.J.ルソーの流れ（大人と子どもは本質的に異なるとの立場：発達段階説，精神分析の理論など）の中の，J.ピアジェやE.H.エリクソンなどを学ぶと，子どもと大人は発達段階によって，認知の構造や社会的に達成すべき課題が異なるように思える。つまり，子どもは，質的に大人とは異なる存在であると——。しかし，J.ロックの系列（すべての行動は学ばれたものであり，その意味では大人も子どもも同じであるとする立場：行動理論）のJ.B.ワトソンやB.F.スキナーを学べば，人は，子どもも大人も同様に，その感じ方や行動は他者も含めた環境とのやり取りとその結果に由来しているように思える。つまり，知識の量や，思考・行動の複雑さは学習の程度によって異なっても，人は徐々に，継続的に発達し，その意味では子どもも大人も質的に異なるものではないことになる。

　心理学における理論的・科学的な議論は，今後さらに新しい精緻な研究によって支えられ，深められていくに違いない。そして，現在の社会に目を向けるとき，私たちは，次のようにいえるであろう。

　子どもたちの健康な成長を目標に，心理学はもとより，人間や文化・環境に

関する学問・実践領域の知見や技能を創造・検証しつつ，そこから見いだされる望ましいと思われる事柄を1つずつ，こつこつと実践し続けることは，この上なく切実で大切なことである。そしてそれは，人間の未来を拓き，支えていくための有用な方法であると。

〈もっと詳しく知りたい人のための文献紹介〉

◆水谷仁（編）（2012）．知能と心の科学――知能とは何か？　意識とは何か？　ニュートンプレス
　　⇨人の進化と脳の働き，知能，意識，心の特質，脳の働きに関する俗説（真実でないまことしやかな話）など，人を理解する上での基本的な知識が得られる。

〈引用文献〉

Bowlby, J. (1969). *Attachment.* New York: Basic Books.

Bullock, D. (1987). Socializing the theory of intellectual development. In M. Chapman & R. A. Dixon (Eds.), *Meaning and the growth of understanding: Wittgenstein's significance for developmental psychology.* Berlin: Springer-Verlag.

Crain, C. W. (1980). *Theories of development: Concepts and applications.* Englewood Cliffs: Prentice-Hall.

Erikson, E. H. (1950). *Childhood and society.* New York: W. W. Norton & Company.

経塚淳子（監修）（2008）．徹底図解　遺伝のしくみ　カラー版――「メンデルの法則」からヒトゲノム・遺伝子治療まで　新星出版社

近藤俊明（2014）．子ども臨床心理学　サイエンス社

佐藤勝彦（監修）（1998）．相対性理論を楽しむ本――よくわかるアインシュタインの不思議な世界　PHP研究所

渡辺茂・坂井克之・ラマチャンドラン，V. S.（2012）．知能とは何か『ニュートン別冊』知能と心の科学　知能とは何か？　意識とは何か？, 3-37.

Watson, J. D., & Crick, F. H. C. (1953). Molecular structure of nucleic acids: A structure for deoxyribose nucleic acid. *Nature, 171,* 737-738.

第 I 部
すこやかな育ち

第1章 子どもと発達

渡辺千歳

「発達した低気圧の影響で大荒れの天気……」というように，発達という言葉は日常的に用いられますが，本来どのような意味を持つのでしょうか。手元の辞書を引いてみると，①成長すること，②発育して完全な形に近づくこと，③進歩すること，とあります。これらの意味からは，子どもが成長して大人になっていく際に，身体が大きくなることといろいろな能力が高まったり増えたりすることが思い起こされます。英語では「development」で①成長，発育，進展，発展，②（宅地の）造成，開発，（写真の）現像，（音楽の）展開などの意味があり，これらの意味の中に発達の本質が潜んでいます。子ども時代と発達について，まずは心理学用語としての「発達」についてみてみましょう。

■発達とは

developmentには写真の現像のように日本語の発達にはない意味がある。スマートフォンやデジタルカメラで撮影するのが当たり前になった現在では，写真はわざわざプリントせず画面上でみるものかもしれないが，それ以前は撮影したフィルムを取り扱い店に持ち込んで現像し写真に焼いてもらっていた。フィルムを薬品に浸して待つと感光した部分が画像となって現れる。この作業を現像というのだが，現像するまではフィルムに何が写っているか分からないし，撮影していないフィルムは現像しても何も映っていない。

このように発達という言葉は，無から何かが生まれるのではなく，もともとあったものが外部の影響を受け，時間の経過とともに顕在化するという意味を含んでいる。生まれたばかりの赤ちゃんにできることは限られているが，適切な環境で育てられれば言葉を話し自力で歩けるようになる。友だちができ，絵を描き，歌を歌い，本を読み，学校へ行き，スポーツをして，成人へと近づい

ていく。けれども，誰もが100メートルを10秒台で走れるわけはないし，鳥のように自分の手足だけで空を飛ぶことはできないように，もともとその人が持っているもの，いうなればフィルムに写っているもの以外が出現することはない。

またdevelopmentは語源に巻物を開くという意味を持つとされる。くるくると巻物を開きながら書かれた文章を読んで行き，開ききったところで読み終わる。人間の一生も同じように遺伝情報として書き付けられたものが成長という時間の経過とともに次々と出現し，巻物を開ききったところが天寿をまっとうするところということになるだろうか。

■心理学用語としての発達
　受精の瞬間から死に至るまでの人間の一生に起こるさまざまな変化のことを心理学では発達と呼ぶ。このさまざまな変化を研究対象とするのが発達心理学である。ここで日本人の平均身長をみてみよう。約50cmで生まれた赤ちゃんは小学校に入る頃には120cmくらいになり，高校生の頃には女子は157cmくらい，男子は170cmくらいになる。個人差はあるので平均より小さい人も，190cm以上の人もいるが，誰もが成人後には身長の増加は止まり，老人になる頃には前よりも背が縮んでいることに気付く。腰が曲がったり，膝が伸びなくなったりして久しぶりに会ったお爺さんが小さくなったように感じられる。このように一生を通じてみると体格の変化には，上昇的変化と下降的変化の両方があることが分かる。老人の身体は若い頃に比べてあらゆる面で小さく，ゆっくりした動きになり，聴力や視力が衰える。これらも下降的変化である。

　また変化には，身長が伸びたり体重が増加したりする量的な変化と，自転車に乗れるようになったり，言葉が話せるようになったり，数学の問題が解けるようになったりする質的な変化とがある。こころの働き，すなわち精神的機能の発達は主に質的な変化をする。ただし言語獲得期の幼児は日々言葉の数が増えるように，質的な変化の中にも量的な変化が含まれており単純に分類できることでもない。

第Ⅰ部　すこやかな育ち

■発達心理学の位置づけ

　発達心理学は現在では人間の乳児期，幼児期，児童期，青年期，成人期，老年期と各年齢段階に応じて研究対象が分かれており，誕生から死までの変化，すなわち生涯発達という立場を取る。さらに普通の健常な人の他に，さまざまな障害を持つ人の発達を扱うのも発達心理学である。たとえば，幼稚園の年中組に友だちとまったく遊べない幼児がいたとする。この子が友だちと遊べるようにするにはどうしたらよいかという相談に対して，幼稚園での様子を観察したり，担任教師やお母さんに普段の様子を聞いたりしながらその原因を考え，少しでもクラスの中でみんなと一緒に成長できるように担任教師やお母さんのかかわり方をアドバイスしたり，環境を整えたりすることは発達心理学の重要な仕事の1つである。

　個人の発達を理解するためには人間の各年齢段階での発達を理解しておかなければならない。たとえば日本に暮らしていても，アメリカにいても，フィンランドにいても，ケニアにいても，3歳児の言語コミュニケーション能力は同じ程度である。このように人間の発達には法則性，普遍性があり，それを明らかにするのも発達心理学の仕事である。

　現代心理学が誕生した頃には，人間の一生を扱う発達研究は個体発生的研究と呼ばれていた。一方で進化の過程を発達とみて，他の種の生物のあり方と比較をする系統発生的研究も発達研究の柱であった。この系統発生的研究は比較行動学として発展しているが，発達心理学でも他の種の動物を扱うことがある。アメリカの心理学者 H. F. ハーロウはアカゲザルの子どもを母親や仲間のサルたちから隔離して飼育すると情緒不安定になり，成長後集団に戻しても，他のサルと仲間関係が築けず育児行動が適切に行えなくなることを実験的に示した。乳幼児期の劣悪な環境はサルを精神的に不健康にし，大人になっても大きな影響を残したのである。また隔離して飼育される子ザルのケージに針金製だが胸のあたりに乳首があって抱きついてミルクが飲めるような人形（針金製母親）と，ミルクは飲めないが柔らかい布に覆われていて抱きつくと感触がよい人形（布製母親）とを設置したときに，子ザルはほとんどの時間を布製母親に抱きつ

いて過ごすことを発見した（ハーロウ，1985）。子ザルにとっていつもくっついていたい愛着の対象は，飢えや渇きといった生理的欲求を満たすものではなく，抱きついて柔らかさや温かさが得られるものだったのである。これらはサルに起きたことであるが，人間の乳幼児の発達にも通じるとても重要な研究といえる。

■発達段階という考え方

　再び身長を例に挙げてみると，小学生時代は右肩上がりの単調増加を示す。しかし，発達の視点からみてみるとこのような単調増加よりも，目にみえないくらい少しずつ変化していって，ある時期に急にあることができるようになったり，ぐんと伸びたりという変化のしかたをすることの方が多い。そしてぐんと伸びた時期には，1つだけでなく複数の機能が同時に上達していて，多方面での成長が感じられることとなる。時間の経過とともに経験や知識が蓄積されることは，人間として段階を1つ上るようなものである。このように人間の一生をいくつかの段階に分けると理解しやすい。心理学ではこのような段階のことを発達段階と呼んでいる。

　ゲームの世界ではレベルアップすれば体力や能力の数値が増したり，特別な能力が加わったり，行動範囲が広がったりする。また経験値さえ稼げばレベルは100とか9999にもなるかもしれないが，人間の発達段階はだいたい年齢によって5〜8程度に分けられる。もう少し厳密にいうと，年齢で区分しているわけではなく，その年齢時期の人間が持つ特徴によってまとめることができるので，その発達段階が区分されているという意味を持つ。発達の速度には個人差があり，年齢だけでトップダウン式に決めつけるわけにはいかないが，標準的な発達ならばだいたい年齢で分けることができる。

　さて，「7歳の子ども」というときに，この子は誕生日から数えれば「7歳11カ月」かもしれないし，「7歳0カ月と3日」かもしれない。同い年の子どもでもほぼ1年の幅がある。もしも予定日よりも1カ月早く生まれた早産児だとするともう少し幅は広くなる。7歳の誕生日を迎えた日から1つ上の発達段階に進むというようなことではなく，毎日同じように生活していたはずなのに，

知らず知らずのうちにいろいろなことができるようになったり上達したりしていることに周囲の人が気付いて「発達段階が進んだんだね」と理解されるのである。

　発達段階の重要な点として，ある発達段階は他の発達段階とは質的に異なるということが挙げられる。4歳児と小学2年生とは日常会話は同じようにできるかもしれないが，物事の認識のしかたや思考の特徴には異なる点がある。また，発達段階は一方向的に進むもので，段階が下がるということはない。時間は後戻りできないからである。このような発達段階であるが，区分のしかたにはいくつかの考え方がある。著名な発達段階説を紹介してみよう。

■ピアジェの発達段階

　J. ピアジェは20世紀を代表するスイスの発達心理学者である。生物学を学んだ後，認識の問題に関心があったので心理学に進み，発生的認識論という学問を提唱した。乳幼児のさまざまな行動を観察したり，実際に子どもとかかわったりして子どもの認知発達を研究し発達段階説を唱えたが，とくに人間が物事の認識や思考をどのように発達させて行くのかに焦点が当てられている。

　ピアジェの発達段階は大きな区分が4つある。第1段階は誕生から2歳頃までをいい，感覚運動段階（感覚運動期）と名付けられている。主に感覚と運動器官の発達を通して外界を理解し，また適応的な行動をとる段階である。物を身体で直接触れたり振ったり口に入れたりすることによって認識する。第2段階は2歳頃から7歳頃で前操作段階（前操作期）と呼ばれる。2歳は単語を2つ続けて文を表す二語文が話せるようになる時期で，これ以後言葉による認識の世界が広がっていく。しかし幼児期の特徴は自分の経験が認識の中心にあること（自己中心性という）なので，自分がいる位置ではない所からみた景色が想像できないとか，形が変わってしまうと量や数も変わってしまうと思うなどといった面白い認識を示す時期である。なお前操作期は2歳頃から4歳頃の象徴的思考段階と4歳頃から7歳頃の直観的思考段階とに分けられる。第3段階は7歳頃から11，12歳頃で具体的操作段階（具体的操作期）と呼ばれる。主に小

学生がこの時期に当たる。自己中心性からも脱却し，もともと同じ分量であれば形を変えても分量は変わらないことを当たり前に理解する。具体物を用いればかなりのことが理解できるが，まだ次の段階が残っている。その最後の第4段階が形式的操作段階（形式的操作期）で，11，12歳頃から一生続く。抽象的な操作，論理的思考が可能となり，自然や社会や人間などの目に見えない本質や法則性を明らかにしようと探求する。この営みが哲学や自然科学，社会科学，文学など人間の文化の発達を促す原動力であると言ってもよいだろう。

■エリクソンの発達段階

　E. H. エリクソンはドイツに生まれ，フロイトの下で精神分析を学び，第二次世界大戦を機にアメリカ人となってからアイデンティティ（正確にはエゴ・アイデンティティ，日本語では自我同一性）の概念を創出し，人格形成に関して大きな業績を残した。その中心となるのが心理社会的発達段階説である。彼は誕生から死までを1つの循環としてとらえライフサイクル（人生周期，生活周期）と呼んだ。この発達段階の表である心理漸成図式では，人の一生は8段階に分けられる。エリクソンの発達段階説の特徴は，人は1人で成長するのではなく年齢に応じて特有の対人関係があること，人びとの集まりである社会とかかわりを持ちながら生きて行くことなどを重要視する点にある。乳幼児にとっては母親や家族，学童期には学校の先生や友人，成人期ならば職場などの所属集団とかかわりを持ち，影響を受けてその人が作られる。同時に年齢に応じて期待される社会的役割が変わって行く。個人とかかわりを持つ人びと，それを取り巻く社会などの影響を受けながら，一生を通して人格が発達するのである。8つの発達段階の中でもとくに注目されるのが，第1段階である乳児期の基本的信頼と，第5段階である青年期のアイデンティティの確立である。

　基本的信頼とは，人生の歩みをスタートさせたばかりで自力ではほとんど何もできない赤ちゃんが，親から愛情を持って養育され，自分が望んだことを叶えてもらう経験を積むことによって親や他者を信頼し，また他者からも信頼される自分を認識するようになることである。基本的信頼が獲得できれば，親や

家族だけでなく社会で出会うさまざまな人びとと適切に人間関係を築くことができるが，不幸にも獲得できなかった人は，人が信じられない，人付き合いの方法がわからないといった対人面での問題を抱えるだけでなく，自分自身を信じることができないため，自分を大切な存在だと思えなくなるという深刻な事態に陥ってしまう。

■愛着の大切さ

　乳幼児期の対人関係で忘れてはならない機能の1つにイギリスの精神医学者J. ボウルビィが提唱した愛着（アタッチメント）がある。愛着とは特定の大人（多くの場合母親）に対して乳児が特別に働きかけることにより2人の間に親密で継続的な情緒的絆が結ばれることで，主に乳児の側に主体性がある。愛着が成立している赤ちゃんは，お母さんから離れたくない，くっついていたい気持ちを行動で表す。これを愛着行動と呼ぶ（ボウルビィ，1991）。たとえば，抱っこしていたお母さんが赤ちゃんをベッドに寝かそうとしたり，そばに座っていたお母さんが食事の支度をしようと台所に立ったりと，物理的に赤ちゃんから離れるときに，赤ちゃんは泣いたり，後追いをしたりする。また，外出先でお母さんが知人に出会って会話を始めると，幼児は母親の気持ちが自分に向いていないことを感じ取り，再び自分に注目してもらいたくて「ママ！　ママ！」と呼んだり不機嫌になったりすることなどがある。

　赤ちゃんの身体と心の状態を理解し，すべてを受け入れ，愛情を注ぐ養育者は，世話をするだけではなく，言語・非言語のコミュニケーションの取り方を伝え，緊張したり恐怖を感じたりしたときに情動を鎮めてくれ，所属する集団の文化を伝え，人間とはどのような存在か，愛とは何かを身をもって伝えてくれるかけがえのない存在である。だから，乳児期にそのような特別な存在と強い絆を結ぶことがその後の発達に大きな意味を持つ。

　なお，その特別な存在はほとんどの場合遺伝上の母であり産み育てる母親であるが，そうでなくても母親役割が担える人，すなわち主たる養育者であればよいと考えられている。核家族化が進んだ現代では，母親がメインの養育者で

父親がサブの役割をするという家庭，サブに子どもの祖母や祖父，年長のきょうだいがなる家庭，昼間は保育園などの担当保育士がメインで帰宅後は母親に代わるなど乳幼児に深くかかわる養育者は1人だけとは限らない。その場所や機会に応じて愛着の対象が存在することになる。

■人間の赤ちゃんの特殊性

人間は受精卵ができてからお母さんの胎内で育まれ40週を目安に誕生する。生まれたばかりの赤ちゃんが，自分の意思で動かせる体の部分は限られており，頭が身長の4分の1もあるので，重すぎてバランスが悪く立つことも座ることもできない。身体は非常に未熟な状態だが，感覚器官は十分に使用可能な状態で誕生するので，周囲の話し声を聞き，物音を聞き，世話をしてくれる人びとの顔や身の回りのいろいろなものをみて，匂いをかいだり味わったり，肌に触れる感触を知る。自分が生活する環境の情報を多種多様に取り入れるのである。同時に目や耳といった感覚器官は細かいものを見分けたり音の違いを聞き分けたりすることでより発達し，性能が増す。まだ言葉が分からない時期でも大人は顔をみれば話しかけて，いろいろな経験をさせてあげることが大切である。もしも，白い壁に白いベッド，その他には何もないが，乳児にとって最適な気温や湿度が保たれた清潔な部屋の中，時間を決めて授乳ロボットが必要な栄養を与えてくれるという環境で育てられたとしたら，その赤ちゃんはどうなるだろうか。身体発育のための栄養や体温の維持など室内環境は必要十分かもしれないが，心を作るための栄養が絶対的に欠如しているので，この赤ちゃんはほどなく死んでしまうだろう。環境や人びとから十分な刺激を受け情報を得ることが心と身体を発達させるので，心の栄養すなわち脳を発達させる刺激が豊かに与えられなければ人間は成長できないのである。

■二次的就巣性

スイスの生物学者で思想家のA.ポルトマンは比較形態学の観点から，動物の新生児の状態を比較して，離巣性と就巣性（留巣性ともいう）という分類を行

った（ポルトマン，1961）。鳥類で比較した場合孵化後のヒナの状態は，ワシやタカといった食物連鎖の頂点に立つ猛禽類は目が開いておらず巣に座っているだけの未熟な身体をしているので就巣性，ニワトリやカモは羽毛が乾くと親の後をついて歩くことができて，自分で餌をついばめるほど運動能力が高いので離巣性とされた。

　哺乳類はこれとは異なり，ウマ，シカ，アザラシなど高等な組織体制を持つ動物は，在胎期間が長く，1回の出産で通常1頭の仔が産まれる。小さいけれど親と形がよく似ている仔は，誕生後しばらくすると立ち上がり母親のお乳を吸い，後をついて動き回るようになるので離巣性，一方ネズミ，モグラといった小型で食物連鎖の下位にいる下等な組織体制を持つ動物は，在胎期間が短く，1回に多数の仔を産み，産まれたばかりの仔は何の赤ちゃんか分からないほど未熟な姿をしているので就巣性とされた。就巣性の哺乳類は成長が早く，すぐに大人になって次の世代の仔が産まれる。他の動物の餌になって食べられてしまうので，たくさんの仔を早いサイクルで産むという方略で生き残ってきた動物と考えられる。

　チンパンジーなどの大型類人猿やサルの仲間は離巣性の動物である。当然人間も離巣性のはずなのだが，人間の新生児を思い浮かべると，運動能力は未熟だし，あらゆる面で養育者に依存しているので就巣性のようにみえる。しかし在胎期間は長いし，1回に産まれるのは通常1人なので離巣性の特徴も備えている。一体どのように考えたらよいのだろうか。ポルトマンはこの人間の赤ちゃんの矛盾した状態を二次的就巣性と名付けた。人間の赤ちゃんの場合，満1歳の誕生日を迎える頃が離巣性の動物の新生児の状態に近い。だから人間の在胎期間がもう1年長かったら立派に離巣性の動物といえるだろう。

　遠い昔サルとヒトは同じような動物だったと考えられるが，ヒトの祖先はあるときから四足歩行を止め，直立二足歩行を始めた。これにより大きく重い頭部を支えられるようになり，大脳の巨大化が進んだ。また自由になった上肢と目を協応させて道具を発明し，身振りなどでコミュニケーションをするようになり，ますます知能が高まった。一方で巨大化した大脳は出産のリスクを高め

てしまった。ヒトにとって在胎40週というのは頭がますます大きくなる赤ちゃんを自然に産む限界なのである。赤ちゃんはおなかの中にいれば適切な体温が保たれ，栄養をもらい，母親とともに容易に移動できるが，誕生後は養育者によってあらゆることに気を配られ世話をしてもらわなければならないので，何倍も手がかかることになる。この誕生後のもっとも手厚く養育される1年間は本来胎児であるべき期間なので子宮外胎児期，このように胎児が十分に育つ前に出産する方略を生理的早産と呼ぶ。丸1年もの早産児を無事に育てるのは大変なことだろう。これにより母親は赤ちゃんへの気遣い，想像力，臨機応変な判断力などを身につけることが，そして母子を守る家族や仲間集団はコミュニケーション能力を発達させることが不可欠だったと考えられる。

■発達を学ぶ意義

　自分が幼児だったとき，あるいは小学生だったときに接してくれた先生に憧れて，保育者や教師の道へ進む学生は少なくない。温かく，正しい大人のあるべき姿を示してくれた素晴らしい先生との思い出を持っている人はどんなに幸せなことだろう。保育者は保育のプロだが，大学などで知識を学び，実習で体験から学び，就職してからは仕事の中で学び続ける。同じように小学校教諭は小学生について，中学校教諭は中学生について学んでいる。なかでも変化の著しい乳幼児に接する保育者には乳幼児の発達について適切な知識を持つことが求められる。子どもの発達についての知識がなく，子育てに不安を持つ親に対して適切なアドバイスをすることも保育者の役割の1つである。だから，子どもにかかわる職業を目指す人は子どもの発達について学ぶことが必要なのである。

　私たちは子どもと接することで自分がどのように発達してきたかを知ることになる。子どもは私たちが歩んできた道を再現してみせてくれる存在なのだ。赤ちゃんがお母さんに大切に抱かれている姿は，あなたが赤ちゃんだった頃，同じように大切にされていたことを教えてくれる。元気に走り回って転んで泣き出す幼児をみるとき，無鉄砲に動いていた3歳頃の自分の姿を思い起こす。

自分が通ってきた道をたどり直して今の自分を再認識する。対人反応の乏しい自閉スペクトラム症の子どもや，IQ が低く療育手帳を持っている人など発達に障害を持つ人に接すると，言葉やコミュニケーションについて，さらには私たちが当たり前と思っている暮らしについて考えさせられる。発達を知ることは自分自身について，また人間という存在について知ることと同じなのである。

〈もっと詳しく知りたい人のための文献紹介〉

◆ボウルビィ，J．作田勉（監訳）（1981）．ボウルビィ　母子関係入門　星和書店
　⇨WHO の依頼を受けて研究を行い母子愛着の重要性を発表したボウルビィが，母子関係について一般に向けて行った講演原稿の中から特に重要なものを自分で選びまとめた本。
◆藤永　保（1982）．発達の心理学　岩波書店
　⇨西欧の子ども観や現代社会の問題に照らして，育児思想が時代背景や文化の影響を受けることを明らかにしながら人間の発達や教育について述べた思索の書。
◆鑪　幹八郎（1990）．アイデンティティの心理学　講談社
　⇨エリクソンの生い立ちや足跡をたどり彼自身がアイデンティティを確立するためにさまよう様子も描かれている。アイデンティティについて学びたい人にはおすすめの一冊。

〈引用文献〉

Bowlby, J. (1969). *Attachment and loss. Vol. 1., Attachment.* London: Tavistock Institute of Human Relations.（ボウルビィ，J．黒田実郎・大羽蓁・岡田洋子・黒田聖一（訳）（1991）．新版　母子関係の理論Ⅰ　愛着行動　岩崎学術出版社）

Harlow, H. F., & Mears, C. (1979). *The human model : primate perspective.* Washington: Winston & Sons.（ハーロウ，H. F.・メアーズ，C．梶田正巳・酒井亮爾・中野靖彦（訳）（1985）．ヒューマン・モデル──サルの学習と愛情　黎明書房）

Portmann, A. (1951). *Biologische Fragmente zu einer Lehre vom Menschen.* Verlag Benno Schwabe & Co.（ポルトマン，A．高木正孝（訳）（1961）．人間はどこまで動物か──新しい人間像のために　岩波書店）

第2章 健康と子ども

平部正樹

　こんな想像をしてみてください。あなたは，とある大学の心理学部に所属する大学生です。大学では，子どもの心について主に学んでいます。卒業した後は，子どものケアをする仕事に就きたいと思い，週に1度，小児科の病院でボランティアをしています。そこは，入院病棟もある大きな病院です。現在の医療では完全には治らないような，難病や障害を持った子どもたちが，外来で受診したり，入院したりしています。あなたの役割は，外来で診察を待っている子どもや，入院している子どもの遊び相手をしつつ，心のケアをすることです。

　あなたは，この子どもたちの病気や障害をどのように捉えるでしょうか。そして，どのように子どもたちにかかわり，心のケアを行っていくでしょうか。実際に自分がそのような状況におかれたことを想像し，自分なりに考えてから，次の項以降を読み進めていって欲しいと思います。

■健康と子ども

　子ども，大人にかかわらず，私たちが生きていく中で，健康というものがとても重要であることに，異論はないだろうと思う。少子高齢化が進む日本において，子どもがいかに健康に育つかということは，社会的にも大きな課題である。

　本章の「健康と子ども」というタイトルを目にしたとき，みなさんにはどのようなイメージが思い浮かんだだろうか。思いっきり元気に泣いている赤ちゃんの姿だろうか，のびのびと遊んでいる姿や，一生懸命目標に向かって勉強をしている子どもの姿だろうか。それとも，何となくしょんぼりしている姿や，風邪をひいて寝込んでいる子どもの姿だろうか。重い障害を持ち，苦しんでいる子どもの姿を思い浮かべた人もいるかもしれない。人によって，さまざまな

状態の子どもの姿が頭の中に浮かんだことだろう。

　「健康」も「子ども」も耳慣れたことばであり，誰でも知っているが，そのことばを聞いたときに思い浮かべるものは人によって違う。「子ども」といっても，乳児，幼児から，小学生，中学生，高校生など，年齢層は幅広い。男子を思い浮かべるか，女子を思い浮かべるかも人によって違うだろう。また，私たちが「健康」について考えるときは，同時に「不健康」についても考える。「健康」な子どもがいるからには，そうでない「不健康」な子どももいる。前者を思い浮かべる人もいれば，後者を思い浮かべる人もいるだろう。「健康」と「不健康」は対になっており，切り離しては考えられないものである。

　さらに「健康」ということばについて考えよう。たとえば，先ほど例で挙げた「一生懸命目標に向かって勉強をしている子ども」をみなさんはどう捉えるだろうか。人によっては，家にこもって勉強ばかりしている「不健康」な子どもと考えるかもしれない。家で勉強ばかりしていないで，外で遊んでいる方が健康的だという考え方である。また別の人は，目標に向かってがんばっている「健康」な子どもと考えるかもしれない。何かに向かって努力している姿は健康的だという考え方もあろう。なぜこのような考え方の違いが起きてくるのだろうか。それは，何をもって健康とするかということが，人によって違うからである。私たちは，「健康」ということばに対して，さまざまな異なった意味合いやイメージを持っているのである。そこには，私たちの価値観も含まれているかもしれない。健康は，子どもの成長を考える上では必須の要素である。どのように健康的な生活のサポートをするかということが，子どもにかかわる援助者にとっては重要な視点となる。その際，私たちは，あらためて「健康とは何か」ということを振り返る必要がある。

　本章では，子どもにとっての健康とはどういうことか，そして，子どもが健康に生きていくためには，どのような考え方で援助を行っていく必要があるかについて学んでいく。

第2章　健康と子ども

■健康とは何か

　それでは，あらためて健康について考えてみよう。先ほども述べたように，日常的に使うことばなので，みんなが分かっているようであるが，あらためて健康とは何かを問われると難しい。たとえば，みなさんは，「あなたは健康ですか？」と問われたときに，どのように答えるだろうか。「私は風邪をひきやすいので不健康です」，「とくに大きな病気を持っていないから健康です」，「私は昼夜逆転しているので不健康な生活です」，「精神的に弱いから不健康です」など，いろいろな答えをすることと思う。これは，健康ということばが，一般的にも幅広くさまざまな意味で使われていることを意味している。

　もともと健康は，「病気ではないこと」という意味で用いられていた。つまり，病気という状態でなければ健康であるという，否定形での定義だったのである。そして，とても狭い意味で用いられていたといえる。そのような中で，1946年の世界保健機関（World Health Organization: WHO）憲章では，健康を以下のように定義した。「健康とは，単に病気でない虚弱でないというのみならず，肉体的，精神的そして社会的に完全に良好な状態を指す」というものである。前半は，「病気でない虚弱でない」という，もともとの否定形の定義であることが分かると思う。ただし，後半では，健康はそれだけではないということも述べられている。「肉体的，精神的そして社会的に完全に良好な状態」も健康の定義に含まれるということである。

　このWHO憲章の健康の定義は，1946年に示されたものだが，今でもよく引用されている。この定義の意味するところをもう少しみていこう。この定義では，健康を，消極的健康（negative health）と積極的健康（positive health）という2つの側面から捉えているといわれている。消極的健康は，この定義の前半部分である。健康であるということを「病気でない虚弱でない」とする。つまり，健康を疾病や障害の有無で考える。消極的健康を向上させることとは，疾病や障害をなくすことである。これは，疾病コントロールと呼ばれる。それに対して，積極的健康は，健康を「肉体的，精神的そして社会的に完全に良好な状態」とする。つまり，健康を，疾病や障害の有無によらず，その人なりの

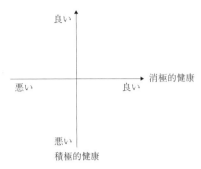

図2-1 積極的健康と消極的健康
(Downie, Tannahill, & Tannahill, 1990 を元に長谷川・長谷川・松本, 2016が作成)

「良好な状態」を保てているかどうかで考える。「良好な状態」とは,「well-being」の訳である。カタカナで「ウェル・ビーイング」ということも多い。要するに,その人なりの「よいあり方」で生きているかということを意味している。これは,私たちの健康は,病気や障害の有無だけではなく,その人によって多様な意味合いを持つということを示している。積極的健康を向上させることは,その人が,その人なりに,充実した生活や,自己実現に向けて「よく生きている」状態にしていくということである。これを,ヘルス・プロモーションという。日本語でいえば,健康増進である。

図2-1をみてほしい。これは,WHOの健康概念を図で表したものである。横軸は消極的健康を示し,縦軸は積極的健康を示す。これを,子どもの健康を例にとって考えてみよう。右上の領域は,消極的健康も積極的健康も良好な子どもである。たとえば,病気も障害も持たず,活き活きと生活している子どもは,ここにあたる。まったく逆もある。左下の領域は,消極的健康も積極的健康も悪い子どもである。たとえば,生まれつき何らかの障害を抱えて,気持ちも落ち込み,生活の目的を見失っている子どもはここにあたる。右下の領域は,消極的健康はよいが,積極的健康は悪い子どもである。とくに病気や障害を持っていないが,生きる目標を失っている子どももいるだろう。左上の領域は,消極的健康は悪いが,積極的健康はよい人である。生まれつきの障害を抱えていても,自分なりの生活の目標を定めて,充実した生活を送っている子どもなどは多くいる。そのような子どもはここに入る。

このように消極的健康と積極的健康の2軸から健康を考えることには,どのような意義があるのだろうか。それを考えるときには,まず疾病と障害の違いについて理解する必要がある。疾病もしくは病気は,基本的には医学的治療に

第 2 章　健康と子ども

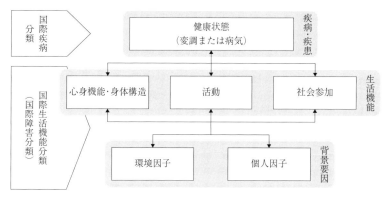

図 2-2　WHO による疾病と障害のモデル図（障害者福祉研究会，2002）

よって改善するものを指す。一方で，障害は比較的永続的な変化であり，生活に支障が生じていることを指す。つまり，現在の医学的治療を受けても基本的には元に戻らないものである。これはあくまでも原則的な話であって，なかにはそのどちらか区別のつきづらい状態もあったりする。たとえば，難病と呼ばれるものをどのように考えるかである。そのようなグレーゾーンがあるということも頭に入れておく必要がある。その上で，図 2-2 に，WHO が示している疾病と障害のモデルを示す。WHO では，国際疾病分類（International Statistical Classification of Diseases and Related Health Problems: ICD）で疾病の分類を示し，国際生活機能分類（International Classification of Functioning, Disability and Health: ICF）で生活機能に支障があるときの障害の分類を示している。障害は，心身機能または身体構造上の問題である機能障害，個人が活動することの難しさである活動性の制限，個人が社会にかかわることの難しさである社会参加の制約の 3 段階に分類される。これをみても分かるように，障害には生活レベルの考え方が入ってくる。これらがお互いに関係し合っているというモデル図である。

　従来の病気の否定という形，つまり，消極的健康のみの健康定義では，治癒の難しい障害を抱えている人は健康を目指すことができなくなってしまう。また，病気の有無という考え方のみでは，子どもの健康は医学的な治療のみでしかアプローチができないことになる。積極的健康の観点があることにより，障

害がある子どもに対しての生活支援や心理支援というアプローチによって，子どものウェル・ビーイングを目指すことの重要性が確認されることとなる。積極的健康の概念によって，健康を目指すための，さまざまな段階のアプローチが理論上有効となるのである。また，病気や障害がない子どもであっても，さらなる自分なりの健康的な生活を目指した支援を考えることができるようになる。ここで誤解のないようにしてほしいのは，消極的健康と積極的健康のどちらが重要かという，二者択一の話ではないということである。病気を治す疾病コントロールも，積極的健康の向上を目指すヘルス・プロモーションも，どちらも重要であり，両者の質を高めることが，子どもへの健康サービスに必要不可欠である。

■子どもの健康権

　読者のみなさんは，健康権という言葉をご存知だろうか。読んで字のごとく，健康である権利ということである。私たちはみな，健康である権利を認められている。1946年のWHO憲章をはじめとして，国際的な宣言・条約や日本における法律でも，さまざまな場面で健康権の重要性が唱えられている。私たちにとって1番なじみ深いのは，日本国憲法25条で述べられているものだろう。「すべて国民は，健康で文化的な最低限度の生活を営む権利を有する」というものである。つづいて，「国は，すべての生活部面について社会福祉，社会保障及び公衆衛生の向上及び増進に努めなければならない」とされている。前者は，日本の国民には「健康権」があるということ，そして後者は，国にはその権利を守るための努力をする義務があることが示されている。疾病や障害は，個人の問題であると捉えるのがかつての考え方であった。しかし，現在，それらは社会で取り組むべき課題であるという考え方になってきている。

　子どもについてとくに言及したものはあるだろうか。日本が1994年に批准した児童の権利に関する条約では，24条で子どもの健康権に言及している。「締約国は，到達可能な最高水準の健康を享受すること並びに病気の治療及び健康の回復のための便宜を与えられることについての児童の権利を認める。締約国

は，いかなる児童もこのような保健サービスを利用する権利が奪われないことを確保するために努力する」というものである。子どもは，健康のための便宜を与えられる権利があることが述べられている。また，この条約では，子どもは，大人と比較して，特別な保護や援助を受けるべき対象であるということも明記されている。

　このように健康であるという権利は，自らの力だけで成し遂げられるものではない。成長途上にある子どもにおいてはなおさらである。子どもの健康を向上させるために，いかに周囲がサポートを行い，社会制度を作るかということが重要なのである。これは，病気や障害を持った子どもを，社会がどのように受け入れていくかという考え方とも共通している。何らかの病気や障害を持っていても，それらを持っていない子どもと同じように社会生活を送り，自らのウェル・ビーイングを目指して生活できるような社会を作っていくという考え方をノーマライゼーションという。子どもの健康は，社会の課題でもある。

■子どもの健康は誰のものか

　子どもの健康な生活は誰のもので，誰が主体となって考えるべきものであろうか。WHO憲章の健康定義は，健康の多様性を示している。先ほども述べたように，ウェル・ビーイングは，「よく生きる」という意味合いを含んでいる。つまり，その人なりの「よりよい生」を目指して生活できているかということである。そのように考えると，ウェル・ビーイングは人の価値観と大きく関係していることが分かるであろう。「よい」とはどういうことか，「生きる」とはどういうことか，ということが人によって違う。私にとってよく生きることと，あなたにとってよく生きることは，おそらく違う。なぜなら，そのことに関する価値観が違うからである。したがって，健康に「これが絶対に正解」という答えはない。正解はないものであるから，その人なりの価値観で目指していくしかないのである。

　それでは，子どもの健康を判断するのは誰か。現在，健康サービスでは，インフォームド・コンセントの考え方が重視されている。インフォームド・コン

セントとは，健康サービスを提供する援助者側が，援助を受ける被援助者にきちんと理解できるように説明をし，同意を得た上でサービスを提供していくという考え方である。援助者と被援助者には，得られている情報に違いがあるため，かつては援助方針を援助者側が決めるという傾向があった。このような考え方をパターナリズムという。現在は，健康について，被援助者側ができる限り自己決定をできるように援助していく。このような援助の考え方をエンパワメントという。

　子どもではどうだろうか。子どもの健康は，親や援助者が決定する傾向がある。それは，子どもの理解力や判断力には限界があり，未成年者への親としての責任が重視されているからである。当然のことながら，親の子どもに対する責任は，重視されるべきものである。一方で，積極的健康の考え方からすると，子どもの価値観を考慮に入れた援助も必要となってくる。具体的には，子どもの各々の発達段階や能力に合わせて，自らの状態についての理解ができるよう促し，その子なりの主体性を引き出して，決定過程にできる限り加わっていけるような援助をする。子どもにも，その発達段階に応じた価値観が生まれており，その価値観を考慮することが必要である。いかに，子ども，親，援助者のそれぞれの意思についてバランスを取っていくかが課題となる。エンパワメントとは，人は自分の健康について決定しうる力を持っているという考え方がもとになっている。人は健康に対して，みずからよい方向性を考えて判断することができるということである。しかし，子どもの場合は，大人と比較して，成長途上であり，そのような力がまだ表にでてきていない。一方でそれは，今後の成長力が期待できるということである。そのような観点も忘れてはならない。

　子どもの健康には家族の力が大きく影響することもまた，事実である。家族援助は子どもの健康にとっては重要である。家族を，子どもを囲む環境だと考えたとき，家族が安定することが子どもの健康にどの程度影響を及ぼすかは，容易に想像がつくことであろう。日本においては，現在，子育て支援が重要な課題となっている。子どもを育てる親の疲労や苦悩への対応ということも忘れてはならない。

■子どもの健康と成長

　積極的健康の概念について理解し，その実践であるヘルス・プロモーションについて考えたとき，健康サービスの対象は，疾患や障害を持つ子どもから，今はそのような問題を抱えていない子どもまで広がってくる。どのような状態の子どもであっても，今の健康状態より，ポジティブに健康度を高め，よりよく生きることをめざす。ヘルス・プロモーションは，予防活動や健康教育，社会制度の改善などを含んでいる。

　どのような状態の子どもであっても，よりよい健康に向けてみずからを方向付けていく力を持っている。その力は，表に現れているものだけではなく，今は現れていない潜在的なものもある。そのような力を持っていても，言葉や，自分の気持ちを把握することが未成熟であるため，それを表明することが難しかったりすることがある。周囲がそれを理解し，どのように援助していくかということが重要である。一方で，子どもの年代は，人生の中でももっとも成長による変化が著しい時期である。そのようなライフサイクルの中で，将来を見据えた援助を行っていく必要がある。子どもの内外にあるリソースを活かして，成長を促すことが，心理学的援助の基本的な考え方である。

■子どものケアをするということ

　それでは，ここまで読んで，最初の事例にあったような状況にみなさんがおかれた場合，どのように考えるだろうか。子どもは，成人期や壮年期，老年期のいわゆる大人と比較して，死に至るような病気にはなりにくい。それは，日本における医療の進歩とも関連していることである。一方で，どんなに医療が進歩しても，すべての病気が治るわけではない。そこで障害が残ったりすることもある。そのような子どもに対して，あなたはどのように考えて接していくだろうか。

　この章では，子どもの健康についての考え方について述べてきた。消極的健康や積極的健康の考え方，ウェル・ビーイングの考え方について学んできた。健康は多様なものであり，人によってどのように捉えるかも異なってくる。理

論的には，病気や障害を持った子どもであっても，自分なりの健康を目指したアプローチを行うことができる。これは，子どものケアにかかわる者は覚えておく必要がある。しかしながら，ここには1つの問題がある。それは，すべての子どもが積極的健康に向け，自分の主体性を持ち，意思や価値観をすぐに発揮できる訳ではないということである。病気や障害といっても，身体的なものだけではない。精神的なものや知的なものもある。そのような中で，絶望した気持ちであったり，意欲すら出なかったりする子どもたちもたくさんいるのである。そのような子どもたちに，「どのような状態であっても自分なりの健康を目指すことができる」と言っても，それは子どもにかかわる援助者の思いの押しつけでしかない。そのような気持ちを持てない子どもたちにどのように寄り添っていくかということも，重要な援助者のテーマなのである。その子どもがどのような思いで自分の病気や障害をみつめているのか，その段階や状況に合わせて援助する必要がある。これは，とても難しいことである。

　まとめとして，子どもの健康のケアをするときに，私たちに重要な心の持ち方は何かということについて述べる。それは，正解はどこにもないということである。私たちが，子どもに対して何かの正解をあたえるということはできない。私たちが，これが正解だろうと思い子どもに与えるものは，子ども自身から拒否される。私たちに求められることは，子どもに正解を与えられないことに耐えつつ，彼らに向かい合うときに，みずからの気持ちの揺れに正直に向き合い，それでも目の前にある現実から目を背けずに見続けることである。病気や障害を過剰に怖れるのもよくないし，一方で簡単にみるのもよくない。そのようなものを，まさしく自分の問題として抱えている子どもたち自身がどのように感じているか，そこに焦点を当ててかかわることが重要なのである。

〈もっと詳しく知りたい人のための文献紹介〉
◆長谷川友紀・長谷川敏彦・松本邦愛（編）(2016)．医療職のための公衆衛生・社会医学第5版　医学評論社
◆熊倉伸宏（2004）．メンタルヘルス原論　新興医学出版社

⇨前者は，健康科学の教科書である。少し難しいが，健康科学を網羅的に学ぶのにはよいテキストである。後者は，健康の中でもこころの健康への援助の基本的な考え方・論理を述べた良書である。

〈引用文献〉

Downie R. S., Tannahill C., & Tannahill A. (1990). *Health promotion : models and values*. Oxford: Oxford University Press.

長谷川友紀・長谷川敏彦・松本邦愛（編）(2016). 医療職のための公衆衛生・社会医学 第5版 医学評論社

障害者福祉研究会（2002). ICF 国際生活機能分類――国際障害分類改定版 中央法規出版

第3章 養育環境と子ども
―― 子どもの心の健やかな育ちのために ――

井梅由美子

　とある喫茶店で。仕事の合間に立ち寄った喫茶店で，にらめっこしていたノートパソコンから目を離してふと顔をあげると，素敵な光景に出会いました。ベビーカーに乗った赤ちゃんとその横でお茶を飲むお母さん。赤ちゃんがお母さんに何か話しかけると，お母さんがとびきりの笑顔でそれに応えます。赤ちゃんはお母さんの笑顔にとてもうれしそうな，幸せそうな表情を浮かべ，満面の笑みをお母さんにかえします。その様子はアツアツの恋人同士にも似て，2人だけの特別な時間がそこに流れているように感じられました。その後も，赤ちゃんは手元のおもちゃで遊びながら，少しするとお母さんにまた熱い視線を送り，特別なアイコンタクトをしては，遊びに戻ります。赤ちゃんとお母さんとのこのような確かな絆，信頼関係はどのようにしてできていくのでしょうか？

■人間関係の出発点とは？

　私たちは一生の間にさまざまな人と出会い，関係を築きながら生活をしていく。人とのかかわりや交わり，すなわち人間関係は，私たちの生活を豊かなものにし，さまざまな喜びを与えてくれる。しかし一方で，人間関係は私たちの心を悩ます原因となることもある。また，人間関係の不安定さからさまざまな心の病が引き起こされることもある。私たちの心の健康を考える上で，人とのかかわりのありようは重要な要素の1つである。本章では，私たちの人間関係の出発点について考えてみたい。

■生まれてすぐの赤ちゃんの生活

　人間の赤ちゃんは生まれてすぐには，みずから移動したり食べたりすること

ができない無力な存在である。そのため，従来，人間の赤ちゃんは無力で受身の存在と考えられていたが，じつはただ受身なだけではなく，養育者が自然と赤ちゃんのお世話を動機づけられるようなさまざまな能力を有していることが分かってきている。たとえば，赤ちゃんは人の顔や声に対する強い関心があり，周囲と積極的なかかわりを持っている。赤ちゃんは，お世話をしてもらって満たされたときなどにみせる微笑，人に対してじっと目を向ける仕草，あるいは泣くことによって，生後すぐから，人に対してさまざまな働きかけをしており，養育者との相互作用を円滑にする一端を担っている。このようなやりとりを通して，人生最早期に，赤ちゃんは献身的に自らの世話をしてくれる人（主にはお母さん）との関係を築いていく。これが私たちの人間関係の出発点である。

　この人間関係の出発点において，その相手と安定した確かな絆を結ぶことは，乳幼児の成長にとって欠かせないものであり，その後の心の健やかな育ちにおいても大変重要である。このような養育者との絆は愛着と呼ばれる。

■愛着とは？

　愛着（英語で attachment）とは，J. ボウルビィによって提唱された概念で，赤ちゃんと養育者との間に形成される情緒的な絆のことを指す（Bowlby, 1969, 1973, 1980）。幼い子どもが何か不安なことがあると母親など特定の人に抱かれたがったり，後追いをしたり，親の姿が少しでもみえなくなると突然火がついたように泣き出す，といったような姿をみたことがある人も多いであろう。これは愛着対象との確かな絆が築かれているからこそみられる行動である。ボウルビィはこのような愛着対象への接近行動を，生命維持のための本能的な行動と考えており，乳幼児は信頼できる大人（特に親）に近接（attach）することによって，危険からまもられ，成長していくことができる。

■愛着の発達

　乳幼児にとって愛着対象との関係は欠かせない。どのようにして，このような関係を養育者との間に築いていくのだろうか。ボウルビィは愛着の発達段階

第Ⅰ部　すこやかな育ち

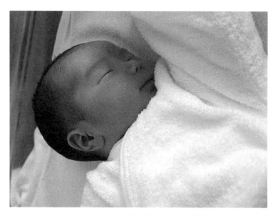

図3-1　自発的微笑（筆者撮影）
生後6日目：まどろみながら、時々にこっと口元がゆるむ。
「天使の微笑み」とも呼ばれる。

を4つに分けて解説している。そしてまた、この時期の養育者とのかかわりは、その後の心の健やかな育ちにとって大変重要な時期であり、さまざまな研究者がこの時期の発達について論じている。以下に、愛着の4つの段階を中心に、この時期の養育者との関係性の中で育まれる心の育ちについてみていくこととする。

●第1段階（誕生〜生後3カ月頃）

　誕生直後から乳児は、人に対する関心が強く、人の声の方に注意を向けたり、人の顔とそれ以外の模様などをみせると、人の顔の方をより好んでみるなどの特徴をもっている。また、生理的な心地よさから出現する自発的微笑（図3-1）も誕生直後からみられる。この自発的微笑は人に対する反応ではなく生理的レベルでの微笑であるが、周りの大人にとっては、一層保護したい気持ちを駆り立てられる。

　さらに、8週前後になると、人に対する反応はよりはっきりとしてくる。この頃になると、養育者の方をじっとみつめたり、アイコンタクトがとれるようになる。また、クーイングと呼ばれる人に対する発声も聞かれるようになる。養育者にとって、赤ちゃんとやりとりしている感覚はいよいよ強くなり、熱心に話しかけるなど、より積極的なかかわりが引き出される。生後3カ月前後から、養育者があやしたり、呼びかけたりするような刺激に対してキャッキャと喜ぶような様子をみせるなど、社会的微笑（図3-2）へと変化していく。ただ

し，この時期の人に対するさまざまな反応は，特定の相手にではなく，人であれば誰にでもこのような反応をする。

●第2段階（生後3カ月〜6カ月頃まで）

この段階になると，母親などよくかかわっている特定の人に対して選択的な行動がみられるようになってくる。生後4カ月ごろより，早い子ではひとみしりの始まりのような様子がみられるようになり，いつもかかわってくれる養育者（主に母親）と，そうでない人との区別ができるようになってくる。

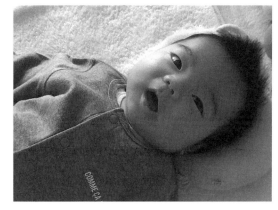

図3-2　社会的微笑（筆者撮影）
生後2か月:「アー」「クー」とこちらに話しかける仕草。アイコンタクトもしっかり。

●第3段階（生後6カ月〜2,3歳頃まで）

ひとみしりが本格化するのがこの段階の特徴である。乳児はこの段階では，養育者とそうでない人の区別がはっきりできるようになるので，見知らぬ人が近づくと強い警戒心を示し，母親などよく見知った人にしがみつくようになる。とくに，子どもにとって不安を感じる場面で愛着の相手を強く求めるので，泣いているときや機嫌が悪いときに他の人があやしてもますます泣くばかりでとりつくしまもない，といったことはよくある。この時期，ひとみしりがあることは自分を守ってくれる親しい人との関係ができているかどうかの指標となり，子どもの成長にとって重要である。ただし，ひとみしりの反応は子どもによってさまざまである。見知らぬ人に非常に強く拒否反応を示し，大泣きして嫌がる子もいれば，母親のかげに隠れ，じっと相手を伺うような様子を示すのみの子もいる。

また，この時期はハイハイや歩行など移動が可能になり，探索行動も活発化する。母親から少し離れた場所で遊びに没頭しながら，時折，母親を振り返りそばにいることを確認したり，母親のもとに戻ってスキンシップを求め，再び探索行動に戻っていく姿もよくみられる。乳幼児が親から分離し，個体化していく過程を捉えた M. マーラーらの分離―個体化理論（Mahler, Pine & Bergman, 1975）では，探索行動が活発になる 9～14 カ月ぐらいの時期を「練習期」と呼んでいる。子どもにとって愛着の相手は心理的な「安全基地」となり，何か不安なことがあったときにすぐに避難できる安心の場であることで，子どもは探索活動に没頭することができるのである。ところで，マーラーらの分離―個体化理論では，この「練習期」の後に愛着の相手との接近を再び強く求める「再接近期」と呼ばれる時期がくることが指摘されている。この「再接近期」は概ね 1 歳半から 2 歳頃にかけてみられるもので，一般に，「イヤイヤ期」と呼ばれる大人の側が子どもを扱いづらくなったと感じる時期である。この時期は，子どもの「自分でやりたい！」，「……したい！」という自己主張が芽生える時期であるが，一方で，まだ自分 1 人では難しいことも多く，母親に受け入れてもらいたい気持ちも強い。「自分でする！」と母親から差し出された着がえを取り上げ，一生懸命自分で履こうとするが，思うようにいかなくて癇癪を起こす，といったこともよくみられる時期である。子どもは自立（「自分でしたい！」）と依存（「甘えたい」）のどちらの気持ちもあり，その折り合いのつけられなさから癇癪という形で表現されるのである。養育者の側も子どものこのような態度を許容できず，「もう！　どうしたいの！」と怒りたくなることもある。こうした親子のぶつかり合いは子どもを不安にさせ，再び母親にまとわりついたり，後追いが増える場合もある。このとき，親がつき離すと子どもの不安はますます強くなる。探索行動が楽しく自分でやりたいことも増えるが，不安なときや自分ではうまくいかないときはまだまだ養育者のもとに戻って慰められたい時期である。養育者の側はなかなか大変であるが，子どもの「安全基地」として，必要なときにはその気持ちに応えてあげられるようなかかわりが求められる。

●第4段階（3歳頃以降）

　この段階になると，愛着対象と物理的にくっついていなくても，愛着対象の存在を感じられ，心の安定をはかることができるようになる。母親が少々不在になっても，「すぐ帰ってくるから」などの言葉かけがあれば，それを理解し，待っていることができるようになる。これまでに繰り返された愛着対象とのやりとりの記憶を通して，愛着対象は自分を保護し助けてくれる存在であるという確固としたイメージが子どもの心の中にできあがる。今や子どもは，愛着の相手が常にそばにいなくても，愛着の相手の存在を感じられるようになる。こうしたイメージはその子どもの心の中に刻まれ，その後に出会うさまざまな人との関係を築く上で重要な役割を果たしていく。すなわち，子どもは主要な愛着対象との間で繰り返し経験された相互作用をもとに（＝人間関係のモデル），その後の人間関係，たとえば，友人関係や恋人関係において，自分がどのように相手に接したらよいか，相手はこういう風にふるまうだろう，などと予測しながら関係を築いていく。養育者との愛着の成立を通して，子どもは「自分は愛される存在」であるという自信があるからこそ，新たな人との出会いにおいても，自信をもって向かっていくことができるのである。

■愛着のタイプ（個人差）

　J. ボウルビィの共同研究者である M. D. S. エインズワースは，乳幼児の愛着には個人差があると考え，それを調べるためにストレンジ・シチュエーション法（SSP）という実験による手続きを考案した。この実験では，見慣れない場所（実験室）で，見知らぬ人（ストレンジャー）が登場し，さらには母親がいなくなってしまうという子どもにとってややストレスフルな状況に置かれるが，その際の子どもの示す反応によって，母親との愛着の様子を測定しようというものである。具体的には，図3-3に示すような8つの場面からなる。

　このような一連の実験状況の中での子どもの様子を観察し，子どもの示す反応によって，以下の3つのタイプに分類される。

第Ⅰ部　すこやかな育ち

図3-3　ストレンジ・シチュエーションの8場面（繁多，1987）

● Aタイプ（回避型）

母親との分離場面でも泣くことはなく，再開場面でも母親をほとんど気にしない，あるいは回避するかのような行動をとるタイプ。母親がいるときもそうでないときも1人遊びが多い。

● Bタイプ（安定型）

母親との分離には悲しみを示すが，母親と再会すると喜び，母親に接近，接触を求めるタイプ。再開後しばらくすると元気を取り戻し再び遊び始めることができる安定した愛着のタイプ。

● Cタイプ（アンビバレント型）

母親との分離に非常に強い不安を示す。再開時には，母親への強い接近・接触欲求を示すと同時に，喜びというよりは怒りを伴った抵抗的な態度を示すなど，アンビバレントなタイプ。

エインズワースらの研究ではこの3タイプに分類し，Bタイプを安定型，A，Cタイプを不安定な愛着のタイプとした。しかしその後，そのどれにも当ては

まらないタイプがあることが指摘されるようになり，後にＤタイプとして追加されることとなった。

●Ｄタイプ（無秩序・無方向型）
「突然すくんでしまう」，「顔をそむけながら母親に近づこうとする」など，相矛盾した行動がみられるタイプ。個々の行動がばらばらで行動の一貫性がなく，観察者がみていて不可解な印象を与える。
　このＤタイプは，被虐待児などハイリスク児に多くみられることが指摘されている。

　以上みてきたような愛着のタイプの違いは，養育者と子どもとの日々のかかわりの中で形作られていく。養育者が子どもの示すシグナルにどの程度敏感に察知し，適切に応答しているか，といった親の情緒的応答性や，子どもの気質，たとえば敏感なタイプや，泣きやすいタイプ，あるいは新規の場面にそれほど怖がらないタイプであるのかなどが絡み合い，それぞれの愛着タイプの違いとなっていると考えられる。なお，愛着タイプの出現率については，文化差があることも指摘されている。ドイツでは相対的にＡタイプが多く，日本ではＣタイプが多いことが知られている（数井・遠藤，2005）。

■ホスピタリズムとマターナル・ディプリベーション
　ここまで，赤ちゃんが生後，養育者との関係の中でどのように愛着関係を育み，心と身体を成長させていくかをみてきた。では，愛着関係の成立が阻害された場合，赤ちゃんの心身の発達にどのような影響があるかをみていくこととする。
　丹羽（1993）によれば，R.スピッツは，戦後の乳幼児施設の観察研究において，世話をする人の人数がきわめて少なく，乳児が１日中ベッドで寝かされたままといった施設で育った子どもは，一般の家庭で育った子どもに比べて，運動機能や言語の発達，あるいは体重や身長といった身体面での発達などさまざ

まな面での発達に遅れが認められることを見出した。このような現象は、当時の乳幼児の入所施設など、子どもが集団で養育される場で頻繁にみられ、ホスピタリズム（施設病）と呼ばれていた。スピッツはまた、生後約6カ月間は母親のもとで養育され、その後突然、母親と分離させられた乳児が、分離後しばらくは泣きやすく、体重減少や不眠などがみられるが、そのうち、泣くこともあまりしなくなり、うつろな目つきで無表情になり、周囲に対して無関心になるなどの様子がみられるとし、これを乳児のうつ状態と考え、アナクリティック抑うつ（依託抑うつ）と名づけた。このような状況におかれた乳児は身体が衰弱し、感染症などにもかかりやすく、死亡率も高くなることが指摘されている。

　また、愛着理論を唱えたボウルビィも施設で生活する子どもたちに関する調査研究から、愛着の研究を深めていったともいえる（庄司・奥山・久保田、2008）。彼は児童精神科医であり、心の問題を抱える多くの子どもたちとかかわり、また、施設入所が子どもたちに与える影響について調査を行う中で、子どもの健康な心身の育ちにとって、発達早期における養育者との親密な関係がいかに重要かについて説いた。彼はホスピタリズムの起こる原因として、母性的養育の剥奪（maternal deprivation：マターナル・ディプリベーション）という概念を提唱した。これは、乳幼児期に母親と長期に分離させられるなど、特定の母親的な存在による世話や養育が十分になされないことにより、特定の相手との愛着を形成することができず、子どもの精神発達や身体発達にさまざまな悪い影響を及ぼすというものである。このような環境で成長した子どもは、長期的には、盗癖などの反社会的行動が生じるなど、情緒発達の面で深刻な影響があることも指摘されている。

　スピッツやボウルビィらのこうした研究は社会に衝撃をもって知られることとなり、乳児院での職員の配置など（保育士1人で担当する子どもの人数の改善や、子ども一人ひとりに担当の保育者を配置する担当養育制など）、多くの改善の視点をもたらした。今日、乳幼児を養育する施設では、かつてみられたような身体発育の不全や発達の遅滞など典型的なホスピタリズムはほとんどみられなくなった。しかし一方で、家庭において養育されている子どもたちの中に、かつての

ホスピタリズムと同様の症状を呈する子どもたちがいる。家庭で実の親に養育されていても，児童虐待など，子どもに愛情を向けず放置されている場合では，同じことがおこる。

■虐待と愛着障害

　虐待は，身体的虐待，性的虐待，心理的虐待，ネグレクト（養育放棄）の4つに大きく分類されるが，いずれも子どもの心身の発達に多大な影響を及ぼす。虐待は，本来子どもの安全基地となり子どもを保護する人であるはずの養育者によって，暴力などの危険な目にあわされるため，子どもの心身に与えるダメージは非常に大きいといえる。あるいは，直接危害が加えられなくても，必要な保護を行わないネグレクトも，子どもの心に非常に深刻な影響を及ぼす。子どもが養育者を求めて泣いても応えてもらえず，抱いたりあやしたりといった必要な刺激も与えられないことは，乳幼児にとって非常に危機的な状況であり，このような状況が続くと子どもは泣かなくなり，周囲に無関心になる。

　虐待など，不適切な養育のもとにおかれたことによる愛着の障害を，反応性愛着障害という。反応性愛着障害は，5歳以前に明らかになる対人関係の障害で，「抑制型」と「脱抑制型」と呼ばれるものがある。抑制型は，他者に対して無関心で，対人的交流を適切に持つことができず，周囲に対して非常に警戒したり，固く緊張した様子を示す。一方，脱抑制型は誰に対しても非常に社交的で，愛想がよいようにもみえるが，よく知らない人に対しても過度になれなれしくしてしまう，あるいは愛着の対象人物選びにおける選択力の欠如など，無差別的な社交性を示すといった特徴がみられる（DSM-IV-TR（American Psychiatric Association, 2000）による診断基準）。両者は一見，かなり異なるタイプに見えるが，背景には，不適切な養育環境におかれたことによる愛着の形成不全という点で共通している。なお，DSM-5（American Psychiatric Association, 2013）では，愛着障害は，心的外傷およびストレス因関連障害に区分されるようになり，抑制型は「反応性愛着障害」，脱抑制型は「脱抑制型対人交流障害」に分類される。

以上，養育環境と子どもの育ちについて，愛着の観点を軸に乳幼児期の母子の関わりについてみてきた。ここまでみてきたように愛着の相手との絆は子どもの心身の発達にとって欠かせないものである。そしてまた，母親が安心して子どもに向き合える環境（状況）があることで，母親の情緒的応答性が高められ，子どもの安定した愛着形成へとつながっていく。子育て支援の必要性が叫ばれる昨今であるが，その背景には，母親の孤独な育児環境や子育て不安の存在がある。母親が（あるいは父親も含め）子育てをしやすい環境作りは，親子の心の健康を考える上で大変重要である。また，この安心して育児に向き合える状況とは，実際的な状況のみを指すものではない。母親が情緒的に安定して子どもに向き合えない要因の1つに，母親自身もかつて養育者との間に葛藤的な関係があったという場合がある。虐待における世代間伝達の問題は根が深く，支援する側はその背景を理解した上で丁寧な対応が必要である。

〈もっと詳しく知りたい人のための文献紹介〉
◆馬場禮子・青木紀久代（編）（2002）．保育に生かす心理臨床　ミネルヴァ書房
　⇨子どもの情緒の育ちに関する理論の基礎と，保育場面での心理臨床的観点からの援助の実際についてまとめられている。
◆渡辺久子（2008）．子育て支援と世代間伝達——母子相互作用と心のケア　金剛出版
　⇨虐待や家庭内暴力など，親子をとりまく心の問題について，乳幼児精神医学の観点から問題の理解と支援の方法について学ぶことができる。
◆大日向雅美（2015）．増補　母性愛神話の罠　日本評論社
　⇨子どもの愛着の対象は母親だけか。歪んだ母性愛神話や愛着理論の誤った解釈がむしろ育児を困難にしている。現代の子育てのあり方を考えさせてくれる1冊。

〈引用文献〉
American Psychiatric Association（2000）. *Diagnostic and Statistical Manual Disorders*（4th ed., text revision）Washington DC: Author.（高橋三郎・大野裕（監訳）（2004）．DSM-IV-TR 精神疾患の診断・統計マニュアル　医学書院）
American Psychiatric Association（2013）. *Diagnostic and Statistical Manual Disorders*（5th ed.）Washington DC: Author.（高橋三郎・大野裕・染矢俊幸（訳）

(2014).DSM-5精神疾患の診断・統計マニュアル　医学書院）

Bowlby, J. (1969). *Attachment and loss. Vol. 1 Attachment.* London: Tavistock Institute of Human Relations.（ボウルビィ，J. 黒田実郎・大羽葵・岡田洋子・黒田聖（訳）(1977). 母子関係の理論　第1巻　愛着行動　岩崎学術出版社）

Bowlby, J. (1973). *Attachment and loss. Vol. 2 Separation.* London: Tavistock Institute of Human Relations.（ボウルビィ，J. 黒田実郎・岡田洋子・吉田恒子（訳）(1977). 母子関係の理論　第2巻　分離不安　岩崎学術出版社）

Bowlby, J. (1980). *Attachment and loss. Vol. 3 Loss.* London: Tavistock Institute of Human Relations.（ボウルビィ，J. 黒田実郎・吉田恒子・横浜恵三子（訳）(1981). 母子関係の理論　第3巻　対象喪失　岩崎学術出版社）

繁多進（1987）．愛着の発達――母と子の結びつき　大日本図書

数井みゆき・遠藤利彦（編）(2005). アタッチメント――生涯にわたる絆　ミネルヴァ書房

Mahler, M., Pine, F., & Bergman, A. (1975). *The psychological birth of the human infant.* London: Nutchinson & Co.（高橋雅士他（訳）(2001). 乳幼児の心理的誕生――母子共生と個体化　黎明書房）

丹羽淑子（編）(1993). 母と乳幼児のダイアローグ――ルネ・スピッツと乳幼児心理臨床の展開　山王出版

庄司順一・奥山眞紀子・久保田まり（編）(2008). アタッチメント――子ども虐待・トラウマ・対象喪失・社会的養護をめぐって　明石書店

第4章 記憶と子ども
──過去と現在をつなぐ子どもと大人の記憶──

坪井寿子

　私たちは，子どもの頃の思い出から，自分自身を振り返ることがあります。ところで，みなさんは，子どもの頃の思い出をどれくらい覚えていますか？小学校以降のことは覚えているけれど，幼稚園や保育園の頃はあまり覚えていない，赤ちゃんの頃はまったく覚えていないといったところでしょうか。個人差はありますが，一般的に3歳以前のことは自分のことでも覚えていないとされています。

　それでも，私たちは幼い頃から記憶の働きが備わっています。まだ言葉が話せない赤ちゃんにも記憶の働きはありますし，幼児期になると日々の生活を通していろいろな出来事を記憶することができるようになります。幼児期は，言葉をはじめ記憶や思考などの認知の働きが著しく発達する時期です。

　そこで，「幼児期の子どもたちはどのようにして出来事を記憶しているのか」，「大きくなってからどのようにして幼い頃の出来事を思い出すのか」の2つのテーマから，私たちにとって過去と現在をつなぐ記憶の働きとはどのようなものか考えていくことにします。

■記憶について
①記憶のメカニズム
　具体的に上記のテーマを取り上げる前に，記憶のメカニズムやその発達プロセスについて述べていく。
　記憶の働きは，情報を入力し覚える「記銘（符号化）」，情報を維持する「保持（貯蔵）」，覚えた情報をとり出して思い出す「想起（検索）」からなる情報処理の過程である。
　一般に記憶は，主に一時的に情報が保存されている短期記憶（短期貯蔵庫）

と半永久的に情報が保存されている長期記憶（長期貯蔵庫）からなっている。もう少し詳しく，入力した情報がどのように記憶されて私たちの経験や知識の基になっていくのか，図4-1を通してみていく。まず，眼や耳など

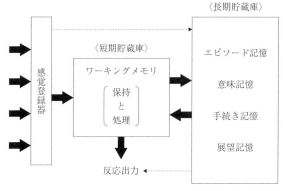

図4-1　記憶のメカニズム（太田，2013）

の感覚器官から入った情報は一旦すべて感覚登録器に入力されるが，ほとんどのものは1秒程度で消失してしまう。このうち，注意が向けられた情報は短期貯蔵庫に送り込まれるが，これも数秒から数十秒程度と保持期間が限られている。短期貯蔵庫では，単に貯蔵するだけでなく，何らかの認知処理が行われるので，ワーキングメモリ（作動記憶）という場合も多い。さらに，長期貯蔵庫に送り込まれると，長期間の保持が可能であり，多くの情報を貯蔵することができる。長期記憶にはさまざまな種類の情報が保持されており，代表的なものには次のものがある。

　まず言語による記憶情報として，時間空間の情報に基づいた出来事に関する記憶であるエピソード記憶（例「お母さんと動物園に行った」）や，概念や知識構造に基づいた記憶である意味記憶（例「タンポポの花は黄色い」）とがある。また，運動や動作などに基づく記憶である手続き記憶（例　三輪車の乗り方）がある。さらに，過去だけでなく将来に向けて覚えておく必要のある展望記憶（例　運動会の日には帽子を忘れずに持っていこう）などもあり，さまざまな種類のものがみられる。このうち，本章で取り上げるのは主にエピソード記憶である。

　このように，人の記憶は，短期記憶の観点から考えると，一度に多くのものを覚えることができず，なかなか思い通りにいかない場合も多い。また，一度長期記憶に送り込まれても，忘れて思い出せなくなったり，覚えた情報とは異

なる形で思い出されることも少なくない。とはいえ，長期記憶に送り込まれると膨大な情報をもとに経験した出来事や知識が蓄積され，その積み重ねが自分自身を形成するもととなっていく。

②記憶の発達プロセス

このような記憶の働きについて，子どもから大人にかけての発達プロセスをたどっていく。

乳児期はまだ言葉を話すことができないので，記憶の働きも運動・動作的なものである。情報が保持されていることから記憶の働きが備わっているといえる。大まかには，生後3カ月では1週間，満1歳で8週間程度，1歳半で12週間程度，情報が保持されている。いずれも短い保持期間であるが，月齢が進むにつれて長く保持できるようになる。このように乳児期にも手続き記憶を中心に記憶の働きは備わっているが，保持期間はかなり短い。また，乳児期の段階は記憶の構造が脳や神経系の構造においても異なるために，乳児期に経験した出来事を後になって思い出すことができないとされている。

幼児期の記憶は，児童期以降に比べると充分には発達していない。しかしながら，言語を獲得することにより，それまでの運動・動作に頼っていた乳児期の記憶に比べると質的に異なったものになり，児童期以降の記憶の働きの基礎を形成しているといえる。とくに，幼児期の子どもが日々の出来事をどのようにとらえて記憶しているのかは，記憶の発達を考える上でも重要な問題である。

児童期になると学校でさまざまな事柄を学習するようになり，記憶能力も一段と発達する。たとえば，一度に記憶できる情報量も多くなり，覚えるための工夫も幼児期に比べてできるようになる。また，自分自身の記憶活動を振り返る能力も備わってくる。このような記憶の発達により，幼児期に比べて自分自身が経験した出来事をより一層豊かに深く記憶することができるようになる。

青年期以降の記憶の働きの発達については，記憶の種類によっては青年期でピークを迎えた後，成人期から老年期にかけて著しく低下する加齢による影響がみられるものもあれば，それほどみられないものもある。たとえば，短期記

憶自体はあまり加齢による影響はみられないが，処理を伴うワーキングメモリは加齢による影響が大きい。また，長期記憶に関しても，意味記憶は加齢による影響がそれほどみられないが，エピソード記憶は加齢による影響が顕著にみられる。

このように記憶の働きは生涯にわたって発達するが，その中でも，乳児期から幼児期にかけては，もっぱら運動・動作的な記憶だったものから，不十分ながらも言葉による記憶の働きが生じる点で，記憶の発達において大きな節目を迎えるといえる（清水，2011）。私たちは言葉によってさまざまな事柄を記憶しているが，幼児期にそれが芽生えてくるのである。

また，エピソード記憶と意味記憶については，意味記憶の方が早くから発達し，エピソード記憶を支える働きをする。エピソード記憶では，確かに自分自身が経験した出来事だということを思い出すという想起の意識が求められるので，4歳頃と出現する時期は比較的遅い。

■幼児の出来事に関する記憶
①幼児期の出来事のとらえ方

記憶のメカニズムとその発達プロセスについて紹介したところで，冒頭で述べた1つめのテーマである「幼児期の子どもたちはどのようにして出来事を記憶しているのか」について述べる。出来事の記憶を考えていく場合，その出来事を自分自身が経験したものとしてとらえることが求められ，この働きが芽生えるのが幼児期である。幼児期の子どもは，周囲の人たちに支えられながらも，日々の生活の中でさまざまな出来事を経験していく。そして，幼児期の子どもにとって，生活は出来事の連続であるといえ，出来事をどのように語るのかが大切な問題となる（例えば，岡本，2005）。

それでは，幼児期の子どもたちはどのように出来事を記憶できるようになるのだろうか。個人差もあるが，年齢ごとに一般的な流れをたどってみる。まず，2歳頃になると，断片的ではあるが過去について語り始めるようになり，毎日の決まり切った出来事を語るようになる。3歳頃になると，具体的に過去につ

いて語るようになるが，言語発達がまだ充分でないため，自分で出来事を語るよりは，大人からの手がかりを得て語る程度である。また，想像上のことであっても自分自身が体験したこととして語ってしまう場合や，出来事の報告がその場の雰囲気や状況に影響を受けることも多い。4歳頃になるとまだ安定していないところもあるが，過去の出来事を自分なりにとらえて語ることができ，保持期間も長くなる。さらに5歳頃になると，自分の体験としてのエピソードが報告できるようになり，その場の雰囲気に影響されることも少なくなって，かなり安定してくる。出来事の記憶の発達は，このような流れをたどるが，これらは次に述べるような2つの側面に分けて考えることができる。

②幼児の出来事の記憶に関する2つの側面

　1つめの側面は，幼児期の子どもは，環境（世界）についての安定した知識を得るために出来事を記憶しているというものである。おおむね幼児期前半頃からみられる。これは，いわば知識の枠組みを得るためであり，子どもたちは周りの状況に適応するために出来事の必要な部分だけを取り出して記憶している。このような出来事の知識の枠組みを，心理学ではスクリプトという。これは，シナリオという意味である。たとえばレストランで食事をする場合や歯の治療のために歯医者に行く場合は，個々の細かな違いはあるものの一般的に決まった順序があり，幼児期の子どもはスクリプトを形成し，それに基づいてエピソードを記憶し出来事を報告している。そのためこの頃は同じような出来事を繰り返し語ることによって，より安定した出来事の知識を獲得していくことになる。

　その後少し年齢が進むと，もう1つの側面の出来事の記憶がみられる。これは，自分自身が体験した出来事として，「いつ」，「どこで」，「だれが」，「なにを」といった細部の状況まで含めて記憶するようになるものである。この場合，スクリプトから外れたような特定の出来事として語り，記憶できるようになる。後で紹介する思い出としての記憶ともつながっていくものである。

　この2つの側面，すなわち安定した知識を得るための記憶と，ある特定の出

来事として覚えておくための記憶の問題は，何のために記憶するかという記憶の働きに関する議論にもつながる（例えば，高木，1990）。いずれにしても，幼児期の子どもがどのようにして出来事を記憶できるようになるのかについては，出来事を語ることと記憶の働きとが密接に関連している。そこで，この両者の発達過程をまとめた具体的な研究を紹介する。

③出来事の語りと記憶の働きの発達

　出来事の記憶はさまざまな認知機能とかかわってくる。そこで，子どもが印象に残る出来事を，後になってどれくらい，どのように想起できるのかについてのインタビュー調査の研究を紹介する（上原，2008，2012）。その研究では，次の3つの段階を経て発達のプロセスをたどっている。1つめの段階は「過去のエピソードの語り（2～3歳頃）」で，自分の言葉で，過去のエピソードを語り始めることができるようになることを指す。2つめの段階は「再認の質問の理解（3～4歳頃）」で，あるものに対して見覚えがあるか否かが理解できるようになることを指す。3つめの段階は「「覚える」「忘れる」の自発的使用（4歳頃）」で，記憶に関する言葉を使うことができるようになることを指す。具体的な時期については個人差があるものの上記の順序で生じることが示されている。再認の働きが備わる前にエピソードを語り始めることになるが，この段階での語りは，まだ本格的なエピソード記憶に基づいたものとはいえず，大人になってからの通常の語りとは異なるものである。

④幼児期の自伝的記憶の形成

　このように，幼児期の子どもたちはだんだん自分自身が経験した出来事を想起できるようになる。このことは発達の上でも重要な意味を持っており，自分自身を形成しているもとを作っているといえる。

　前述のように，エピソード記憶は毎日の生活で起きている出来事の記憶なので身近で簡単に備わっていくように思えるが，自分自身の体験した出来事という意識（自覚）が必要であるので，エピソード記憶が形成されていくのは意外

第Ⅰ部　すこやかな育ち

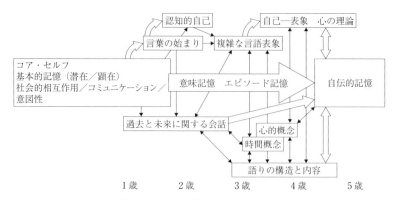

図4-2　自伝的記憶における認知的・社会的要因（佐藤，2008c）

と難しい。自己理解などもかかわり，出来事の語りや記憶の働きを発達させながら4歳頃になるとエピソード記憶を獲得していく。

　このようなエピソード記憶の中で，現在の自分自身に影響を与えているような出来事の記憶を心理学では自伝的記憶といっている。つまり，「過去の自己にかかわる情報の記憶」である（例えば，佐藤，2008a）。実際には，エピソード記憶と自伝的記憶とは厳密に区別できないことも多いが，自伝的記憶も4～5歳頃から備わってくるとされている。

　それでは，自伝的記憶はどのようにして形成されるのだろうか。自伝的記憶の成立にはさまざまな認知的，社会的要因がかかわっているので，図4-2を用いてその成立過程をみていく（佐藤，2008c）。

　まず，認知的要因は内的要因に位置づけられるもので，主に図4-2の上半分が関連している。表象という言葉がいくつか使われているが，これは内的表現を意味する。表象の働きがあると，目の前に具体的なものがなくても，そのことについてイメージしたりすることができる。また，概念的なものについても考えることができるようになる。言語も表象機能の1つであり，自伝的記憶の形成に重要な役割を果たす。さらに，この認知的要因は，自己に対する表象も含まれ，自己の状態をイメージできることなども求められる。たとえば，自己の心の状態と他者の心の状態が異なること，さらには過去の自己の状態と現

在の自己の状態がきちんと区別できることが求められる。

　一方，社会的要因は外的要因に位置づけられるもので，主に図4-2の下半分が関連している。他者とのやりとりや語りなどのコミュニケーションなどが挙げられる。たとえば母親と子どもとの間の会話で，精緻化された会話の場合は，会話の中で母親が子どもにさまざまな形で質問をし，子どもからの反応を引き出すことが自伝的記憶の形成につながっていく。さらに，子どもの反応から情報を提供したり，さらに話題を深めたり広げていったりしていく。逆に精緻化が不十分な場合には，話題が次々と変わったりして，会話が発展していかない。さらに，時間の流れに対するとらえ方についても，過去の出来事を鮮明に覚えていたり，過去の出来事を現在に結びつけたりすることとも関連している。

　このように幼児期に自伝的記憶が形成されはじめるが，その後の発達にも大きく影響し，自分自身の過去を振り返ったり，みつめたりするもととなっている。

■子どもの頃の思い出を振り返る
　次に2つめのテーマである「大きくなってからどのようにして幼い頃の出来事を思い出すのか」について取り上げる。私たちは，幼い頃に経験した出来事について，たとえあまり覚えていなくても，ときには出来事を思い出し懐かしさを感じることもある。このことを前節の終わりで紹介した自伝的記憶を中心にみていく。

①生涯発達からみた子どもの頃の思い出の振り返り
　自伝的記憶を生涯発達から見た場合には，幼児期健忘とバンプという2つの特徴がみられる。
　幼児期健忘とは，3歳以前のことはほとんど覚えていない現象を指す。ちなみに覚えている中での最初の記憶を初期記憶という（例えば，下島・小谷津, 1998）。幼児期健忘の理由としてはいくつかある。まず，子どもの頃に記憶したものを

大人になって検索するので,その保持期間が長く,子どもと大人とでは記憶の働きが異なることもあり,幼い頃の出来事があまり思い出せない原因となっていることが挙げられる。この他には,言語の働きがまだ未成熟だから,自己概念の発達がまだ不充分だからなどといった理由が考えられている（実は,幼児期健忘については精神分析学者のフロイトより,想起するのもつらいような嫌な出来事の抑圧というのがもともとの考えとされている）。最近では,幼児期健忘については,脳や神経系の構造からも捉えられている。

　一方,バンプ（隆起現象）については,自伝的記憶の代表的な現象といえる。これは,高齢者がこれまでのもっとも印象に残った出来事を想起する場合,10代後半から30代前半までの青年期に起きた出来事を思い出すことが多いことを示したものである（この時期の想起が多い現象をグラフで表したときに隆起した形状がみられるためにバンプ現象とよばれている）。このバンプ現象によって,子どもから大人になっていく経過点としての青年期に経験した出来事の重要性が示されているといえる。

②子どもの頃の思い出を振り返ることの意義

　それでは,私たちはなぜ過去に起こった経験を思い出し,自分自身を振り返るのだろうか。自伝的記憶の3つの働きからみていく（佐藤,2008b）。1つめの自己機能については,自分自身はいったいどのような人物なのかを理解・確認するために過去の出来事を想起する場合を指す。過去と現在の自分をつなげる連続性ともかかわってくる。2つめの社会機能については,他者と共通の出来事を思い出したり,あるいはお互いの思い出を語り合うことによって,親密性が増したり,気持ちが穏やかに安定してくる場合などを指す。3つめの方向づけ機能については,さまざまな判断や行動を方向づける際に,かつての経験を活用するために過去の出来事を想起する場合を指す。とくに,将来の見通しが立たず,迷ったり戸惑ったりしたときに,これまでの過去の経験を振り返ることが多い。

　また,自伝的記憶が進路選択に影響を及ぼすこともある。たとえば,小学校

のときの先生に関して肯定的な自伝的記憶があった場合の方が小学校教員への志望度が高かったことが示されている（佐藤，2000）。幼稚園や保育園の先生の場合にも同様のことがいえそうだが，幼児期健忘や記憶機能の未成熟などにより想起される情報はかなり限定されたものになる。その一方で感情の面では強く印象に残っていることもある。幼児期の出来事の記憶が保育内容や保育形態に関する学習に影響をもたらしている例も少数ながらみられる（例えば，山名・奥山，2014；奥山・山名，2014；小薗江，2012）。

　このような保育場面との関連がなくても，私たちは折に触れて幼い頃の思い出を振り返る（矢野，1998）。それは，曖昧で，部分的で，再構成された場合も少なくない。それでも，「人は，おとなも青年も，そして学童も，自分の中にかつての幼児期としての自分を内在化させて生きてゆきます」（岡本，2005，p. 2）と述べられているように，私たちはみな幼い頃に経験したことを大切にしているのではないだろうか。確かに方法論上の制約はさまざまあるが，前述の記憶のメカニズムや発達プロセスの知見を活用しながら「幼い頃に経験した出来事を思い出す」ことの解明が進めば，より豊かに過去と現在の自分をつなげていけるのではないかと思う。

〈もっと詳しく知りたい人のための文献紹介〉
　下記の2冊は専門的な著書でやや難しいところもあるが，記憶の生涯発達や自伝的記憶について体系的に紹介されている。
◆太田信夫・多鹿秀継（編）（2008）．記憶の生涯発達心理学　北大路書房
　　⇨記憶の生涯発達について，乳幼児期から老年期にかけて，短期記憶，エピソード記憶・意味記憶などの記憶の発達の問題について述べられている。
◆佐藤浩一，越智啓太，下島裕美（編）（2008）．自伝的記憶の心理学　北大路書房
　　⇨本章で紹介した自伝的記憶について，自伝的記憶の理論や研究法などにとどまらず，発達，動機，自己の問題など多岐に渡って述べられている。

〈引用文献〉
岡本夏木（2005）．幼児期　子どもは世界をどうつかむか　岩波書店

第Ⅰ部　すこやかな育ち

奥山順子・山名裕子（2014）．幼児期の記憶と保育体験(2)――保育形態の違いは幼児期の経験とどのようにかかわるのか　秋田大学教育文化学部研究紀要　教育科学, *69*, 111-120.

太田信夫（2013）．記憶の定義と分類　日本認知心理学会（編）　認知心理学ハンドブック（pp. 122-123）　有斐閣

小薗江幸子（2012）．保育内容総論の教育方法としての幼児期記憶記述の試み　国際経営・文化研究, *17*(1), 49-62.

佐藤浩一（2000）．思い出の中の教師　自伝的記憶の機能分析　群馬大学教育学部紀要　人文・社会科学編, *49*, 357-378.

佐藤浩一（2008a）．自伝的記憶研究の方法と収束的妥当性　佐藤浩一・越智啓太・下島裕美（編）自伝的記憶の心理学（pp. 2-18）　北大路書房

佐藤浩一（2008b）．自伝的記憶の機能　佐藤浩一・越智啓太・下島裕美（編）自伝的記憶の心理学（pp. 60-75）　北大路書房

佐藤浩一（2008c）．第1部　乳・幼児期の記憶　第7章　日常記憶　太田信夫・多鹿秀継（編）　記憶の生涯発達心理学（pp. 74-87）　北大路書房

清水寛之（2011）．記憶の生涯発達　太田信夫・厳島行雄（編）現代の認知心理学２――記憶と日常（pp. 266-300）　北大路書房

下島裕美・小谷津孝明（1998）．幼児期記憶の感情と年齢差　慶應義塾大学大学院社会学研究科紀要, *47*, 11-16.

高木光太郎（1990）．何のための記憶か　佐伯胖・佐々木正人（編）　アクティブ・マインド――人間は動きの中で考える（pp. 141-170）　東京大学出版会

上原泉（2008）．自伝的記憶の発達と縦断的研究　佐藤浩一・越智啓太・下島裕美（編）自伝的記憶の心理学（pp. 47-58）　北大路書房

上原泉（2012）．子どもにとっての幼少期の思い出　清水由紀・林創（編）　他者とかかわる心の発達心理学――子どもの社会性はどのように育つか（pp. 183-196）　金子書房

山名裕子・奥山順子（2014）．幼児期の記憶と保育体験(1)――自伝的記憶の視点から　秋田大学教育文化学部研究紀要　教育科学, *69*, 105-110.

矢野喜夫（1988）．幼い時代の記憶　岡本夏木（編）　認識とことばの発達心理学（pp. 232-262）　ミネルヴァ書房

第5章 自然と子ども

藤後悦子

「みなさんは小さい頃どんな遊びをしましたか？」。私はこの質問が大好きで，さまざまな機会に問いかけています。みなさんの答えはなんでしょうか？　私はと言えば必ず「川遊び」と答えます。小さい頃毎日のように川で遊んでいたことを昨日のことのように思い出します。さて，先ほどの質問ですが，若い人の回答は「サッカー」，「野球」，「ゲーム」などが多く，年齢が高くなるほど「川で魚を捕まえた」，「山の中で秘密基地を作った」，「竹から竹にとびわたっていく遊びをした」など，自然の中でダイナミックに遊びをくりひろげている様子がうかがえます。昔も今も子どもたちは「遊ぶ」ことが大好きですが，一方で現在の子どもたちは，自然の中で遊ぶことが少なくなってきています。このように自然と接する機会が少ないことを欧米では「自然欠乏症（Nature Deficit Disorder）」という言葉で表現しています。私はこの言葉をイギリスの学会に参加しているときに初めて聞き，衝撃を受けました。

そこで，この章では，日本の子どもたちの現状に触れながら，子どもたちにとって自然とはどのような意味を持つのか，そして子どもたちのために大人は何をしなければいけないのかについて考えてみたいと思います。

■自然と子どもとの触れ合いの現状

みなさんが小さい頃，自然との触れ合いはどのくらいあっただろうか。家族でキャンプや海に行ったり，近所の公園や川などでバッタやセミ，ザリガニを捕ったりして遊んだだろうか。それとも公園に行っても虫などは見当たらず，あまり自然と触れ合う機会がなく過ごしただろうか。

近年，日本の子どもたちが，自然と触れ合う機会が少なくなっていることが報告されている。国立青少年教育振興機構（2016）の「青少年の体験活動等に

関する実態調査」（平成26年度調査）によると，「夜空に輝く星をゆっくり見た」ことがほとんどない（17.1％），「太陽が昇るところや沈むところを見た」ことがほとんどない（31.3％），「チョウやトンボ，バッタなどの昆虫を捕まえた」ことがほとんどない（20.4％），「大きな木に登った」ことがほとんどない（37.6％）という回答になっている。星や太陽は日常の中でも意識すればみることができるにもかかわらず，かなりの数の子どもたちが経験なしと答えている。このような子どもの状態に危機感を覚えて問題提起されたのが，冒頭で述べた「自然欠乏症」という考え方であろう。「自然欠乏症」とは，衝撃的な名称であるが，それほどにも欧米では子どもたちの現状を憂慮しているのであろう。

■子どもが育つ空間としての自然

　そもそも「自然」とは，どのような特徴を持ち，子どもたちの生活や遊びと関連するのであろうか。広辞苑第6版によると自然とは，「山川・草木・海など，人類がそこで生まれ，生活してきた場。特に自分たちの生活の便宜からの改造の手を加えていない物」と記されている。子どもにとって自然と触れ合うことで得られることは，①変化を感じることができる，②生命の営みを感じることができる，③五感を活用できる，④人工的刺激が少ない世界を経験できる，⑤予期していないことを経験できることなどであろう。

　それぞれを具体的に考えてみると，①の「変化を感じることができる」とは，季節により草木は育ち，実がなり，最後には枯れていくなど自然の営みの変化や砂や水など自然の素材の変化を体験できる。②の「生命の営みを感じることができる」とは，セミやバッタなどを捕まえたり死なせてしまったり，タンポポ，桜，もみじ，銀杏などの草木が咲いたり枯れたりする様子から生命を肌で実感することができる。③の「五感を活用できる」とは，風の音や川の水の音を耳にしたり，雨上がりのにおいを感じたり，木の実を味わったりなど自然の中ではふんだんに五感を使うことができる。④の「人工的刺激が少ない世界を経験できる」では，自然の中にはゲームセンターのような人工的刺激は少なく，太陽の光，風の音，匂い，雨の音など人間の体にとって負担なく優しい刺激を

体験できる。⑤の「予期していないことを経験できる」とは、木登りしていると、急に細い枝が折れたり、川遊びをしていると足をかけた岩場が悪くて転びそうになったりなど、予期していないことがつねに起こりうるので、一瞬一瞬に判断が求められ対応していくことを経験できる。

このように子どもは自然の中で豊かな経験を積み重ねている。子どもの育ちに自然という空間が必要だということは理解してもらえたと思うが、環境デザインを専門としている仙田（1992）も同様の指摘をしている。仙田は、子どもの居場所スペースを「自然スペース」、「道スペース」、「オープンスペース」、「アジトスペース」、「アナーキースペース」、「遊具スペース」の6つに分類しており、子どもの成長にとって生物などが存在する「自然スペース」の重要性を強調している。このように自然は子どもの成長に欠かせないものである。

■子どもの成長と自然

次に、子どもの成長にとって自然の果たす役割について考えてみよう。ここでは、子どもの成長を①身体・運動面、②認知面、③パーソナリティの側面に分けて述べていく。

①身体・運動面

自然の中では、草木と草木の間の狭い空間を通ったり、森の中の狭い道を歩いたり、水たまりを飛び越えたり、木の下を身をかがめてくぐったりするなどさまざまな動きが求められる。また、木や壁から落ちないように両手や全身に力を入れるなど体幹や力の調整なども必要である。これは室内にずっと座ったままゲームをしているときの動きとはまったく異なるものだ。子どもたちは自然の中で全身を使って遊ぶことで、自分の体の使い方を学んでいく、すなわちボディイメージが作られていくのである（図5-1）。

さらに全身の動きが滑らかになり、体幹が整ってくると、腕や手先の動き、力の調整なども可能になっていく。地面を歩くアリをみつけてそっとつかんでみたり、木の実をつぶさないように拾ってみたり、ほおずきの実を割れないよ

第Ⅰ部　すこやかな育ち

図5-1　両手を使いながら獲物をとる様子（筆者撮影）

うに膨らませたりする動作には，手先の巧緻性や力の調整力などが必要であり，それらは遊びの中で鍛えられていく。子どもの療育で用いられている感覚統合療法では，体幹が整いその後力の調整や協調運動，バランス感覚が鍛えられていくことによって，子どもの衝動性や多動性，不器用さなどの改善にもつながっていくことが実証されている。そして何よりも，自然の中でたっぷり遊ぶと，食べる量が増え，疲れて寝る時間も早くなり，生活リズムも整っていくのである。

「青少年の体験活動の意味と範囲」の調査研究の報告書（国立青少年教育振興機構，2014）によると，4歳から8歳は小脳の発達期で身体とイメージの関係性を獲得していく時期であると説明されている。小脳とは，運動機能を調整する器官であり，この小脳を鍛えるには自然の中での遊びや，自由遊びを通して身体制御の体験を保障することが重要だと結論づけられている。

②認知面

次に認知面での子どもの発達についてみていく。子どもの認知発達の基礎となるものは，「見る力」や「見比べる力」である。たとえば木を見上げて，梅の実を見つける，栗の実を見つけるなど自然の中の多くの刺激の中から対象のものを見つけ出す経験ができる。また「見比べる」ことは，物事をじっくり観察することにもつながっていく。この観察力は，物事を発見し想像していく力となる。木の棒や落ち葉でお店屋さんごっこをする際は，木の棒の長さを見比べたり，実の大きさを見比べたりする中で，大小や長短の概念，分類などを学ぶこととなる（図5-2）。ただしその前提として，子どもたちがある概念を獲得する際には，身体的感覚を伴って体験的に概念を理解していることが望ましい。たとえば，大きい―小さい，重い―軽い，高い―短い，斜めの理解などが

その例である。たくさんのものを持ち上げるときの重い感覚，乾燥した木の枝を持ってみると軽いという感覚，坂道を歩くときの斜めの感覚など，身体イメージとして経験を積むことでより概念の獲得が容易になる。

図5-2　長い棒と短い棒（筆者撮影）

このように，自然の中での経験をもとに，発見したり，観察したり，調べたりという作業を繰り返していくことで，科学的思考の発展につながるのである（図5-3）。そして何よりも美しく変化にとんだ自然の中で，感動や喜びを伴って見て，聞いて，触った体験を誰かに伝えたいという思いが膨らみ，それを筋道立てて言葉として相手に伝えることにより，さらに高度な認知能力が発達していくのである。

③パーソナリティの側面

ここではパーソナリティの側面として協調性，問題解決力，思いやり，自己効力感について取り上げる。初めに協調性と問題解決力についてだが，自然の中で秘密基地を作ったり，探検に行ったり，動植物を育てたり，捕まえたりする中で子ども同士のかかわりが発生する。魚を捕まえるのは1人で捕まえるよりも，川の流れに沿って1人が魚を追い立ててもう1人が網を広げて待つなどの協力がある方がより確実に魚を捕まえることができる。このような経験は，まさに協調性を学ぶ機会となる。一方で，網を仕掛けていても魚が捕まらなかったり，川を歩いていると流れに足を取られてこけてしまったりと，遊びの中には失敗がつきものである。どうすれば次こそは魚を捕まえることができるかをみんなで考え工夫する積み重ねは問題解決力につながっていくのである。

次に思いやりであるが，自然の中での遊びは，小さい子も興味を持ちやすい。たとえば，虫や木の実とりや落ち葉のプール，雪合戦や坂道での段ボール滑りなど，身近なものであるがゆえに気軽に小さい子も参加しやすい。その際，小

第Ⅰ部　すこやかな育ち

図5-3　池の昆虫を観察する様子（筆者撮影）

さい子が段ボールから落ちないようにスピードを緩めたり，雪合戦の投げるボールを作ってあげたり，わざと当たらないように投げたりなど，相手のことを考える行動が求められる。このような経験が思いやりの形成につながることは明らかであろう。

最後に自己効力感についてであるが，何よりも自然の中での遊びの楽しさは，いつもより高い木に登れたり，いつもより高い場所から飛び降りることができたり，いつもよりたくさんの木の実を拾えたりした際の達成感であろう。自然の中で遊びこむ経験や日々の遊びの中での達成感の積み重ねこそが，子どもの自己効力感を育んでいくのである。

このことを裏付けている調査がある。平成20年版青少年白書（内閣府，2008）では，自然体験や生活体験，お手伝いといった体験が豊富な子どもや，生活習慣が身についている子どもほど，自己肯定感や道徳観・正義感が高くなる傾向があったことを報告している（図5-4）。また，同様に山本・平野・内田（2005）の研究でも自然体験が多いほど，望ましい生活習慣が身についており，好奇心，自己判断，自己主張がみられ，集中力や観察力が高いことが示された。

さらに20代から60代の成人5000人を対象とした国立青少年教育振興機構の「子どもの体験活動の実態に関する調査研究」（2010）によると，子どもの頃の「自然体験」や「友だちとの遊び」，「地域活動」などの体験が豊富な人ほど，「経験したことのないことには何でもチャレンジしてみたい」といった「意欲・関心」，「電車やバスに乗ったとき，お年寄りや身体の不自由な人には席をゆずろうと思う」といった「規範意識」，「友だちに相談されることがよくあ

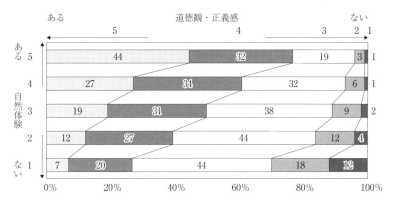

図5-4　自然体験と子どもの道徳観・正義感との関係（国立青少年教育振興機構, 2006）
注1：グラフ中の数値は5段階の割合を示す。

る」といった「人間関係能力」が高かった。すなわち、子どもの頃の豊かな体験が大人になってからのやる気や生きがいに大きく影響を及ぼすのである。

■自然と子どもとのかかわりを保障するために

このように子どもにとって自然の果たす役割は大きいが、そもそも日本では、自然と子どもの触れ合う大切さは、幼児教育や保育の中でも明確に位置付けられている。2008年の幼稚園教育要領（文部科学省, 2008）では、「環境」の分野の第1のねらいとして「身近な環境に親しみ、自然と触れ合う中で様々な現象に興味や関心をもつ」が挙げられており、同じく2008年の保育所保育指針（厚生労働省, 2008）でも保育目標として自然の重要性が明記されている。

さらに幼児期だけではなく大人にとっても自然との共生は重要である。2007年の「21世紀環境立国戦略」では、自然と人間とが共生するための持続可能な開発が議論されている。つまり「自然と共生する力」は、次世代の人間にとって必要不可欠な力であり、だからこそ幼少期から「自然と共生する力」を生活の中で、また保育・教育の中で育てていくことが求められる（藤後・磯・坪井, 2014）。

それでは、現代の社会において自然の大切さをどのように子どもたちに伝え

ることができるのか。また自然体験そのものをどのように保障することができるのであろうか。

　自然とかかわり，自然を理解するためには私たち人間から一方的に自然とかかわるのではなく，自然と人間との相互作用が求められる。自然と人間の相互作用では，まず人が自然の変化を読み取り，それに対応していくこととなる。つまり「子どもと自然とのかかわり」には，その前提として，自然の変化を読み取る力である，自然に対する感受性の形成が求められ，これは自然と共生する力の基盤となる能力であると考えられる。筆者らがさまざまな自然環境に住む日本と海外の子どもたちを対象に研究を行った結果（藤後ら，2014；藤後・坪井・田中・鈴木・磯，2013），①子どもたちは，自分の生活環境にある自然への感受性が高いこと，②自然への感受性が高いと，自然に関連する知識ネットワークが拡大し，自然と子ども自身の体験を関連付ける生活体験エピソードが増加すること，③生活環境にある自然を保育に取り入れることで，自然への感受性が高まることの3点が示された。つまり子どもを取り巻く周囲の大人が子どもと一緒に自然を楽しみ，自然の変化を感じ取り子どもたちに伝えていくことが望まれるのである（藤後ら，2013）。日常生活や保育の中で，「桜がきれいだね」，「夕日が沈むね」，「タンポポが咲いたね」，「きんもくせいのいい匂いがするね」など，大人が言葉かけをすることによって子どもは身近な自然に目を向けることとなり，このことが自然への感受性につながっていくのである。

　一方で日常生活を超えたところで意識的に子どもたちと自然との関係を作っていく環境を大人が提供することも重要である。ここでは，その試みとしてイギリスのナショナル・トラストの提唱と森のようちえん，そして自然を意識した日常の保育環境の実践についてみていく。

①イギリスのナショナル・トラスト
　イギリスのナショナル・トラストでは，「12歳までにしておくべき50のこと」として家庭でできるアクティビティーの内容をまとめている（Eastoe, 2012）。その内容は子どもが自然の中でするものとして，「Adventurer（冒険家）」，「Dis-

coverer（発見者）」，「Ranger（レンジャー）」，「Tracker（追跡者）」，「Explorer（探検家）」に分けられ，それぞれに10個のアクティビティーを記載している。たとえば，「魚を釣る」，「大きな木に登る」，「裸足で散歩に出かける」，「海に泳ぎに行く」，「星を見に行く」などである。HP上には各アクティビティーの予定が書かれており，だれでも自由に参加の申し込みができるようになっている。

②森のようちえん

　森のようちえんとは，1950年代中頃にデンマークの1人の母親が「幼い頃から自然と触れ合う機会を与えたい」という願いで，自分の子どもを毎日森に連れて出かけたのが始まりである。その後，北欧を中心に広がってきており，日本でも2000年代から少しずつ広がっている。園舎を持たない場合も多く，1日中そして1年中を自然の中で過ごすという実践である。このような自然の中での保育実践を行政が後押ししている例として「とっとり森・里山等自然保育認証制度」があり，鳥取県では自然のフィールドを活用して保育を行う園を「自然保育を行う園」として認証し，それに基づき運営費の補助を行う「とっとり森・里山等自然保育認証制度」を創設している（鳥取県，2015）。

③日常の保育園での実践

　筆者がカウンセラーとして勤務する東京の多摩地区にある保育園の実践を紹介する。ここの保育園は乳児からたっぷりと自然の中で遊び，年長になると新潟県に合宿に出かける。東京とはいえ，自然とともに過ごし，自然の素材を遊びや生活の中に取り入れている。この様子を保育士の設楽さんの文章（設楽，2016）から想像してほしい。「散歩から帰ってきた子どもたちが，片手に大量の野の草をしっかりつかんで持って帰ってくる。『ただいま！　見て！ほら，こんなに！　ママにあげるの』と。お土産は『ノビル』だ。酢味噌で和えたり，味噌汁に入れて食べるのが美味しい。この玉ねぎのような，ネギのような癖のある味でも子どもたちは大好きで，自分の球根が大きいか小さいか，どちらの

方が美味しいかを論じたりもする。他にも『つくし』『竹の子』『ヨモギ』『ミツバ』『フキ』……。食べられる野の草を見分けてとってくる」、「幼児では畑で野菜作りをし、収穫したものを調理して食べたり、年長になると新潟に春と秋に1週間ずつの合宿があり、田植えや稲刈りを体験し自分たちの手でコメ作りをする。手間をかけて自分たちで植え育てることは、食べたものへの愛着が生まれ、食べ物を大切にするようになる」というように、都会にいても保育の工夫で子どもたちとともに風の音や鳥の声などを聴き、冬は雪景色を見ながら自然を身近に感じ、生活することができるのである。

　最後になるが、宮本（2008）は、自然との触れ合いを通して、最終的には人類として自然を守り共生していくことを目指す必要があり、そのためには単なる自然とのふれあい経験だけではダメだと主張している。人と自然が共生するために、子ども時代に「自然への感受性」を基盤として、将来「自然を理解することを学ぶ」、「人間がどのように自然に影響を与えているかを学ぶ」、「自然保護に対しての自分の意見をもつ」、「行動する」という段階へ移行していくことを願いたい。

〈もっと詳しく知りたい人のための文献案内〉

◆坂元昂（監修）(2010). こどもがみ・え・る——心や振る舞いの特徴と発達がみえる　学研教育出版
　⇨19の調査や事例から幼児の世界をのぞいている。この中の第1章で子どもに必要な空間やそれを保育の場でどのように工夫するかなどを述べている。
◆小林チヒロ（写真）竹内敏信（監修）(2010). わらしこの四季——わらしこ保育園の記録　遊人工房
　⇨保育園で自然を取り入れた遊びの様子が写真を通してわかる。
◆河合雅雄（1990）. 子どもと自然　岩波書店
　⇨人類学の立場から人間とサルの社会の子育ちの状況を論じ、人間の発達にとっての自然の役割について考察している。

〈引用文献〉

Eastoe, J. (2012). *50 things to do before you're 11 3/4* UK: National Trust Books

国立青少年教育振興機構 (2006).「青少年の自然体験活動等に関する実態調査」報告書（平成17年度調査）独立行政法人 国立青少年教育振興機構 Retrieved from http://www.niye.go.jp/kenkyu_houkoku/contents/detail/i/13/（2017年1月29日）

国立青少年教育振興機構 (2010).「子どもの体験活動の実態に関する調査研究」報告書 独立行政法人 国立青少年教育振興機構 Retrieved from http://www.niye.go.jp/kenkyu_houkoku/contents/detail/i/62/（2016年12月25日）

国立青少年教育振興機構 (2014).「青少年の体験活動の意味と範囲の調査研究」報告書 独立行政法人 国立青少年教育振興機構 Retrieved from http://www.niye.go.jp/kenkyu_houkoku/contents/detail/i/87/（2016年12月25日）

国立青少年教育振興機構 (2016).「青少年の体験活動等に関する実態調査」（平成26年度調査）独立行政法人 国立青少年教育振興機構 Retrieved from http://www.niye.go.jp/kanri/upload/editor/105/File/02tannjyunnsyuukei.pdf（2016年9月17日）

厚生労働省（編）(2008). 保育所保育指針――平成20年告示　フレーベル館

宮本佳範 (2008). 自然との触れ合いの環境教育としての意義に関する一考察：レジャーおよび日常生活における自然との触れ合いとの比較から　人間文化研究, *9*, 69-81.

文部科学省（編）(2008). 幼稚園教育要領――平成20年告示　フレーベル館

内閣府 (2008). 平成20年版　青少年白書　内閣府 Retrieved from http://www8.cao.go.jp/youth/whitepaper/h20honpenhtml/index.html（2017年1月29日）

仙田満 (1992). 子どもとあそび――環境建築家の眼　岩波新書

設楽啓代 (2016). 日常で子どもの育ちを支える「食」　生活教育, *811*, 26-30.

藤後悦子・磯友輝子・坪井寿子 (2014). 海に囲まれて育った子どもたちの「自然への感受性」――日本・フィジーの子どもたちとの比較を通して　東京未来大学紀要, *7*, 219-228.

藤後悦子・坪井寿子・田中真奈美・鈴木光男・磯友輝子 (2013). 子どもの自然への感受性――ネパールの子どもたちの描画を通じて　東京未来大学紀要, *6*, 109-120.

鳥取県 (2015). とっとり森・里山等自然保育認証制度　鳥取県 Retrieved from http://www.pref.tottori.lg.jp/239563.htm（2016年9月17日）

山本裕之・平野吉直・内田幸一 (2005). 幼児期に豊富な自然体験活動をした児童に関する研究　国立オリンピック記念青少年総合センター研究紀要, *5*, 69-80.

第6章 子どもの発育と運動発達

真家英俊

　子どもの体力が低下しているという話を聞いたことがありますか。いま，子どもたちの体力・運動能力の低下は重要な問題として，文部科学省もさまざまな対策に取り組んでいます。ところで，みなさんは，現代の子どもたちの体力や運動能力が低下している要因は何だと思いますか。

　1つに，子どもたちが適切な時期に適切な運動を経験することが少なくなってきているため，運動する際に必要な「動き」を十分に獲得できていないことがあげられます。スポーツの場面ではもちろん，日常生活や遊びの中でさまざまな「動き」を経験することが，健全な身体の発育や運動の発達には大切なことであると指摘されています。

　それでは，とくに乳幼児期にある子どもたちの身体や運動機能がどのように成長していくのか理解していきましょう。

■身体の発育と発達

　一般的に身体の発育については，スキャモンの発育曲線がよく用いられる（図6-1）。この曲線は，身体各部位を一般型，神経型，リンパ型，生殖器型の4つに分け，成人（20歳）のレベルを100％とした場合の年月齢における大きさや重さなど発育の割合を模式的に表している。

①一般型：出生後すぐに急速に発育するが，その後発育は一時停滞し，思春期頃から再び増加するS字型となる。身長，体重，胸囲，筋肉，骨格，呼吸器，消化器，血液量などの発育を示す。

②神経型：出生後すぐに急速に発育し，4〜5歳ぐらいで成人レベルに対して80％以上の発育が完了する。脳脊髄，神経，眼球，頭囲などの発育を示す。

③リンパ系型：思春期頃までに大きく発育し，その機能は成人よりもはるかに

第6章 子どもの発育と運動発達

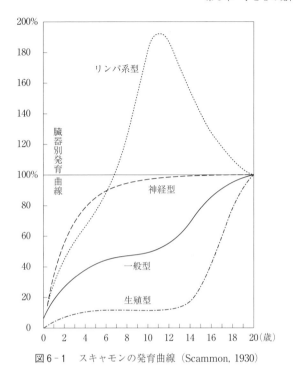

図6-1 スキャモンの発育曲線（Scammon, 1930）

高くなるが，その後は徐々に低下して成人レベルになる。胸腺などリンパ組織の発育を示す。
④生殖型：思春期までの発育は悪いが，思春期以降急速に発育する。精巣，卵巣，性器などの発育を示す。

　発育曲線において，それぞれの曲線が異なるパターンを示していることは，発育の速度が一様でないことを意味している。とくに乳幼児期に注目してみた場合，神経型の発育がもっとも顕著であることが重要である。この脳や神経が急速に発育する乳幼児期においては，それらの機能の発達も大いに期待されるため，さまざまな「動き」の経験によって多くの動作を獲得し，成熟させていくのに最適な時期であると考えられる。
　乳幼児の身体は，大人と比べて身長や体重が小さいだけではなく，身体のバ

第Ⅰ部　すこやかな育ち

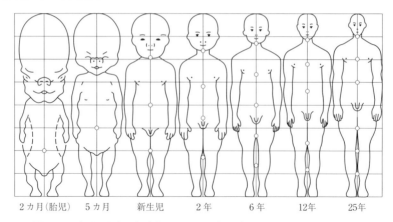

　　２カ月（胎児）　５カ月　　新生児　　　２年　　　　６年　　　12年　　　25年

　　　図6-2　成長にともなう身体バランスの変化（Scammon & Calkins, 1930）

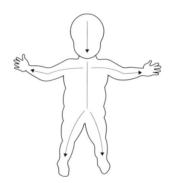

図6-3　発育の方向性（Goodenough, 1959）

ランスも大人とは大きく異なっている。頭の大きさと身体全体の比率は，新生児で４頭身，２歳児で５頭身，６歳児で６頭身となり，男子の場合は12歳の７頭身を経て成人の８頭身になる（図6-2）。女子の場合は成熟が早いため，７頭身，８頭身に達する年齢も早くなる。また，発育は「頭部から下肢へ」，「体幹から末梢へ」と２つの方向に進む傾向がある（図6-3）。

　身長は，頭部から足部までの骨の発育状況を示している。表6-1に示すように，出生時の身長は平均約50 cm（男子49.0 cm，女子48.5 cm）であり，４歳で

表6-1 乳幼児における体格の発育(厚生労働省雇用均等・児童家庭局,2011)

年齢	身長 (cm)		体重 (kg)		頭囲 (cm)		胸囲 (cm)	
	男子	女子	男子	女子	男子	女子	男子	女子
新生児	49.0	48.5	3.00	2.94	33.5	33.0	32.0	31.6
1歳児	74.8	73.4	9.24	8.68	46.2	45.1	46.1	44.8
2歳児	86.7	85.3	11.93	11.29	48.7	47.5	49.2	47.9
3歳児	95.1	93.8	13.99	13.53	49.7	48.7	51.2	49.8
4歳児	101.8	100.8	15.76	15.51	50.5	49.6	52.9	51.6
5歳児	108.0	107.3	17.56	17.32	51.0	50.4	54.8	53.6
6歳児	114.9	114.0	19.91	19.31	51.6	50.9	56.7	55.1

出生時のおよそ2倍(男子101.8cm,女子100.8cm)となる。しかし,身体各部位は同じような割合で変化していくものではないため,全身のプロポーションは次第に変化していく。下肢の長さに注目すると,幼児期において年月齢が増すとともに身長に対するその割合は次第に大きくなっていき,1歳で約39%,2歳で約42%となる。体重は,骨や筋肉,臓器,血液量などの発育状況と栄養状態を示している。出生時の体重は平均約3000g(男子3000g,女子2940g)であるが,生後4カ月目までには出生時の約2倍となり,1歳では約3倍にもなる。ただし,乳幼児期の体重は出生時の状況によっても異なり,個人差が大きいため,この時期は全国平均値と比較するよりも出生時からの増加の仕方に注意することが大切である。

脳は,人間の胎生期にもっともはやく発育し,出生後にも早い時期に完成する臓器である(図6-4)。この発育過程を重量の増加でみると,出生時には平均約380gで体重の約12%を占め,生後6カ月で約2倍,7～8歳で成人脳の90%に達し,男子では20歳(約1350g),女子では18～19歳(約1300g)で最大値となる。

脈拍数は,心臓機能の発達を示すとともに健康状態の指標にもなる。心臓が小さく機能的にも未熟な乳幼児は,血流量を保つために脈拍数が多くなるが,心臓の容積が大きくなるにしたがって心臓から送り出される血液拍出量が増加

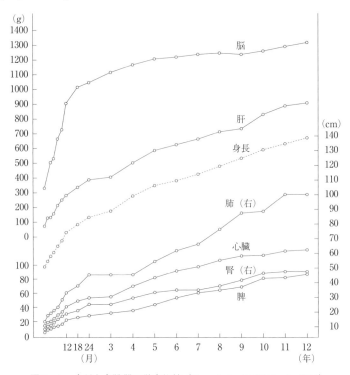

図6-4　身長と各臓器の発育比較（Coppoletta & Wolbach, 1933）

し，加齢にともなって脈拍数は減少していく。血圧は，血管の柔軟性と心臓から血液を拍出する圧力を示している。成人に比べて血管が柔軟な幼児期の血圧は，収縮期90～100 mmHg，拡張期60～65 mmHg が目安となり，加齢にともなって収縮期血圧，拡張期血圧ともに上昇する。また，乳幼児期は成人と比べて代謝が活発なため熱消費量が多くなる。熱量を多く発生させるためには，酸素を多く取り込まなければならないが，肺換気量の少ない乳幼児は呼吸数を多くすることで必要量の酸素を確保している。呼吸数は，肺機能の発達にともなって肺換気量が増加し，1分間あたりの呼吸数は減少する。さらに，乳幼児期には熱量産生にともなって熱や水を多くつくりだすため，体温が高くなり，体重あたりの発汗量と尿量は成人よりも多い（表6-2）。

表6-2　呼吸・循環機能の発達（済生会横浜市南部病院看護部，2000）

	安静時呼吸数 （回/分）	安静時脈拍数 （回/分）	収縮期血圧 (mmHg)	拡張期血圧 (mmHg)
新生児	40～50	120～140	70～90	約50
乳　児	30～40	110～130	80～90	約60
幼　児	25～30	100～110	90～100	60～65
学　童	20～25	80～100	110～120	60～70
成　人	15～20	60～80	120～130	60～85

■反射と運動発達

　新生児は外界からの刺激に対して反射的な反応を示す。しかし，月齢が進むにしたがって反射的な運動は徐々にみられなくなり，学習して動作を身につける随意的な運動ができるようになっていく。乳幼児期の運動発達は，脳神経系の成熟と強く関連していて，一定の順序にしたがう傾向がある。すなわち，頭部から脚部の方向と，身体の中心部から末梢部への方向である。これらは，粗大運動と微細運動の発達として観察される。

①原始反射

　新生児は大脳の機能が未熟なため，行動の大部分は生物が生命を守るために備わっている反射運動によるもので，これを「原始反射」とよんでいる。

⑴哺乳反射

　新生児の頬が母親の乳房にふれたり，指先に軽くあたったりすると，新生児はふれたものを探すようにその方に頭を回して口を開く（探索反射：出生後から3カ月頃まで）。また，新生児の頬に乳首がふれると，その方に頭を回して唇と舌でつかまえようとする（捕捉反射：出生後から3カ月頃まで）。新生児が乳首をくわえることができるのは，この反射運動によるものである。捕捉反射によって乳首を口にすると，続いて吸う運動がおこり母乳を飲むことができる（吸綴反射：出生後から2～5カ月頃まで）。この反射は妊娠32週ぐらいから現れるため，胎内で胎児自身の指が唇にふれると吸う運動がみられることがある。

(2)把握反射（出生後から4～6カ月頃まで）
　新生児の手のひらにものがふれると強く握りしめる。足の裏を圧迫しても，足の指でものを握ろうとする。
(3)バビンスキー反射（出生後から12カ月頃まで）
　足裏をかかとから外側にそって強くこすると，足の親指が甲にむかって反り返り，残りの指が扇状に広がる。
(4)自動歩行反射（出生後から2カ月頃まで）
　新生児の脇の下を支えてからだを前に傾けると，足を交互に発進させて，歩くような規則正しい交互の足踏みをする。
(5)モロー反射（出生後から4～6カ月頃まで）
　E.モローによって報告された有名な反射である。耳元で大きな音や抱えた新生児の頭を急に後ろに落とすと，びっくりしたように両腕を伸展・外転させて，次にゆっくり腕を抱え込む。この運動は，驚きや不安が生じたときにものに抱きつく防衛反応と考えられている。
(6)緊張性頸反射（出生後から4～6カ月頃まで）
　新生児があお向けに寝ている様子をみると，顔が向いている方の手足を伸ばし，反対側の手足を曲げていることがある。これは，検査者が新生児の頭部を回転させることによっても出現する。

②粗大運動と微細運動
　粗大運動は，あお向けやうつ伏せにしたときの姿勢や座ったときの姿勢，つかまり立ちなど身体の動的コントロールの面から観察する。乳児の首すわりが可能になるのは生後4～5カ月頃であるが，その後ひとり歩きするまでの順序は図6-5のとおりである。これら身体移動に関する発達のはやさには個人差があるが，発達の順序は変わらないといわれている。
　歩けるようになったばかりの乳児は，からだのバランスをとるために腕を反射的に挙上し，左右の歩隔も広いが，経験を積むことによって歩隔は狭くなり，腕も下がってくる（図6-6）。平面での歩行が安定してくると，1年6カ月～

第6章　子どもの発育と運動発達

図6-5　乳幼児における移動運動の発達（Shirley, 1951）

3歳までには小さな障害物を乗り越えたり，階段の昇り降りができたりなど，より複雑な歩行が行えるようになる。

　微細運動は肩，腕や手掌，手指などの運動に関係しており，みたものをつかんだり，はなしたりすること，スプーンや箸などの道具を使えるようになることなどが観察される。生後間もない新生児は多くが軽く手を握っている。乳児が意図的にものをつかもうとするのはおよそ3カ月頃から始まるが，みたものをつかむことができるようになるのは5カ月頃になる。これは，目と手の協応動作が可能になったことを意味している。

　ものを意図的につかめるようになったばかりの幼児は，実際にものをつかむのは片手であっても，両手とも動かしている。次第に片手だけでつかめるようになり，また片手でつかんだものを他方の手に持ちかえるようにもなる。

第Ⅰ部 すこやかな育ち

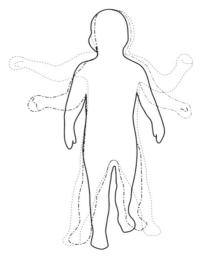

歩行開始後2〜11週,破線から鎖線,実線へと発達していく

図6-6 歩行の発達(Burnett & Johnson, 1971)

　一方,手に持ったものを放すことは6〜9カ月頃に少しずつできるようになるが,10〜12カ月頃になると指先を使って持っているものを上手にはなすことができるようになる。

■運動学習
　身体の動かし方や動きのパターンなど,ある運動技能を獲得し,それらを成熟させることを「運動学習」という。すなわち運動学習とは,ある「動き」を経験することによってその運動技能を獲得し,それを繰り返し反復することによって少しずつ洗練・成熟させていく過程である。幼児期の歩行について筋肉の活動を観察すると,1歳前後の歩き始めは非常に不安定なため,脚部の筋肉は過度に緊張した活動を示すが,3歳頃になると筋肉の活動も洗練され,成人の歩行に似た合理的な歩き方に成熟していく(図6-7)。

第6章　子どもの発育と運動発達

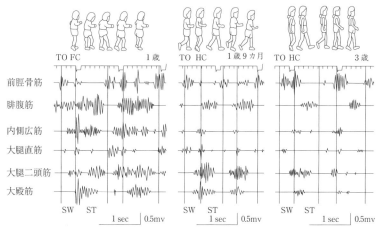

図6-7　幼児期における歩行中の筋活動（岡本・岡本，2005）

〈もっと詳しく知りたい人のための文献紹介〉

◆ガラヒュー，D. L.　杉原隆（監訳）（1999）．幼少年期の体育——発達的視点からのアプローチ　大修館書店
　⇨幼児から小学生までの体育の必要性と重要性，新しい運動教育の考え方，実践への応用と指導助言などについて発達的視点から体育の理論を紹介している．

◆中村和彦（2011）．「バランス」「移動」「操作」で身体は変わる！　運動神経がよくなる本　マキノ出版
　⇨体力・運動能力低下の要因を指摘するとともに，それらを改善するための動作と方法を具体的に紹介している．

〈引用文献〉

Burnett, N. C., & Johnson, E. W. (1971). Development of gait in childhood: Part II. *Developmental Medicine Child Neurology 13*, 207-215.

Coppoletta J. M., & Wolbach S. B. (1933). Body length and Organ Weights of Infants and Children. *The American Journal of PATHOLOGY, 9*, 55-66.

Goodenough F. I. (1959). *Developmental Psychology*. New York: Appleton-Century Croft Inc.

厚生労働省雇用均等・児童家庭局（2011）．乳幼児身体発育調査報告書　平成22年　厚

生労働省雇用均等・児童家庭局

岡本勉・岡本香代子（2009）．子どもの歩走跳——筋電図からみた「体つくりの基本運動」 歩行開発研究所

Scammon, R. E. (1930). The Measurement of the Body Childhood. In J. A. Harris (Ed.), *The measurement of men.* (pp. 173-215) Minneapolis: University of Minnesota Press.

Scammon, R. E., & Calkins, L. A. (1930). *The Development and Growth of the External Dimensions of the Human Body in the Fetal Period.* Minneapolis: Universal of Minnesota Press.

Shirley M. M. (1951). A longitudinal study of the first year. In Dennis, W. ed. *Readings in child psychology,* 85-96.

済生会横浜市南部病院看護部（編）(2000)．Newベッドサイドの数値表 新訂版 学習研究社

第7章 妊娠・出産と子ども

小谷博子

　女性のみなさんは，婦人科をご存じでしょうか？　婦人科とは，妊娠に関することを扱うだけではなく，女性の体全般を診てくれるところです。海外では，生理が始まった年齢から定期的に健診を受けるのが一般的な国もあります。ところが，日本では，妊娠していないと病院へ行きづらい，内診台が恥ずかしいという理由から婦人科の門をくぐるのに抵抗を感じる人が多いようです。そのため，妊娠して初めて，婦人科または産婦人科を受診する人も少なくありません。女性の身体は男性と違ったデリケートな仕組みがいろいろとあります。本章では，妊娠のしくみ，満足のいくお産，母乳育児，早期教育など，妊娠前から妊娠・出産，そして子育てについて学んでいきます。

■自分の体をもっと知ろう！

　たとえば，生理が重いケースもその裏に子宮内膜症が隠れているかもしれない。子宮の形が妊娠しづらい形の場合も自分では分からない。自覚症状がなくてもホルモンバランスが崩れていることもあるのだ。トラブルの自覚症状もなく，今すぐ妊娠を望んでいない場合も，自分の体がどのような状態なのかをチェックしておくとよいだろう。婦人科では，レディースチェックといって，女性特有の病気や，望んだときにすぐに妊娠できる状態にあるかどうかをチェックする健診がある。こういった名前を出していない婦人科でも，婦人科チェックをしたいと言えば相談にのってくれるはずだ。婦人科の医師は女性の味方であり，自分のからだのことを知っておくことはとても大切なことである。また，自分のからだのことを把握しておくために，基礎体温の測定を習慣にする，おりものを観察する，生理のときの血液量や痛みなどの変化にも気をつけておくとよいだろう。

まずは生理がきちんとある健康な体を作ろう。生理不順や激しい生理痛，生理期間が短かすぎる・長すぎるなどの症状がある場合は，排卵が起こっていなかったり，卵巣や子宮にトラブルを抱えていることがある。

　女性は，冷えをつくらないことが重要である。冷えの原因はさまざまであるが，血液のめぐりが悪くなっている状態である。そもそも血液は，全身に栄養や酸素を届けたり，老廃物を排出したり，病原体とたたかうなどの働きがあり，その血液の流れが悪くなれば，体の機能が低下してしまうのである。とくに，子宮や卵巣は冷えの影響を受けやすいと言われており，婦人病を持っている人も足腰が冷えるという人が多い。不妊症の人の多くは冷えを訴えている。冷えて血管が収縮していると受精しても着床しづらい。

　また，夜ふかしなどの不規則な睡眠サイクルを改善することも重要である。朝起きて夜は眠くなるという1日のリズムが乱れると，交感神経や副交感神経の働きも悪くなると同時に，女性ホルモンのバランスが悪くなることもある。脳の中にある，交感神経や副交感神経の働きを司る器官と，女性ホルモンの分泌にかかわる器官が近い位置にあるため影響を受けやすいのである。

　便秘を治す努力も必要だ。つねに下剤に頼っていては，将来出産するときに必要な産み出す力に不安が残る。便のもととなる食物繊維と水分をしっかりとり，自力で出せるようにしておきたいものだ。ちなみに，冷えは腸のぜん動運動の働きを悪くし，便秘を引き起こしやすいとも言われている。

　女性なら仕方ないと思ってしまう生理トラブルや冷え症，だれもが経験ありそうな不規則な生活や便秘などは，「我慢できなくもないし，薬を飲めば解消されるし……」などと，思っている人が多いのではないだろうか？　いざ妊娠を望んだときに，こういったことが原因で妊娠しづらくなることがある。自分の体に関心を持ち，日々の生活に気をつけることが，将来自分が望んだときに妊娠しやすい体づくりにつながるといえる。

■妊娠のしくみ

　妊娠は，女性の卵子と男性の精子が受精して子宮内に着床したときに成立す

る。男性はいつでも精子を産生できるが，女性の場合は毎月1回程度で年に12回しかない。妊娠しやすい時期は，排卵日3日前から排卵日の次の日までの5日間であり，排卵日は，生理が始まる約2週間前であると言われている。すなわち，30日周期の人の場合は，生理開始日から数えて16～17日目が排卵日であり，28日周期の人の場合は，生理開始日から数えて14～15日目が排卵日となる。ただし，ホルモンのバランスなどによって排卵日は多少ずれることも多い。

また，実際に生理があっても必ず排卵があるとはいいきれない。婦人体温計で基礎体温を計り，排卵しているかどうかを自分で確かめる必要がある。排卵の有無をチェックするためにも，排卵日を確定するためにも，まずは自分の基礎体温を計ることが大切だ。そして，妊娠しやすい時期，妊娠しづらい時期を知っておくとよいだろう。

■産みどきはいつ？

女性が社会で活躍できるようになった反面，国や会社の子育てに関するバックアップがまだまだ少なく，女性が産みづらい現実がある。まず，生物学的な観点から述べると，若いときが生殖能力は高く，30代後半になってくると生殖能力が下がってくる。その根拠は体外受精などの高度生殖医療による妊娠率であり，33才を過ぎると，妊娠・出産がしづらくなるというデータがある（O' Connor, Holman & Maturitas, 1998）。また，産後しばらくは数時間おきの授乳などで24時間体制であり，妊娠ができても「産後が大変！」，「子育てには体力勝負」という一面もある。若いときは何ともないことが，歳を経るごとに厳しくなってくる。それと同じように，子育てもやはり40才を過ぎると体に負担がかかるため，若いうちに産んだほうが体力的には楽である。だからといってまだ子どもはほしくないのに，妊娠しづらくなるから先に産んでおくというのも少し違う。社会的な観点からいえば，女性がどんどん活躍できる時代であるから，20代である程度のキャリアを積んでから出産した方が，復帰しやすいかもしれないだろう。また，30代後半以上になると，妊娠力や体力が落ちてくる反面，人生でたくさんの経験を積んでいることから精神的な余裕が生まれて子育てに

いい影響を与えることもある。

　自分の人生を考えて，すてきなパートナーと出会い，「産みたい」と思ったときが，その人自身のもっともいい産みどきである。結婚してすぐに出産して子育てだけしたい女性もいるだろうし，結婚も出産も早めにして，そのあと仕事に復帰したいという人もいるだろうし，キャリアを積んでから子育てをしたいという人もいる。女性の生き方と同じ数だけ産みどきがある。ただ，30代後半になると妊娠しづらくなるということだけは頭の片隅に入れておこう。

　では，赤ちゃんはいつまで産めるのであろうか？　生理があって排卵があれば妊娠する可能性はある。しかし，一般的には40代後半で妊娠するのは非常に難しい。海外では，60代の女性が出産したという驚きの報告もあるが，稀なケースなので安心してはいけない。

　女性は，卵子を胎児の頃から持っており，成熟すると卵巣から排出される（生理）。つまり，卵子は日々老化しているのである。精子はその時々に産生されるものであるが，最近は男性の年齢も不妊に少なからずかかわっているという研究がある。しかし，一般的には男性の生殖能力は女性ほど大きく年齢による影響を受けにくい（小谷，2009）。残念ながら，女性の妊娠力が下がっていくことを知らない男性が多いため，男性に合わせていたら，女性は産めない年齢になってしまうことだってありえるのだ。

■妊娠で変わる心と体

　月経が遅れる以外の妊娠のサインは，吐き気，熱っぽい，だるい，つばが出る，眠い，胸が張る……などである。妊娠によるからだの変化は，これらすべての症状を体験する人，いくつかの症状が重なる人，今までとなんら変わらない人など，人によってさまざまである。

　このなかでもっともみなさんになじみがあるのは「つわり」であろう。突然「うえっ」と胸のムカムカがあって洗面所に走るシーンが浮かんでいる方もいるだろう。確かに，「妊娠の顕著なサイン」イコール「つわり」である。しかし，先ほども述べたように，からだの変化は人それぞれで，つわりがある人も

いれば，まったくない人もいる。また，一言で「つわり」といっても，食べると吐いてしまうつわりと，空腹になると吐き気がしてつねに食べていないとならないつわりがある。

　つわりがどうして起こるかは，まだはっきりとは解明されていない。妊娠するとホルモンが大きく変動することによって起こるという説が今のところ有力と言われている。つわりは，一般的には妊娠5週ごろから始まり，ピークを迎えるのは8〜10週であり，12週頃には治まる人が多い。つわりがある人でも，その症状は軽かったり重かったり，個人差がある。胃がむかむかするだけの人もいれば，ひどい船酔いのような状態が続く人などいろいろである。ただ，精神的・肉体的な疲労によって症状が悪化しやすいともいわれているため，心身を休ませ，いつもより睡眠時間を多くとることを心がけることが大切である。

　また，妊娠するとホルモンの影響や将来の不安から，こころが揺れ動く。妊娠すると妊娠前とは違うホルモンバランスになることで，自律神経が乱れ，理由がなくても精神的に不安定になることが多いのである。加えて実際の不安も芽生える。妊娠はうれしいけれど，赤ちゃんは健康で生まれるか，職場復帰やキャリアはどうなるのか，夫との関係は変わらないか……。来年の自分を想像して心が乱れ，涙もろくなったりイライラしたりする。妊娠して情緒不安定になるのは，ほとんどの女性が通る道である。泣きたいときは泣いて，つらいときは夫に支えてもらうことで救われるであろう。

　また，妊娠したら「つわりがひどくて会社に行かれなかったらどうしよう」，「勤務体系がつらいのではないか」などと心配する人がみなさんの中でも多いのではないだろうか。妊娠中及び産後の健康診断などの結果から，通勤の緩和や休憩に関する措置が必要な場合は，医師から事業主に「母性健康管理指導事項連絡カード」というもので伝えてもらうことができる。女性労働者からこのカードを提出された場合，事業主はそれに応じた適切な措置をする必要がある。いつか妊娠したときのために，こういった国や自治体の制度や，勤務している会社の福利厚生などを調べておくと安心だ。ちなみにこの制度は，つわり以外にも有効である。妊娠中に起こるつらい症状，たとえば，高血圧や腰痛，ひど

い貧血やむくみなども，医師が通勤や労働で措置が必要だと判断した場合は，事業主に申請することができる。

■満足いくお産，よいお産ってどんなお産？

「お産に満足・不満足なんてあるの？」。これからお産を体験するほとんどの人はそう思うことであろう。しかし，2人目を妊娠した人は，「今度はもっとよいお産を！」と，考える人が少なくない。

あなたが，もし女性で妊娠したら，どんなお産がしたいだろうか？ 自分なりの理想があったのにもかかわらず，だれかに勝手に進められてしまったらどうであろうか？ どんなスタイルでお産をするか，スタッフはどんな人がいいか，どこで出産するのか，自分で考えてこそ満足できるというものである。地域的なことや予算，その他なんらかの理由で理想通りには進まなかったとしても，やることはやったという充実感があれば，心に残るよいお産ができたと思える人が多いだろう。

とはいえ，「どんなお産がしたい？」なんて突然聞かれても回答に窮するだろう。その場合，出産経験者の意見を参考にしてみよう。「家族に立ち会ってほしい」，「自然なお産がよい」，「助産院で産みたい」，「分娩台はイヤ」など，答えは明確である。しかし，理想のお産のイメージがあるだけでは，そのとおりにできるとは限らない。実は産む病院がとても重要であるからだ。自宅・助産院・個人産院・総合病院などいろいろあるが，施設ごとの方針や，助産師や医師の考え方があって，お産もそれに左右されることが多い。そのため，まずは自分がどんなお産がしたいのかイメージして，かなえられそうな施設をリサーチすることが大切である。

さて，ここで注意したいのは，お産の場所は自分がよいと思ってもおなかの赤ちゃんにとっては望んでいない場合があるということである。産後すぐは疲れているから1人でゆっくり寝たい，でも，赤ちゃんにとっては母親の近くが1番だったりする。産む場所選びは，母親だけでなく赤ちゃんの目線で考えることも大切である。しかしまだ授かってもいない赤ちゃんの気持ちに立って考

えるのは想像力豊かな人でも大変難しいことである。そのためにも，妊娠・出産に関する本や出産経験者から情報を集めておくとよい。

　今は「産める場所」がどんどん減っている。産科が閉鎖されたり，緊急な状態の妊婦が救急搬送でたらいまわしにされたという悲しいニュースもある。初診を受ける時期が遅いと，「あなたの出産予定日は満床で受け入れられません」と言われてしまう地域も少なくない。どんなお産がしたいのか，お産する場所はどこがいいのかについて，今から調べておくと安心である。

　また，立ったり，横になったりして自分の好きな姿勢で産むのがフリースタイル出産だ（ワーグナー，2002）。分娩台の上であお向けでいきむ，出産の一般的なイメージかもしれないが，これは，おなかの赤ちゃんの状態が悪く緊急のときに，医療側が処置しやすい姿勢なのである。おなかの赤ちゃんにとっても産む側の女性にとっても，つらい姿勢であることが多い。赤ちゃんは産道を通ってくるが，分娩台の上で産むとなると，赤ちゃんは重力に逆らって生まれてくることになる。産む女性にとってもあお向けは大変である。へんな話，排便だってあお向けでするのはきつい。産むときによい姿勢は，ほかにもある。フリースタイル出産は，立ったり，横向きになったり，和式のときの排便スタイルだったり，両手両足をつく姿勢だったり，女性が好きな姿勢で産めるのでとても楽なのである。しかし，これができる施設は限られているのが現状だ。好きな姿勢で出産したいなら，条件に合う施設を探しておく必要がある。

　自分らしく，そして満足できるお産をするためには，自分の希望を産院へ伝える必要がある。産院では，妊婦それぞれの気持ちを知るために，「バースプラン」というシステムを取り入れているところが増えている。出産スタイル，会陰切開や剃毛の希望，母子が緊急の事態になったときの医療処置の方法，母乳育児のことなど，さまざまなことを話し合っておくべきだ。これは妊婦の不安を取り除き，医療スタッフとのとコミュニケーションをとることが目的である。とはいえ，出産は何事もなくスムーズにいくとは限らない，施設の設備によってもバースプランどおりになるとは限らないことを知っておこう。医療スタッフとコミュニケーションをとりながら，臨機応変に対応していくのがベス

トである。

　ちなみに，バースプランのある施設は，比較的妊婦さんの気持ちを大事にしてくれることが多い。バースプランというシステムを取り入れているかどうかを，産院を選ぶときの，目安の1つにしてもよい。

　さて，陣痛の痛みは，どのくらいであろうか？　出産の痛みを想像すると，自分に耐えられるのか不安であろう。「鼻からすいかを出すような痛み」などと言う人もいたりするが，決して1日中痛いわけではない。陣痛は波と同じで，波と波の間はおだやかな時間で痛みは少ない。陣痛の波が来たら，それに立ち向かっていくようなことはせず，サーフィンのようにその波に乗ってゴールに向かうイメージを持つ。筋肉をゆるませて波にまかせてみると痛みも少なくすむ。緊張して筋肉に力が入っていると痛みが倍増，力を抜けば痛みも緩和される。リラックスするとラクに痛みを逃すことができるのである。

　マタニティヨーガなどで事前に筋肉のゆるませ方を体験しておくのもよい。夫の立ち会いや医療スタッフとの信頼関係を築き安心感を得ておくというのも大切である。出産でリラックスし，陣痛の痛みを必要以上に感じないためにも産院選びはとても重要なのだ。

　さて，そうはいっても痛みに耐えられそうにないという人もいる。痛みでパニックになってしまう人には，無痛分娩や和痛分娩といって麻酔の力を借りて痛みをやわらげる方法もある。しかし，人間のからだは不思議なもので，出産間近の痛みがピークに達すると，エンドルフィンというホルモンが出て快感に変わっていく。マラソン選手が走り続けていると気持ちよくなる「ランナーズハイ」と似たようなものである。

　次に，産後の身体のトラブルとして，知っておくことは何であろうか？　産後すぐに子宮は収縮を始め，約2カ月かけて妊娠前の状態に戻っていく。むかしは，産後は文字を読んではいけない，水をさわってはいけないと言われていた。それほど大切な時期で，ここで無理をすると心身の大きなダメージになるからだ。産後は基本的には子どもの世話と身の回りのことだけで，あとは夫，両親，信頼できる方にできるだけ協力してもらうべきだ。

また，産後はホルモンバランスが一気に変わることで，ちょっとしたことで泣いたりイライラすることがある。これはマタニティブルーといって，産後2〜7日くらいの間に起こる。症状が軽く気づかないうちに過ぎ去ってしまう人もいるが，たいていの人に起こると言われている。一過性のものであるため，心配はないが，夫が子育てに協力的でなかったり，いたわりの気持ちがなかったりしてストレスが大きいと，産後うつになってしまうことがある（小谷，2006）。

■母乳とミルクの違い
　免疫物質を豊富に含んだ母乳は赤ちゃんにとって最高の栄養源である。母乳には母子の信頼関係を築き，母親の子宮回復を早めたり，ダイエット効果もある。母乳の栄養素にかなり近づいているミルクであるが，母乳にはかなわないところがたくさんある（NPO法人日本ラクテーション・コンサルタント協会，2015）。
　母乳の持つ赤ちゃんにとってのメリットとしてまずは，母乳は免疫物質を含むことが挙げられる。産後すぐから5日くらいまでに分泌される初乳には免疫物質が豊富に含まれており，抵抗力の弱い赤ちゃんを守る働きがある。また，近年増加傾向にあるアレルギーは，なるべく体内に異物を入れないことが予防につながる。母乳はもともと母親の血液でできているため，人にとって異物となるものを含んでおらず，アレルギー反応が起こる可能性が低くなる。次に母親にとってのメリットであるが，赤ちゃんがおっぱいを吸うことで，子宮の収縮にかかわるホルモン（オキシトシン）の分泌を促し，産後の子宮の回復を早めてくれる。そのほかに，ダイエット効果もある。妊娠中，ふっくらとした体つきになるのは，産後の授乳に備えて脂肪を蓄えているからであり，授乳することでエネルギーが消費され，スムーズに体重が戻せる。そして最大のメリットは，母親と赤ちゃんの絆を強くすることである。人にとって究極のコミュニケーションはスキンシップであり，母親と赤ちゃんはお互いのぬくもりを感じ合い，かけがえのない信頼を築きあげていく。
　しかし，母乳が出なかったという人も周りにいるだろう。その一因として，

「母乳は産後すぐから出るわけではない」ということを教える人が身近にいないせいかもしれない。母乳は，赤ちゃんに乳首を吸われることで母乳の分泌を促すホルモン（プロラクチン）が出て作りだされる。産後すぐに母乳が出なくて当たり前なのである。吸わせ続けることが大事であるが，母乳が出ないと思ってミルクにしてしまうケースも少なくない。母乳は，赤ちゃんに吸われた分だけつくられ，離乳食が進んで赤ちゃんが母乳をあまり飲まなくなったら自然に出なくなっていくものである。母乳は本来，赤ちゃんのためだけでなく，お母さんの生活を快適にしてくれるとても素晴らしいものなのである（ラ・レーチェ・リーグ・インターナショナル，2000）。

次に，カンガルーケアを紹介したい。カンガルーケアとは，もともとは低出生体重児のために始まったもので，生まれてすぐの赤ちゃんを，お母さんの素肌の胸の上に乗せ，肌が密着した状態で赤ちゃんを包みこむように抱っこするものである。この方法によって赤ちゃんの呼吸が安定したり，母親として愛情が芽生えたという報告がある。このことから，低出生体重児だけでなく，すべての母子によいとされ世界中に広がっていった。カンガルーケアは，生まれたての赤ちゃんを，母親のぬくもりで胎内にいるときのような安心感を与えるとも言われている。また，母乳育児を成功させたい人にとってもカンガルーケアの時間は重要である。この産後すぐの時間（30分以内）に，赤ちゃんを抱っこしながらおっぱいを吸わせることで，母親の脳にスイッチが入り母乳分泌が促進されるのである。

■早期教育の是非

赤ちゃんにとって大事なのはまずはコミュニケーションだ。教育することは悪いことではないが，乳幼児期には必要ない。脳の細胞は誕生時がピークで年齢とともにどんどん減っていく。そのことから以前は，脳細胞がたくさんある0歳のときにどんどん詰め込むのがいいとされていた。しかし今は，脳細胞の数よりも，細胞と細胞を結ぶニューロンが発達してネットワークをつくり，逆に不要な細胞が消滅していくことが分かってきた。0歳児の脳のネットワーク

を作るために必要なことはコミュニケーションである。教育するのはもっとあとでよい。まずはハイハイしたり体を使って遊んだり，親子のスキンシップや声かけなど，心と体のふれ合いだけで十分なのだ。それによって子どもは自分が愛されていることを実感し，自分に自信が持てるようになる。そのあとで，その子が興味を持ったものや，自分がやりたいと言ったものをやらせたほうが，才能は伸びていく。

　そもそも，赤ちゃんの脳というのは，あることだけ強化すると，その部分ばかり発達してしまう。秀でるものがあるのは素晴らしいことであるが，ある程度大きく成長してからでよいはずである。強調するが，赤ちゃんに必要なのはコミュニケーションであり，早期教育グッズでよくみかける映像やカードなどをみせるだけでは，一方的な働きかけにしかならない。将来，人の話は理解できるのに，相手にかける言葉が出ないなどのコミュニケーション能力に障害が出てしまうことだって考えられる。早期教育などで，赤ちゃんのときから人にコントロールされることで，思春期に問題が出る可能性があることも指摘され始めている（渡辺，2016）。

　赤ちゃんの成長には個人差がある。早く立たせようとしたり，危険防止のためとはいえ小さなサークルの中で過ごす時間が多いと，あまりハイハイせずに歩き始める。するとかけっこをする年齢になったときにうまく走れなかったり，まっすぐに走れなかったりすることがある。直すには，ハイハイ期をもう1度体験させるしかない。ハイハイをたくさんさせて足の指の使い方を体で覚えてもらうのである。脳の発達もそれと同じである。大事なステップであるコミュニケーションを考えずに，いきなり早期教育から始めてしまうのは考えものだ。才能はあるけどコミュニケーションができない子より，いろいろな人とコミュニケーションをとれる子のほうが，社会に出てから役に立つだろう。

　最後に，多くの人が興味を持つ語学教育であるが，海外暮らしやインターナショナルスクールに通っているなどの，生活に必要な状態にならないと本格的な語学はなかなか身につかないものである。子どもは生活に必要なことしかしない。スパルタ教育でもすればできるかもしれないが，心の問題まで手に入れ

てしまいかねない。早期教育を行うよりも，まずは子どもの心を育ててほしいと強く願う。

〈もっと詳しく知りたい人のための文献紹介〉

◆進純郎，柳澤美香，小谷博子（2008）．わたしが一番輝くとき──自然なお産にチャレンジ！　医学映像教育センター
　　⇨本書は「自然なお産」についての情報を，産科医，助産師，育児工学者がそれぞれの立場からまとめたものである。付属のDVDには，自然なお産に挑戦した女性とその家族の，産前から産後までの記録が収められている。

◆渡辺久子（2005）．抱きしめてあげて──育てなおしの子育て　太陽出版
　　⇨現役の児童精神科医師の著者が，抱っこ療法や子どもの成長における喧嘩の必要性・早期教育の問題点など29の症例をあげて紹介し，親子の内なる心の土台を育てることの大切さを説いた一冊である。

〈引用文献〉

小谷博子（2006）．出産で女性は賢くなる　ごま書房

小谷博子（2009）．30才からのオメデタトレーニング　新紀元社

ラ・レーチェ・リーグ・インターナショナル（2000）．改訂版　だれでもできる母乳育児　メディカ出版

ワーグナー，M．井上裕美・河合蘭（監訳）（2002）．WHO勧告に見る望ましい周産期ケアとその根拠　メディカ出版

NPO法人日本ラクテーション・コンサルタント協会（編）（2015）．母乳育児支援スタンダード　第2版　医学書院

O'Connor, K., Holman, D. J., & Maturitas, J. W. (1998). Declining fecundity and ovarian ageing in natural fertility populations. *Maturitas*, *30*(2), 127-136.

渡辺久子（2016）．新訂増補　母子臨床と世代間伝達　金剛出版

子どもの中の動物性

須田　誠

　ついしん。どーかついでがあったらうらにわのアルジャーノンのおはか に花束をそなえてやてください（キース，1989）。

　これはアメリカの優れた物語に贈られるヒューゴー賞を1960年に受賞した D. キース（1989）による SF 小説『アルジャーノンに花束を』の最後の文章で す。「知能指数六十八の主人公が手術によって天才となる過程をえがいた作品 で，けれど同じ手術を事前に受けたネズミのアルジャーノンが驚異的な知能を 得たのちやはり急速なスピードで知能をうしなうのを見て，主人公が自分の行 く末を知る」という物語です。知能指数は「精神年齢÷生活年齢×100」の数 式で算出されますが，成人の生活年齢は20歳程度に設定されて計算される場合 が多いと言えます。そこで，20歳で知能指数68に設定すると，精神年齢は14歳 となります。しかし，この青年は，脳外科手術の後遺障害としてさらに知能が 低下しているため，いささか乱暴ですが，彼の精神年齢は10歳以下と考えられ ます。これは児童期の子どもに相当する知的レベルです。この青年は自分と同 じ運命を辿った動物のアルジャーノンに対して同一視（identification）ないし 投影（projection）などの心理機制が動き，自分とアルジャーノンに「施し」 をした科学者に，「アルジャーノンのおはかに花束をそなえて」と懇願してい るのです。

　心理学（psychology）は「知情意」を探求する学問です。知は知性（intelli- gence），情は情緒（emotion），意は意志（will）です。大人の心理はこの３つ 組み（trinity）のバランスが取れていることを指す傾向があり，しかも，とく にカント哲学以降は，情や意は知よりも劣ったものとされる傾向があります （中島，2010）。しかし，筆者はそうではないと考えています。

たとえば、引用した小説の青年は脳外科手術の後遺障害として知能の低下が生じているのですから、先ほどの三つ組みのバランスは悪く、大人の心理ではなく子どもの心理を持っていると想定されます。そして、この引用文の「ついしん」は知よりも情と意に動かされて書いているとも想定されます。つまり、「悼み（mourning work）」という高次な心の営みは知よりも情と意により動いており、情と意によって人として大切な心の営みが立派になされているのです。ただし、確かに情と意は知よりも動物的・原初的・根源的（primitive）な心の営みで、子どもは情や意によって生きています。子どもとかかわったことがある者ならば、子どもたちの根源的な心の動き、すなわち情と意に感動したことがあるはずです。

本章では、動物から子どもへ、子どもから大人への移行（transition）にまつわる心理を、引用（quotation）、象徴（symbol）、比喩（metaphor）を用いながら論説します。

■子どもは動物か人間か

　　動物運動反応　被検者の生活における元型的役割（片口, 1974）。

社会学者のP. アリエス（1960）によると、中世までの西欧社会では、極少数の富裕層（貴族ないし商人という豊かな社会階層にある者）を除き、現代的な意味での「子ども」はおらず、真に社会に子どもが「誕生」したのは近代以降であったという。西欧に限らず、身分制度が浸透していた中世までは、一般に、子どもは「動物」とみなされていた。この文化を野蛮とすることも可能だが、筆者はそうは捉えていない。なぜなら、動物を野蛮と見なすのは現代的な大人である（かのような；as if）人間の身勝手な考えだからだ。動物にしてみれば自然の理に則って生きているだけであり、そのことは罪ではない。ちなみに、「かのような」というのは心理学者ロジャーズの共感の原則である。ロジャーズは、相手の気持ちを「分かってしまう」という心理臨床家の万能感を戒めるた

めに「相手になったかのような」という謙虚な姿勢を忘れてはいけないと警告している。ここでは，そうではないのに「我は大人である」と断言するような類の人間（もちろん，筆者も含める）に対する筆者なりの警告として「かのような」という文言を導入した。本章の「大人」という文言に「かのような」を被らせて読んでいただきたい。

　子どもはそもそも動物（の心を持つ者）である。本項冒頭で掲げた引用は，投影法（projective technique）心理検査，ロールシャッハ・テストの我が国における第一人者の片口（1974）による見解である。ロールシャッハ・テストは投影という心理機制を利用するものであり，自分の心の動きをそのまま「反応」として活かす手法である。彼によると，10個の「インクの染み」に対して，子どもは多くの動いている動物を見い出すが，大人になるにつれ動いている動物として捉える反応は減ってゆく。つまり，人間の心の元型（archetype）は「動物」なのである。

　そして，子どもは，発達過程で，次第に動物の心を失い，知を獲得して，大人になってゆくと一般的には考えられている。しかし，実はそうではない。実際には，獲得した知によって，動物の心を「隠している（hiding）」にすぎない。己の内の動物や子どもを隠そうとするこの心理のことを「社会性（socialization）」と呼ぶのである。このことについて，精神分析家の北山（2007）は，「母親的な環境に抱えられるかたちでようやく存在する赤ん坊の『本当の自分』は，環境側の不完全さに適応し，ときに迎合して自分を抱えるための社会的で適応的な自己を発達させねばならないのだ。その過程で，子どもは子どもの自分を抱えて生きることができるようになって大人になるというのは，発達であり成熟でもある。それは誰にでも必要な社会性の獲得である」と論じている。

　さらに，彼は，「文明社会ではありのままの裸で生きることは到底無理であり，より以上に高度な達成を要求され（中略），『人間のふりをした動物』が出来上がるのは必定である。（中略）『人間のふりをする』，『人間と言う役割を演じる』ことは最初から上手にできるものではなく，裸の姿の記憶として，失敗して恥をかくという体験は誰にだってあるものである。それでみんなの素顔の

部分，あるいは内面にある未熟な動物部分は，多かれ少なかれ傷ついていることだろう」と指摘している。彼は，大人にも動物の心は残り続け，そのおかげで失敗することができると論じている。そして，失敗して恥をかくことはいけないことではなく，そうして傷つく体験が人間には必要だと説いている。

続けて，北山は，人間は自己矛盾を生きており，「人間でいることを要求され傷ついた動物を生きるという二重性」は人間にとって普遍的であり，それを人間の裏表性と指摘した。「実際，私たちの裏は，動物で子どもで，そして病んでいることが多い。毎日，『元気？』と聞かれて，『元気』と答えるとき，『元気ではない部分』は裏にまわる。こういう二重性が極端になると，表は生きているが裏は死んでいる。表は元気そうでも裏は空っぽ，表はまとまっているが裏は大混乱，というような事態になる」（北山，2007）のである。同じように，我々大人は「大人ですか？」と問われると，「大人です」と腹立たしげに答えるのだが，「大人です」といって裏にまわして隠してしまった動物の心や子どもの心はささくれ立つ。そのため，我々は内心では「本当に自分は大人なのだろうか？」，「本当に自分は人間なのだろうか？」と覚束ない気持ちになる。そのような気持ちにならない大人がいるとしたら，それは，次項で述べる「傲慢な大人」である。

■おだやかな時代

　　おだやかな時代　鳴かない獣が好まれる時代
　　標識に埋もれて　僕は愛にさえ辿り着けない
　　目をこらしても霧の中レールの先は見えないけど
　　止まり方しか習わなかった町の溜息を僕は聞いている
　　毎日　Broken　my　heart　声もたてずに
　　毎日　Broken　my　heart　傷ついていた（中島，1986）

先述の己の内の動物（子ども）と大人の二重性もしくは裏表性に対して，無

第8章　子どもの中の動物性

自覚な，それは悪くいえば鈍感，さらにいえば愚鈍，もっというならば傲慢な大人である（かのような）人間の中には，「我は大人なり」と言い放ち，保育や教育や心理臨床を大義名分に，子どもたちから動物の心や子どもの心を奪う者も確実にいる。こうした傲慢な大人は社会の中でどのような方法を取るのだろうか。

　それは，まず最初に，動物そのものから動物性を奪ってしまうのである。犬や猫，人間の子どもも，本来的に大人からみて不潔でうるさいものであるが，それを取り除いて，清潔でおだやかなものにしてしまうのである。これを，精神分析家の小此木（1987）は「犬や猫のぬいぐるみ化現象」と称した。さらに彼は，それは「必ずしも犬や猫だけのことではない。ふと気がつくと，実は赤ちゃんはもちろん，われわれの人間の子供たち，ひいては人と人とのかかわりそのもののペット化やぬいぐるみ化がどんどん進行しているのではないか」と指摘している。動物の生来の性質を奪ってしまうだけでなく，人間の子どもをペットのようにしつけて大人しくさせるという恐ろしい状況が浮かび上がる。都市部では，赤ん坊や子どもが動いたり泣いたりするのは自然のことであるにもかかわらず，人間の赤ん坊や子どもが公共の場で動き回ったり大声をあげるのを咎めることは，もはや当たり前の現象である。

　こうした欺瞞と傲慢に満ちた大人を描き続けたのが，アメリカのSF作家でありサイバー・パンクの旗手であるP. K. ディックである。彼は短編小説『まだ人間じゃない』（ディック，2008）において，「12歳未満の子供は人間として認めず，許可なく屋外をうろつく子供をまるで野犬やのら猫のように狩りたてて，殺してしまう戦慄の世界を描いた」（浅倉，2008）。SF小説なので，かなりカリカチュアライズしてあるが，しかし，大人が，子どもの動物の心を見守るのではなく，狩りたてるという構図は，子どものペット化・ぬいぐるみ化であり，抑圧であり，子どもたちを社会が敷いたレールに乗せることに他ならない。

　筆者と同じ疑問を抱き，写真投影法という独特の方法論によってそれを確かめたのが文化精神医学者の野田（1988）である。彼は，子どもたちの生活の現代的様相を析出するために，主に都市部の子どもたちにカメラを渡して，映さ

れた写真を2週間の生活の記録とともに分析した。すると，多くの子どもがペットの写真を撮り，そこに映っているペットの大半が綺麗にトリミングされ，衣類を着せられていた。そうしたペットは,「見たり，抱きしめたりする置物のようである」（野田，1988）。たとえば，ある小学6年生の少女の写真には,「ブタ，ウサギ，イヌ，クマなどのかわいいぬいぐるみがあふれ（略），そして，完全に室内動物化したヨークシャー・テリアが現れる」（野田，1988）。この少女の生活は，平日は学校と塾で過ごし，日曜日も勉強とテレビゲームに時間が費やされ，外出することは滅多になかったという。この少女をして彼は,「彼女は自分とぬいぐるみ，リボンを付けたテリアとの区別があいまいになっているようだ。彼女は室内で遊ぶかわいい犬の姿に，自分の人生とほとんど同じものを見，そこに自分を重ねて生きているのではないだろうか」と考察している。彼の考察が的を射ているとしたら，この少女は，（本当かどうかは不明だが，我が国は近代先進国家であるので）本来は自由で豊かな生活・人生を，何とも無機的で殺伐としたものとして生きているということになる。ちなみに，ヨークシャー・テリアは，もともとはネズミを捕える狩猟犬である。しかし，現代では，室内型の愛玩犬の代表であり，ペットの美容室で大人しくトリミングされている姿をよくみかける。なお，筆者にはその善し悪しは分からない。

　さて，本項冒頭で掲げた引用は，歌手の中島みゆきが，報道番組「ニュース・ステーション」（テレビ朝日）に依頼されて1986年に発表した『おだやかな時代』という曲の歌詞である。筆者は，小此木や野田の論述を読み直していて，この歌詞に思いが至った。1986年（中島），1987年（小此木），1988年（野田）という時代の符合性と，動物の心を剝奪され大人に敷かれたレールの通りに生きる子どもの相似性を感じ，彼らの発するメッセージが我が国の子どもの行く末を示唆していたと考えている。実際，これらの約10年後に精神医学者の大平（1995）は，現代の子どもの病理の特徴を解説するために，21歳の青年の症例を紹介している。その青年は主治医である大平に以下のように述べている。「僕はひとりっ子でしょう。だから親に負担をかけちゃいけない……。僕ね，親のペットだったんですよ。ポポ（筆者注：この青年の家庭のペットのリスの名前

第 8 章 子どもの中の動物性

である）と同じ。ポポは血統書付きだったけど，僕だって偏差値七十二の高校に入ってあげて，親にいい気分させてあげてた……。だけど，ポポが死んだ時，僕もノイローゼになって……」（大平，1995）と，先述の野田（1988）が考察した少女の行く末のような生い立ちを辿っていた。そして，大平はこの青年の心理療法において，「ポポ」の死を「分身の死」とした。すなわちこの青年の象徴的な死と再生を成し得たのである。大平は，人間と子ども・動物という二重性ないし裏表性を十分に自覚しながら，この青年が自らの人生を重ねあわせていた「血統書付きのポポ」ではなく「うんちもするし壁をひっかきもするけれども愛すべき動物としてのポポ」をこの青年が取り入れ（introjection），親のペットとしての息子をやめて自立（independence）への道を歩むことを成功させたのである。大平のような大人は，我々，保育者・教育者・心理臨床家にとって光明である。我々は，「鳴かない獣が好まれる時代」（中島，1986）にあって，声もたてずに傷ついている子どもに，止まり方ではなく，その子どもが活き活きと走ってゆけるサポートができるはずである。

■動物の正体

「目を覚ますと，子羊たちが悲鳴をあげているのが聞こえました。暗闇の中を目を覚ますと，子羊たちが悲鳴をあげていました」
「早春生まれの子羊を屠殺していたのだな？」
「そうです」
「きみはどうした？」
「子羊たちのために何もしてやれませんでした。私はたんなる……」（中略）
「きみは今でも時折目が覚めるのだろう？ 子羊たちが悲鳴をあげている暗闇の中で目を覚ます？」
「時折」（ハリス，1989）

ここまで，動物のぬいぐるみ化と子どものペット化（小此木，1987；野田，

1988；大平，1995）という現代の社会病理を浮き彫りにしてきたが，悲観的になりすぎる必要はない。たとえば，野田（1998）が用いた写真投影法という方法論で，より現代の子どもの様相を析出した臨床コミュニティ心理学者の朝日・青木・壷井（2011）は，小学6年生の子どもたち102名にインスタントカメラを渡し，「あなたの好きなものを撮ってきてください」と教示し，調査を実施した。集計の結果，1位が「人物」，2位が「動物」，3位が「場所」となった。そして質問紙調査の結果と照らし合わせたところ，動物を被写体とした子どもたちは，「動物に対してポジティブな感情を喚起する」というだけでなく，「友人に対して情緒的な入れ込みが高い」，「友人に対して親密性が高い」などと，対人間についての情緒的かかわりが育まれていることが明らかになった。現代の子どもは，動物，ペットとのかかわりを，友人とのかかわりにおいて，情と意に活かして生のリアルな一次体験につないでいるという側面もみられるのである。

　また，先述した小此木（1987）も，悲観的な見解だけでなく，子どもが動物，ペットと暮らす意味についても論じている。曰く「現代の子どもはきょうだいが少ない。そのため，犬や猫がよききょうだい代わりになる場合がある。子どもが犬や猫と一緒に過ごすことは，生老病死を身近に体験するよい機会となる場合もある」。確かに，現代の家庭では人間の生老病死のほぼすべてが排除されている。その状況を踏まえて，彼は「犬や猫は，お腹をすかせたり，おしっこをしたり，うんちをしたり，あるいは，お産をしたり，病気になったり，そして死んでしまうこともある。子どもたちはこうしたことをダイレクトに体験し（一次体験），子どもなりに生身の肉体や生命に触れる貴重な体験をする」とも考察している。ペットのぬいぐるみ化があり得たとしても，正真正銘のぬいぐるみに変身してしまうことはない。大人が「生々しい動物性」として裏に隠そうとする性や排泄などの生理現象，そして生老病死をペットたちは懸命に体現する。自身の一次体験が次第に乏しくなっている現代の子どもにとって，メディアを媒介とする二次体験ばかりが増大している子どもにとって，人間よりも命の短いペットと暮らすことの意義は大きい。

第8章　子どもの中の動物性

　本章の最後に掲げた引用は，小説も映画も大ヒットしたT.ハリス（1989）による『羊たちの沈黙』からのものである。FBI捜査官候補生の青年期の女性であるクラリスが，狂気の殺人鬼にして天才精神科医であるレクター博士と，獄中で対話（ないし精神分析であろうか）をしている場面である。クラリスが10歳で両親を亡くし，親戚の牧場に預けられてからの体験談を，レクター博士は聴きたがる。非情なレクター博士がなぜクラリスに犯罪捜査の協力をしたのか。それは，動物の心を裏に隠し，エリート街道をひた進み，大人になろうとしているクラリスが，不遇な子ども時代，つまり，動物の心が表に出ている時代の忘れたくても忘れられぬ子羊たちの悲鳴を誠実に打ち明けたからである。もちろん，クラリスが子羊たちの叫びに自らを投影していたのはいうまでもない。

　かのようにして，多くの大人は，普段は隠していて傷ついている己の内の動物性を本当は自覚している。そして，その人が誠実に己の傷つき体験，つまり動物の心を語ったときに，それを聴いたまっとうな大人は心を動かされる。人は己の内の傷ついた動物性について，たとえ幼子であっても本当は気づいている。虐待を受けていたり，いじめられたりする子どもは，自分の内の根源的な部分に気づいているからこそ，自らを嘆いたり，相手を憎んだりして苦しむのである。保育者・教育者・心理臨床家は，それを暴き立てて，むやみに同情したり励ましたりするのではなく，その苦しみにそっと寄り添わなければならない。

　人間は，犬が振る尾に心を動かされる。日だまりで眠る猫に心を動かされる。風に寂しさを感じる季節に落ちる葉に心を動かされる。春を待ちわびる日に膨らむ蕾に心を動かされる。赤子の柔らかに笑う頬に心を動かされる。そして，虐待やいじめを受けてうつむくしかない子どもに心を動かされる。動いているのは動物や植物や人間そのものではなく，それを見守る人間の心なのである。「言葉」で1つ例に挙げると，英語で「Moving」とは「動く」という意味であるが，同時に「心から感動する」という意味をも持つ。動物と聞くと，人間は犬や猫を思い浮かべてしまうが，人間の心そのものが動くもの，すなわち動物なのだ。

第Ⅰ部　すこやかな育ち

　知や社会性を身に付けて，動物の心を隠しながら，大人は生きてゆかざるを得ない。しかし，己と他者の内に在る動物の心を大切にすることによってこそ，大人は，子どもに対して，保育・教育・心理臨床という営みをまっとうできるのではないだろうか。

〈もっと詳しく知りたい人のための文献紹介〉

◆藤田英典（1991）．子ども・学校・社会　「豊かさ」のアイロニーのなかで　東京大学出版会
◆河合隼雄（1996）．新装版　子どもと教育　大人になることのむずかしさ　青年期の問題　岩波書店
◆渡部信一（2005）．ロボット化する子どもたち　「学び」の認知科学　大修館書店
　　⇨ここに挙げた本は，平易な言葉で子どもが大人に移行するときの心理，子どもが生きにくさを感じる社会について解説をしてあり，さらなる学びに役立つはずである。あるいは，本文で引用した小此木（1987），野田（1988），大平（1995）の文献は，大変に分かりやすいので，ぜひ手に取っていただきたい。

〈引用文献〉

Ariès, P.（1960）. *L'enfant et la vie familiale sous l'Ancien régime*. Plon.（アリエス，P.　杉山光信・杉山恵美子（訳）（1980）．〈子供〉の誕生――アンシァン・レジーム期の子供と家族生活　みすず書房）

朝日香栄・青木紀久代・壺井尚子（2011）．写真投影法に見る子どもにとっての環境内資源　コミュニティ心理学研究，*14*(2)，132-150．

Dick, P. K.（1980）. *The Pre-Persons*. THE GOLDEN MAN. Introduction, Story Notes and Afterword.（ディック，P. K.　浅倉久志（訳）（2008）．まだ人間じゃない　早川文庫）

片口安史（1974）．新・心理診断法　ロールシャッハ・テストの解説と研究　金子書房．

Hariis, T.（1988）. *THE SHILENSCE OF THE LAMBS*. Yazoo, Inc.（ハリス，T.　菊池光（訳）（1989）．羊たちの沈黙　新潮文庫）

Keyes, D.（1966）. *FLOWERS FOR ALGERNON*. Harcourt Brace.（キース，D.　小尾芙佐（訳）（1989）．アルジャーノンに花束を　早川書房）

北山修（2007）．劇的な精神分析入門　みすず書房

中島義道（2010）．『純粋理性批判』を噛み砕く　講談社
野田正彰（1988）．漂白される子供たち――その眼に映った都市へ　情報センター出版局
小此木啓吾（1987）．一・五の時代　筑摩書房
大平健（1995）．やさしさの精神病理　岩波書店

おだやかな時代
作詞　中島　みゆき　作曲　中島　みゆき
ⓒ1991 by Yamaha Music Entertainment Holdings, Inc.
All Rights Reserved. International Copyright Secured.
（株）ヤマハミュージックエンタテインメントホールディングス　出版許諾番号　17091P

第 II 部
人と社会の環の中で

第9章 子どもの社会的スキルと仲間関係

日向野智子

　小学生の頃を思い出してください。あなたは，あそびの仲間にじょうずに入ることができましたか？　友だちはたくさんいましたか？　クラスの中には，友だちが多く人気のある子もいれば，仲間とのトラブルが多い子やいつもひとりぼっちの子もいます。大人でも，友好的な人間関係を築くことがじょうずな人もいれば，そうでない人もいます。子どもか大人かということにかかわらず，対人関係に関するこのような個人差はなぜ生じるのでしょうか。他者とうまくつきあえたりつきあえなかったりする原因は，持って生まれた性格や行動なのでしょうか。それとも，それは生来のものではなく，経験によって培われ，よりよく変えることのできるものなのでしょうか。この章では，社会的スキルという概念をとりあげ，子どもが幼少期に豊かな対人関係の中で育つことの大切さを学びます。

■社会的スキルとは

　仲間や友だちとかかわることのじょうずな子とじょうずでない子にはどのような違いがあるのだろうか。その違いは，仲間や友だちに対する「ふるまい」に表れる。仲間とかかわることのじょうずな子は，自分から声をかけ，自分の主張をするだけでなく相手の話もよく聴き，仲間と協調してあそぶことができる。このような子は友だちが多く人気者になりやすい。一方，仲間とかかわることのじょうずでない子は，声をかけるタイミングが悪く，自分のことばかり話し，自分勝手な行動をしやすい。または，自分から声をかけられなかったりかけられるのを待っていたりし，自己主張ができず，仲間に入れない。前者は仲間から嫌われ拒否されやすく，後者は仲間から無視され孤立しやすくなる。このような仲間や友だちとのかかわり方の違いは，社会的スキル（social skills）

という概念によって説明することができる。

　社会的スキルとは，対人関係にポジティブな影響を及ぼす個人差要因の1つである。社会的スキルの「社会的」とは，個人と個人あるいは個人と集団との関係や相互作用に関連したことであり，ほぼ「対人的」と同じ意味を持つ（相川，2000）。社会的スキルについては多くの学術的定義がなされており（例えば，Libet & Lewinsohn, 1973 ; Argyle, 1981），その内容は研究者によって異なっている（堀毛，1990 ; 相川，2000）。しかし，社会的スキルとは，他者との円滑な対人関係を築き，効果的に相互作用し，関係を維持していくための学習可能な適応能力であるという，共通した見解が多くの研究においてみられる。

　冒頭の例にもどると，友だちづきあいのじょうずな子は，社会的スキルがある，高い，身についているなどと表現される。一方，友だちづきあいのじょうずでない子は，社会的スキルがない，低い，身についていないなどと表現される。社会的スキルの高い子どもは，環境にうまく適応することができ，他者とのコミュニケーションにおいても言語的・身体的な対立を避けることができるが，社会的スキルの低い子どもは，ケンカをするなど行動上の問題をかかえやすく，仲間や大人から受け入れられることが少ない（マトソン・オレンディック，1993）。不登校やいじめ，キレる子など，学級集団にはさまざまな問題がみられており，これらの問題は対人関係の未熟さに起因することもしばしばである。実際，攻撃的な子や引っ込み思案な子は社会的スキルに欠けていることが多く，仲間に入る，友だちをつくるためのスキルを身につける必要がある。そのため，近年では社会的スキル向上を目指したソーシャルスキル教育（佐藤・相川，2005）を学級集団において実施する学校も増えている。

■コミュニケーションの基本となる3つのスキル

　社会的スキルは，他者との関係性の中で，他者とのコミュニケーション場面において発揮されるものであるが，社会的スキルに関するさまざまな研究（Zuckerman & Larrance, 1979 ; Riggio, 1986 ; 和田，1992）において，コミュニケーションの基本には3つの過程が存在するという。すなわち，記号化，解読，

統制の3つである。記号化は「自分の意図や感情を相手に正確に伝えるスキル」、解読は「相手の意図や感情を正確に読みとるスキル」、統制は「感情をコントロールするスキル」として、それぞれ概念化されている（堀毛, 1994）。他者との関係においてお互いのメッセージ（伝えたいこと）をスムーズにやりとりするためには、相手の感情や希望を正確に読みとるという入力要因（解読）と、自分の気持ちや主張を的確に伝えるという出力要因（記号化）の双方が必要になる。さらに、自分の感情を適切に表す、あるいは感情や本音が露呈しないよう気を配るというコントロール（統制）の要因も求められる。これらの基本スキルは、状況を超えた対人コミュニケーション全般において、対人的目標をスムーズに達成するために求められる能力であると考えられる。

　記号化、解読、統制スキルは、いずれも言語的（言葉そのもの）・非言語的（言葉以外のもの）に表出される。たとえば、ケンカをしてしまった友だちに謝る場面を想像してほしい。言葉や表情、アイコンタクト、身振り手振りなどのジェスチャー、声のトーンや速さ、抑揚、強さなどはどのように表出されるのだろうか。目は伏し目がちで、腕や手は体の前で重ね合わせ、ときおり相手の表情をうかがいながら、小さくやや低めの声で「ごめんね」と言うかもしれない。この「ごめんね」という言葉そのものは言語であるが、その言葉に付随する声の大きさやトーンをはじめ、視線やジェスチャー、その他のしぐさは非言語的な表出である。

■社会的スキルの生起過程

　上述した記号化、解読、統制の社会的スキルは、対人関係の中で具体的にどのように働くのだろうか。社会的スキルについて統一的な定義がない中で、相川（2009）は、社会的スキルがどのような過程で発生するのかという「社会的スキルの生起過程モデル」を提唱している。図9-1は、社会的スキルの生起過程モデルの概念図である。

　このモデルには①相手の反応の解読、②対人目標の決定、③対人反応の決定、④感情の統制、⑤対人反応の実行の5つの段階があり、社会的スキルが実行さ

第9章　子どもの社会的スキルと仲間関係

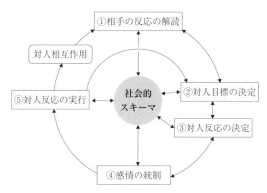

図9-1　社会的スキルの生起過程改訂版（相川，2009）

れるおおよその流れが示されている。また，モデルの中心には，①から⑤の過程を効果的に発揮するための社会的知識・認知的枠組みとなる「社会的スキーマ」が仮定されている。以下のような場面を想像してほしい。

　　小学生のAさんが登校すると，クラスの数人がトランプで盛り上がっていました。Aさんは自分も仲間にはいりたいと思いました。

　このような場面で，Aさんはどのように声をかければ，うまく仲間に入れるだろうか。社会的スキルの生起過程モデルにあてはめて説明してみよう。まず，①の相手の反応の解読である。この段階では，相手の様子を読み取る（「楽しそうだな。みんな私に気づいたみたいだけど，熱中していて私にかまってられないみたい」）。次の②対人目標の決定の段階では，自分が読み取った状況に対し，自分がどのようにかかわりたいのか，自分の希望や意思を決定する（「自分も仲間に入りたい」）。すると，③対人反応の決定の段階では，①の相手の反応や状況を読み取り，それに対して②で決定した自分の対人的目標を達成するための具体的な行動を考える（「今はゲームの最中だから，このゲームが終わったら，"入れて"と言おう」）。実行の前には，本当は今すぐ入れてほしいとせがみたいが，盛り上がっているメンバーの気分を害さないよう④感情の統制をする（「落ち着

いて様子をみながら"入れて"といおう」)。いよいよ、⑤の対人反応の実行である。これは先の記号化にあたる。「入れて」というと、Aさんは相手の反応をさらに解読し、相手の反応がよければ仲良くトランプに加わり、相手の反応がよくなければ、どうしたら仲間に入れるか、対人目標や対人反応の再決定がなされ、感情を統制しつつ、再度の対人反応が実行される。

　このすべての過程において、社会的スキーマが重要な役割を果たす。社会的スキーマとは、経験をもとに形成された対人関係に関する知識の総合体といえる。経験をもとに形成されるため、対人経験が豊富か否かによって、個人の社会的スキーマの精度は異なる。たとえば、やさしそうな顔の人がみな親切とはかぎらないし、叱られているときに口ごたえをすれば火に油をそそぐことになる。落ち込んでいるときに、そっとしておいてほしい人もいれば、一緒にいてなぐさめてほしい人もいる。対人関係にかかわる経験に基づく知識は数限りなく膨大であるが、相手や状況に応じて、どのように接すればよいか、社会的スキルの生起過程のさまざまな段階で、個人の経験に基づいた社会的スキーマが影響を及ぼす。トランプの仲間入り場面で、Aさんは、「熱中してあそんでいる友だち」に対する適切な社会的スキーマを備えていたため、対人反応の決定において、「1ゲーム終わってから」という判断がなされたことになる。しかし、「熱中してあそんでいる友だち」に対する適切な社会的スキーマを備えていないと、ゲームの最中に声をかけたり、無理に仲間に入れてといったりして、嫌われてしまうかもしれない。

　このような社会的スキーマは、経験に応じて変化する。熱中している友だちへの仲間入り場面で、流れが変わるまで待たなければゲームの邪魔をすることになりお互い気まずくなることを経験すると、熱中している友だちに対する社会的スキーマに新たな知識が加わる。新たな知識が加わった社会的スキーマは、同じような対人場面における社会的スキルの生起過程において、適切な社会的行動をとるための手掛かりとなる。

第9章 子どもの社会的スキルと仲間関係

■社会的スキルの学習過程

　前述したように，高い社会的スキルを身につけるためには，さまざまな対人経験の積み重ねが必要である。社会的スキルは学習可能であり，学習しなければ身につかないとも言える。キングとキルシェンバウム（1996）は，社会的スキルの学習過程を4つの原理に分けている（相川，2000）。

①言語的教示：言語的教示とは，社会的スキルに関することを言葉で言われて，学習することである。この中には，対人関係に関する具体的なふるまい方，対人関係の中で機能しているルール（エチケットやマナー，人間関係に関する基本方針，常識など），行動改善に役立つ質問（「約束をやぶったら友だちはどう思うかな」）があり，それぞれ具体的な言語的教示をすることにより，社会的スキルについての知識が獲得される。

②オペラント条件づけ：自分が偶然とった対人反応が肯定的な結果をもたらしたとき，その対人反応は繰り返されるようになる。一方，自分が偶然とった対人反応が否定的な結果をもたらしたとき，その対人反応は抑制されるようになる。たとえば，いつもは無表情にあいさつをしていたが，教室に入るときに笑顔で大きな声であいさつをすると，友だちからたくさん声がかえってきたとする。このような経験をすると，あいさつは笑顔で大きな声の方がよいことを学ぶ。つまり，自分のとった行動の結果から社会的スキルを身につける。

③モデリング：他者がとった対人反応や行動がどのような結果をもたらすのかを観察し，肯定的な結果をもたらす場合はその対人反応や行動をまねて，否定的な結果をもたらす場合はその対人反応や行動を抑制する。モデリングの対象は，親やきょうだい，友だちなど実在する身近な人だけでなく，テレビや映画，小説の登場人物や架空の人物なども含まれる。

④リハーサル：人間関係に関する知識（例えば「自分のことばかり話さず友だちの

話も聴くと好かれる」）を頭の中で何度も繰り返したり（言語リハーサル），よい対人反応（例えば「ありがとう」や「ごめんなさい」などの適切な言語的反応）を実際に何度も繰り返したり（行動リハーサル）することによって，社会的スキルを学習する。

　これら4つの原理によって，社会的スキルは学習される。その学習は，他者との相互作用の中で，具体的な対人場面においてなされるものである。

■子どもの社会的スキル
　それでは，子どもはどのような社会的スキルを身につけることが望ましいのだろうか。表9-1は，子どもにとっての代表的なスキルである。これらは対人関係の基本であり，社会的行動に問題を持つ子どもの行動修正や不適応に陥りやすい社会的行動の予防を目的とした子どもの社会的スキル・トレーニングにおいて標的となるスキルである（佐藤，1996）。主張性スキルは，相手を傷つけないよう自分の権利を主張したり，相手の不合理な要求を断ったりするためのスキルである。社会的問題解決スキルは，子どもが直面する相手との利害の対立や葛藤を問題としてとらえ，それを克服するためのスキルである。友情形成スキルは，仲間との関係を円滑にし，それを維持するためのスキルである。

■子どもの仲間関係と社会的スキルとの関連
　社会的スキルは幸福で円滑な人間関係を営むために生涯にわたり大切なものであるが，社会的スキルの獲得は，大人よりも子どもにおいて重要な意味をもつ。幼児期・児童期における仲間関係は，守られわがままの許される親との関係，発達段階の差異や上下関係の存在するきょうだいとの関係とは異なり，心理的・身体的にほぼ同レベルの対等な者同士によって成り立っている。子どもは仲間との相互作用を通じて，役割の分担やルールを守ることを学び，お互いの欲求のぶつかりあいや心理的な葛藤を経験しながら，社会的スキルを身につけていく。

　したがって，子どものうちに仲間に受容されない子どもは，社会的スキルを

表9-1　子どもにとっての代表的な社会的スキル（佐藤，1996）

主張性スキル（Budd, 1985；ベッカー・ハイムバーグ・ベラック，1990；ミチェルソン・スガイ・ウッド・カズディン，1987） ・相手にしてほしいことをリクエストする。 ・自分の感情や意見を率直に表現する。 ・不合理な要求を断る。 ・他人の意見に賛否をはっきり示す。 ・アイコンタクト，声の大きさ，話の反応潜時と持続時間，笑い，表情を適切に表す。
社会的問題解決スキル（ホープ・ミッキヘイル・クレイグヘッド，1992；ネズ・ネズ・ペリ，1993） ・問題に気づく。 ・沈思黙考する。 ・目標を決める。 ・可能な解決策をできるだけ多く提案する。 ・それぞれの解決策から生じる結果について考える。 ・最もよい解決策を選ぶ ・この解決策を実施するための計画を立てる。
友情形成スキル（Budd, 1985；ホープら，1992；マトソンとオレンディック，1993） ・相手の話を聞く（相手の話をさえぎらない，相手の話を理解していること，関心をもっていることを表現する）。 ・質問をする。 ・相手を賞賛，承認する。 ・遊びや活動に誘う。 ・仲間のグループにスムーズに加わる。 ・協調的なグループ活動に参加する。 ・援助（手助け）を申し出る。 ・順番を守る。 ・分け与えをする。 ・遊びや活動を発展させるコメントや提案をする。 ・仲間をリードする。

身につけるための多くの機会を失う（Bierman & Furman, 1984）ことになり，それは，青年期以降の社会的適応や幸福に大きな影響を及ぼす（マトソン・オレンディック，1993）。また，仲間からの否定的な見方や拒否は，時間をかけて形づくられるため，社会的スキルの乏しい子どもが仲間からの否定的な評価を覆すことはより一層困難になる（前田，2001）。

■思春期以降の社会的スキル獲得の曖昧さ

　社会的スキルは，子どもの頃に学習した方がよいことについては，別の観点からも説明することができる。誰かとかかわるとき，自分に対する相手の反応

は，自分が適切にふるまえていたか否かを知る手がかりになる。たとえば，昨日，友だちと一緒に帰る約束を忘れて1人で帰ってしまったとする。翌朝，その友だちにいつもどおり「おはよう」と声をかけると，「どうして約束やぶったの！」と友だちは怒り，その後は口をきいてくれない。このように，子どもの頃は比較的感情を素直にあらわすため，自分のふるまいのよしあしを相手の反応から判断しやすい。しかし，思春期以降になると，相手のふるまいがいくら不快であったとしても，それを相手に分かるように直接的に表現しないこともふえる。たとえ，約束をやぶられて傷ついているとしても，あからさまに相手を責めることはできず，気にしていないふりをしてしまうこともあるだろう。つまり，思春期頃になると，自分の行動のよしあしを知る手がかりとして，相手の反応は非常にあいまいなものになる。そのため，「嫌なものはイヤ！」とストレートに感情を相手に表現する時期に，対人的かかわりを多く経験し，社会的スキルを学ぶことが重要だという（大阪府立子どもライフサポートセンター・服部・大対，2014）。

■社会的スキルの未学習と誤学習

　子どものうちに社会的スキルを獲得することの重要性を説明したが，現実には，社会的スキルの乏しい子どもが多く存在する。たとえば，なかなかサッカーの仲間にいれてもらえないBくんが，他の子どもたちが夢中で追いかけているボールを拾い上げ，走って逃げて行ってしまったとする。当然，サッカーをたのしんでいた子どもたちは怒り，Bくんを追いかける。その様子をみて，Bくんは笑ってまた走り出す。Bくんには，友だちと仲良くうまくつきあうための社会的スキルが不足しているといえるが，社会的スキルは学習可能であるため，持って生まれた社会的スキルが不足しているというわけではない。では，社会的スキルが不足しているとはどのような状態なのであろうか。

　子どもの社会的スキルが不足している場合，多くは次の2つに分類される。①経験不足ゆえ，適切なふるまい方がわからない。すなわち，社会的スキルがまだ獲得されていない状態（未学習）。②目的を達成する手段として，不適切な

ふるまい方を身につけている。すなわち，不適切な社会的行動が学習されてしまっている状態（誤学習）である。前者は，未獲得のスキルの学習が必要であり，後者は不適切な社会的行動を改善し，適切なスキルを身につけるための再学習が必要といえる。引っ込み思案でなかなか仲間に入れないような子は，そもそも自分から仲間に能動的にかかわることが乏しいため，適切なスキルを身につけるための学習が足りないと考えられる。一方，前述したBくんの例は，不適切なスキルを学習してしまったパターンといえる。

■なぜ不適切なスキルを身につけてしまうのか

　そもそも，なぜBくんは他の子どもたちが嫌がる行動をしてしまうのか，その理由を考えてほしい。Bくんは，みんなを困らせたりみんなから嫌われたりしたいわけではないはずである。仲間に入りたいが入れてもらえないで周りをウロウロしながら眺めていたところ，たまたま転がってきたボールを拾い上げたとき，誰かが慌てて追いかけてきたとする。仲間にいれてもらえず仲間から無視されていたBくんにとっては，どのようなきっかけ，かかわり方であろうと，誰かが自分を追いかけてくる，みんなが自分に注目してくれている，そんな状況は自分と誰かがつながった瞬間といえる。そんな状況で，Bくんが仲間とかかわるために成功した手段は「ちょっかいを出すこと」だったのかもしれない。また，誰かが別の誰かにちょっかいを出したあとで，2人の間にやりとりが生じた場面を観察し，真似をしたのがきっかけだったのかもしれない。いずれも，仲間とかかわるための不適切な社会的スキルを身につけてしまった例であり，仲間から受容されない行動も，オペラント条件づけやモデリングなどを経て身につけてきた社会的行動といえる。しかし，このままではBくんはますます嫌われ，仲間に入れない子になってしまうため，ちょっかいを出すことなく，仲間に入れてもらうために効果的なスキルを再学習する必要がある。

■子どもの社会的スキルを育むために

　子どもは子ども同士の対等な関係の中で，どのようなふるまいや言い方が相

手を怒らせたり喜ばせたりするのかを学ぶ。日々の仲間とのかかわりから，相手との葛藤の回避や解決，親密さを深めるために効果的な社会的スキルを身につける。しかし，子どもの社会的スキルが仲間や友だちとのかかわりの中で磨かれるということは，子どもの対人関係のあり方によって社会的スキルの獲得が左右されることを意味する。子どもは子ども同士揉まれながら社会的スキルを身につけることが望ましいが，一方で，社会的スキル獲得のために大人の手助けが必要な子どももいる。特に，クラス単位で子どもの仲間関係の改善や社会的スキルの向上を目指す場合，ソーシャルスキル教育も必要だろう。

人間関係も練習次第（相川，2009），社会的スキルは磨けるものである。子どもの社会的スキルの獲得過程を見守り，ときにはそれを促すことのできるよう，読者のみなさんには社会的スキルについて関心を持ち，学びを深めてほしい。

〈もっと詳しく知りたい人のための文献紹介〉

◆相川充（2009）．新版　人づきあいの技術――ソーシャルスキルの心理学　サイエンス社
　⇨社会的スキルについての入門書でありながら専門的な知識が得られる。わかりやすく具体例をまじえて解説している。まず読んでほしい1冊。
◆コーエン，C.　高橋りう司・益子洋人・芳村恭子（訳）（2005）．子どもの社会性づくり10のステップ　金子書房
　⇨親や教師と子どもが一歩ずつ人間関係スキルを獲得するための練習ができるよう，わかりやすい事例やクイズなどを交えて，具体的なステップを紹介している。

〈引用文献〉

相川充（2009）．新版　人づきあいの技術――ソーシャルスキルの心理学　サイエンス社

Argyle, M. (1981). The nature of social skill. In M. Argyle (Ed.), *Social skills and health* (pp. 1-30). Methuen.

Becker, R. E., Heimberg, R. G., & Bellack, A. S. (1987). *Social skills training treatment for depression*. Pergamon Press.（ベッカー，R. E., ハイムバーグ，R. G., & ベラック，A. S. 高山巌（監訳）（1990）．うつ病の対人行動治療　岩崎学術出版社）

Bierman, K. L., & Furman, W. (1984). The effect of social skills training and peer involvement on the social adjustment of pre-adolescents. *Child Development*, *55*(*1*), 151-162.

Budd, K. S. (1985). Parents as mediators in the social skills training of children. In L. L'Abate & M. A. Milan (Eds.) *Handbook of social skills training and research.* (pp. 245-262) John Wiley & Sons.

Pope, A. W., McHale, S. M., & Craighead, W. E. (1988). *Self-esteem enhancement with children and adolescents.* Pergamon Press.（ホープ，A. W.，ミッキヘイル，S. M., & クレイグヘッド，W. E. 髙山巖（監訳）（1992）．自尊心の発達と認知行動療法――子どもの自信・自立・自主性をたかめる　岩崎学術出版社）

堀毛一也（1990）．社会的スキルの習得　斎藤耕二・菊池章夫（編）社会化の心理学ハンドブック――人間形成と社会と文化（pp. 79-100）川島書店．

堀毛一也（1994）．恋愛関係の発展・崩壊と社会的スキル　実験社会心理学研究, *34*(*2*), 116-128.

King, C. A., & Kirschenbaum, D. S. (1992). *Helping young children develop social skills : The social growth program.* Brooks/Cole Publishing Company.（キング，C. A. & キルシェンバウム，D. S. 佐藤正二・前田健一・佐藤容子・相川充（訳）（1996）．子ども援助の社会的スキル――幼児・低学年児童の対人行動訓練　川島書店）

Libet, J. M., & Lewinsohn, P. M. (1973). The concept of social skill with special reference to the behavior of depressed persons. *Journal of Consulting and Clinical Psychology, 40*, 304-312.

前田健一（2001）．子どもの仲間関係における社会的地位の持続性　北大路書房

Matson, J. L., & Ollendick, T. H. (1988). *Enhancing children's social skills assessment and training.* Pergamon Press.（マトソン，J. L. & オレンディック，T. H. 佐藤容子・佐藤正二・髙山巖（共訳）（1993）．子どもの社会的スキル訓練――社会性を育てるプログラム　金剛出版）

Michelson, L., Sugai, D. P., Wood, R. P., & Kazdin, A. E. (1983). *Social skills assessment and training with children.* Plenum Press.（ミチェルソン，L., スガイ，D. P., ウッド，R. P., & カズディン，A. E. 髙山巖・佐藤正二・佐藤容子・園田順一（共訳）（1987）．子どもの対人行動――社会的スキル訓練の実際 Hand book　岩崎学術出版社）

Nezu, A. M., Nezu, C. M., & Perri, M. G. (1989). *Problem solving therapy for depression theory, research, and clinical guidlines.* John Wiley & Sons.(ネズ, A. M., ネズ, C. M.,& ペリ, M. G. 高山巖(監訳)(1993). うつ病の問題解決療法 岩崎学術出版社)

大阪府立子どもライフサポートセンター・服部隆志・大対香奈子(編)(2014). このまま使える! 子どもの対人関係を育てるSSTマニュアル――不登校・ひきこもりへの実践にもとづくトレーニング ミネルヴァ書房

Riggio, R. E. (1986). Assessment of basic social skills. *Journal of Personality and Social Psychology, 51*(3), 649-660.

佐藤正二(1996). 子どもの社会的スキル・トレーニング 相川充・津村俊充(編)社会的スキルと対人関係――自己表現を援助する(pp. 171-200) 誠信書房.

佐藤正二・相川充(編)(2005). 実践! ソーシャルスキル教育――対人関係能力を育てる授業の最前線 小学校編 図書文化社

和田実(1992). ノンバーバルスキルおよびソーシャルスキル尺度の改訂 東京学芸大学紀要第1部門(教育科学), *43*, 123-136.

Zuckerman, M., & Larrance, D. T. (1979). Individual differences in perceived encoding and decoding abilities. In R. Rosenthal (Ed.) *Skill in nonverbal communication : Individual differences.* (pp. 171-203) Oelgeschlager, Gunn & Hain, Publishers, Inc.

第10章 子どもを取り巻く「曖昧さ」

金　瑛珠

　みなさんは，自分を「こども」と表現しますか。それとも，「おとな」と表現しますか。

　「成人」は20歳とされていますが，いろいろなシーンで，その定義は違っています。たとえば，選挙権は，2016年より，18歳以上が選挙権を有するようになりました（2015年までは，20歳以上でした）。選挙権の年齢引き下げに伴い検討されていた喫煙と飲酒に関しては，今現在も，20歳未満は禁止とされています。

　児童福祉法においては，児童を，「満18歳に満たない者」と定義しているので，18歳以上は大人として位置づけられているといえます。

　18歳もしくは20歳が1つの境目であるようですが，じつはもっと早くから大人として扱われるのは，乗り物関連の運賃です。みなさんはいつから大人運賃を払っていたかを覚えているでしょうか。

　飛行機は，航空会社（ANA）のHP上に，【小児：ご搭乗日の年齢が3歳～11歳のお子様／幼児：ご搭乗日の年齢が生後8日～2歳のお子様】と記載されていて，他の航空会社も同様の内容が記載されています。したがって，12歳未満がこども運賃であり，12歳以上は大人運賃が適応されます。すなわち，12歳以上を一人前とみなします。

　電車に関しては，JR東日本のHP上には，以下のように記載されています。

　●おとな　12歳以上（12歳でも小学生は「こども」です）
　●こども　6歳～12歳未満（6歳でも小学校入学前は「幼児」です）

　このように，乗り物関連では，「こども」は12歳・小学生が1つの境目になっているようです。

「おとなである」,「こどもである」という分かれ道は, シーンごとに違うとしても, 上記のように明記されている場合, それに則って, 自分の立ち位置を定めることができるでしょう。しかし, 漠然と,「あなたはおとなですか？こどもですか？」と問われたとき, さまざまな答え方が存在するのが実際であると思われます。たとえば,「精神年齢は, まだまだこどもです」や「よくおとなっぽくみられます」などという表現を含め, その言葉の使い方は, かなり曖昧だといえます。

　曖昧なのは,「おとな」と「こども」の境目だけではありません。子育てにおいて, ある時期には「常識」とされていたものが, 時代とともに「常識ではなくなる」ということが起きうるのです。

　いくつかの事象を一緒にみていくこととしましょう。

■昔の常識, 今の非・常識
①紫外線と子ども／日光浴と子ども
　筆者は頻繁に保育現場に行く機会がある。夏, 子どもたちがプールで水遊びをする頃になると, ここ数年, 水着の上にラッシュガードを着ている子どもの姿を目にする機会が増えているように感じている。以前はあまりみられない光景だったといえるだろう。それは幼児が紫外線を浴びることに対し, 大人が敏感になってきた結果だといえる。同様に, 園庭で遊ぶときの子どもたちの帽子にも変化がみられるようになった。紅白帽子（もしくはカラー帽子）にも変化がみられるようになったのである（図10-1）。首の部分を覆うように, あて布がある帽子をみたことがあるだろうか。もしかして, この本を手に取る学生のみなさんの多くは, この帽子が当たり前かも知れない。10年ほど前はめずらしかったが, 今では, かなり多くの園でこのような形状の帽子を被っている。これは, 日常において, 紫外線がかなり意識されるようになった結果だといえるだろう。では, いつ頃からなのか, たどってみると, 環境省から「紫外線環境保健マニュアル」が2003年に発行されたのが1つのきっかけではないかと考えられる。その後, このマニュアルは数回更新されており, 最新版（環境省, 2015）

第10章 子どもを取り巻く「曖昧さ」

図10-1　紅白帽子（カラー帽子）の変化（筆者提供）

は2015年3月に更新されている（2016年9月時点での最新版である）。かつては，学校などでも日光浴は推奨されていたが，今日では紫外線の皮膚への強いダメージを踏まえ，WHO（世界保健機関）では紫外線対策への注意を促している。

　少しさかのぼると，母子健康手帳に記載されている内容にも変化が生じた。今現在，「外気浴をしていますか」という項目があるが，以前は「日光浴や外気浴をしていますか」と書かれていた。「日光浴」という言葉は1998年を境に削除されている。以前は，紫外線を浴びることのメリットが優位とされていた。紫外線を浴びることによりビタミンD不足を補い，その結果，くる病を予防できることは大きなメリットとして考えられていた。しかし，食生活の充実により，ビタミンD不足はなくなり，栄養状態がよくなった日本では1958年以降，くる病は消滅し，逆に，オゾン層破壊などが原因で，紫外線による悪影響が大きく取り上げられるようになった。このように，時代の変化に伴い，「よいもの」とされていたことが，「避けるべきもの」になる，いわゆる，「常識」が常識ではなくなることが生じるのである。したがって，一般論の「当たり

119

前」を過信せず，そのときそのときに新しい情報をキャッチしていくことは大切なことだといえる。

②三歳児神話の根強さ
　みなさんは，「三歳児神話」という言葉を聞いたことがあるだろうか。この頃は待機児童の問題，3歳未満児の保育の受け皿をどのように整備するのか，などが話題になっているため，以前に比べて，「小さい子を預けるなんて，子どもがかわいそう」，「3歳まではお母さんが育てるべき」という風潮は弱くなってきているものの，やはり，「3歳ぐらいまではお母さんが育てればよいのに（育てられる社会であればよいのに）……」という考え方は根強く存在する。ここでいう「3歳」にはどのような根拠があるのだろうか。確認してみることにしよう。
　コトバンクでは，三歳児神話について，以下のように書かれている。

　　三歳児神話：子供が3歳になるまでは母親が子育てに専念すべきであり，そうしないと成長に悪影響を及ぼすという考え方。賛否両論がある（コトバンク，2016年12月25日）。

　根拠にたどり着くため，少し，調べてみることにする。
　1951年にJ. ボウルビィがWHO（世界保健機関）に提出した報告書『母性的養育と精神衛生』において，精神的なホスピタリズムを起こす原因は母性剝奪（マターナルデプリベーション）にあると説明し，このことは子どもの生涯に重大な影響を及ぼすと指摘しているが，この見解がある種の誤解を生みだし，母性神話となって広く普及されたといわれている。ボウルビィは「乳幼児と母親（あるいは生涯母親の役割を果たす人物）との関係が，親密で継続的で，しかも両者が満足と幸福感に満たされているような状態が精神的健康の根本にある」と述べ，母性愛の重要性を裏付けるため，入所施設の子どもたちを対象に研究を行い，その結果に基づき，3歳未満児の母子分離や集団保育は精神発達にとっ

て望ましくない，乳幼児は家庭で母親が育てるべきである，と主張した。その数年後の1960年代，日本はおりしも高度経済成長期となり，女性には，潜在的な労働力として，また，将来の労働力を育てる世代再生産の担い手としての双方の役割が期待され，仕事をいったん止め，3歳まで子育てをし，その後はパートなどの形態で社会復帰をする雇用体制，いわゆるM字型雇用形態を生み出すことになっていく。一時期，「専業母」になることが，結果的に社会にもたらす利益と，「3歳までは母親の手で」というスローガンが見事にマッチし，その後，当たり前のように，女性は結婚し，子どもを産み育てる間の一定期間，仕事から離れ，子育ての責任を一身に背負う形となっていったのである。その後，時代はまた変化していき，1999年，男女共同参画社会基本法が施行され，「男女が，社会の対等な構成員として，自らの意思によって社会のあらゆる分野における活動を参画する機会が確保され，もって男女が均等に政治的，経済的，社会的及び文化的利益を享受することができ，かつ，共に責任を担うべき社会」を目指すようになっていく。その一方で，時代は変化しても，女性の社会参加の在り方が変化しても，「三歳児神話」は根強く語り継がれ，今でも，女性が仕事を辞めるきっかけになってしまったり，働く女性が子どもに対して後ろめたさを感じてしまう一因になり続けているのが現状である。

　実は，平成10年版厚生白書（厚生省，1998）にて，「三歳児神話には，少なくとも合理的な根拠は認められない」と明記され，初めて公文書において三歳児神話が否定されたが，この「三歳児神話」という言葉（考え方）は，約20年経った今でも，親子の間に立ちはだかっている。平成10年版厚生白書本文を見てみることとする。

　　〈三歳児神話には，少なくとも合理的な根拠は認められない〉
　　　三歳児神話というのは本当だろうか。三歳児神話とは，「子どもは3歳までは，常時家庭において母親の手で育てないと，子どものその後の成長に悪影響を及ぼす」というものである。三歳児神話は，欧米における母子研究などの影響を受け，いわゆる「母性」役割が強調される中で，育児書

などでも強調され，1960年代に広まったといわれている。そして，「母親は子育てに専念するもの，すべきもの，少なくとも，せめて3歳ぐらいまでは母親は自らの手で子どもを育てることに専念すべきである」ことが強調され続けた。その影響は絶大で，1992年（平成4年）に行われた調査結果においても，9割近い既婚女性が「少なくとも子どもが小さいうちは，母親は仕事をもたず家にいるのが望ましい」という考えに賛成している。

しかし，これまで述べてきたように，母親が育児に専念することは歴史的に見て普遍的なものでもないし，たいていの育児は父親（男性）によっても遂行可能である。また，母親と子どもの過度の密着はむしろ弊害を生んでいる，との指摘も強い。欧米の研究でも，母子関係のみの強調は見直され，父親やその他の育児者などの役割にも目が向けられている。三歳児神話には，少なくとも合理的な根拠は認められない（厚生省，1998）。

時代背景を補足すれば，1998年頃は，母親の密室での育児，1人で背負う育児などが親子に及ぼす問題がクローズアップされ，また，児童虐待に対する防止策が課題となってきた時期と重なる（児童虐待の防止等に関する法律（通称・児童虐待防止法）の施行：2000年）。

時代の流れと相まって，「三歳児神話」がスローガンになることや，一方で，明文化された形で信憑性を否定されてもまことしやかに語り継がれているのが三歳児神話である。情報に左右されがちであるが，保育者になったとき，自分自身の意見をしっかり持ち，私はどのように思うのか，なぜそれが大事だと考えるのか，をしっかり伝えられるようになるとよいだろう。

ちなみに，"三歳児神話" という単語は一般的な辞書・事典，『現代用語の基礎知識』（自由国民社，2016）などには載っていないが，『日本女性史大辞典』（吉川弘文館，2007）や『岩波女性学事典』（岩波書店，2002）においては解説文が載っている。

③母乳信仰の根強さ

　みなさんは，赤ちゃんの頃，母乳で育ったか，ミルクで育ったか，混合で育ったか，お母さんに聞いたことはあるだろうか。離乳食が始まるまでの間は，上に述べた3つのうちのどれかで育ったことになるだろう。

　昭和30（1955～1965）年代の前半頃まではミルクの質がよくないため，人工栄養は極めて不評であり，発育が劣り，消化不良が多かったようだ。その後，ミルクの質的なレベル向上に伴い，子どもの発育に差はみられなくなった。そして，当時，アメリカでは人工栄養が大部分を占めていたため，日本でも「ミルク栄養の方が近代的でスマートである」，「人前で授乳させるのはダサい，やぼ」という風潮になったようである。そして，1975年頃には日本の母乳率は20％近くになった，といわれている。これは，日本のみならず，世界的な傾向であったため，このことを憂慮したWHO（世界保健機関）や日本の厚生省（現在の厚生労働省）では母乳推進活動を展開し，その効果は予想以上の結果をもたらし，日本では母乳第一主義の風潮が定着した，といわれている。そして，1990年には国連本部で「子どものための世界サミット（子どもサミット）」が開かれ，「子どもの権利条約」の早期批准と実施が決められ，条文の中に母乳のことが触れられたが，それに先立ち，WHOとユニセフ（国連児童基金）による「母乳育児成功のための10ヵ条」が共同声明として発表されている。このような時代の流れの中で，当時，混合栄養，もしくは人工栄養にせざるを得なかった母親たちは強いコンプレックスをもち，子どもの健康や成長に対し，強い不安感を持っていたといわれている。しかし，それは，過去のことではない。2016年10月1日朝日新聞の「声」の欄にも，14年前に出産し，母親学級で母乳信仰をたたき込まれたが，仕方なくミルクに切り替えたこと，そのことに負い目を感じていたことが書かれている。そして，子どもの成長からも負い目に感じる必要はなく，周りの人びとは，母乳のことでお母さんを追い詰めないで欲しい，「母乳じゃなくていいんだよ」と言ってあげたい，というメッセージの投稿が載っていたのは興味深い。

　育児雑誌である『ひよこクラブ』2016年10月号（ベネッセコーポレーション，

2016)では、「巻頭大特集　自分の悩みが見つかる&ラクになる！　切り替え方もわかる！　現役助産師さんがアドバイス！　完母・混合・完ミの与え方・減らし方・やめ方　誌上相談室」という特集が組まれている。その特集の冒頭ページ（pp. 34-35）には以下のようなことが書かれている。

〈母乳ってどんなもの？〉
・栄養素や免疫物質がいっぱい。ママと赤ちゃんの絆が深まります
　母乳には大切な栄養素がバランスよく含まれています。とくに、出産後1〜2週間に出る初乳には、赤ちゃんを感染症から守る免疫物質が含まれています。授乳中、赤ちゃんはママのぬくもりを全身で受け止め、親子の絆が深まる時間となります。
・赤ちゃんに吸われるほど、母乳は出ます
　母乳は、ママの血液が乳房の中で栄養素や白血球を取り込み、白い乳汁に変化したものです。赤ちゃんが乳頭を吸えば吸うほど、乳汁をつくって出すように働きかけるホルモンが分泌され、母乳が出るようになります。

〈ミルクってどんなもの？〉
・栄養面や発達面で、母乳とほぼ差がありません
　粉ミルクは牛乳を原料にして加工され、乳幼児に必要な栄養素を加えています。栄養面や発育面で母乳とほぼ差がありません。ミルクは育児用ミルクが一般的ですが、そのほかに、ミルクアレルギー用ミルク、鉄分などの不足しがちな栄養素が含まれた、フォローアップミルクなどもあります。
・ミルクでも愛情は十分伝わります
　ミルクは、母乳に比べてやや消化に時間がかかるので、授乳間隔を空ける必要があります。母乳に比べ授乳回数が少ないため、スキンシップ不足を気にするママも。でも、ママの愛情は抱っこや語りかけなどでも十分伝わります。心配しすぎずに赤ちゃんと向き合って。

　今現在、育児専門雑誌としてNo. 1シェアである「ひよこクラブ」の特集に

おいて，冒頭には母乳とミルクについて，上記のように書かれていることは興味深い。時代はかわり，ワーキングマザーが増えても，ミルクの質が向上し，栄養面・発育面での差がみられなくなって約50年が経っても，新聞の投書には母乳でないことで悲しい思いをしてきた経験者が「母乳じゃなくていいんだよ」と暖かいメッセージを寄せ，また，雑誌の特集では栄養面発育面での差がないこと，スキンシップ不足を指摘されることについてのフォローが掲載されている。母乳で育った＝よいこと（母乳で育てることができた＝よいこと）という構図が根強く存在することを感じずにはいられない。良し悪しで決めつけず，赤ちゃんを育てているお母さんの気持ちに寄り添いたい。ミルクを足したいと思いつつ，経済的な理由で完全母乳（完母）の育児をしているケースや，元気そうにみえてもお母さん自身，服薬が必要なため完全ミルク（完ミ）の育児をしているケースもある。時代の流れのみならず，個人的な事情によっても，その状況は変わってくるものであり，一概に，なにがよいとはいいきれないものであることを意識しておきたい。

■思い込みによる，「いまどきは……」というとらえ方を見直す

　学生と話をしていると，「公園が少なくなってきた（自分が子どもの頃遊んだ公園がなくなった）」，「公園で子どもたちが遊ばなくなった」などというイメージを持っていることに気付く。みなさんは，どうだろうか？

　さて，本当に，公園は少なくなってきたのだろうか。子どもたちは公園で遊ばなくなったのだろうか。データから確認してみることにしよう。

　ベネッセ教育総合研究所（2015）の「第5回　幼児の生活アンケート——乳幼児をもつ保護者を対象に」では，1995年より5年おきにデータを取っている，「お子様はどのような遊びをよくしていますか」という問いに対し「公園の遊具（すべり台，ブランコなど）を使った遊び」が，過去5回ともトップとなり，割合も，少しずつだが，増加している。

　実際，幼稚園・保育園周辺の公園では，降園後の親子の姿を多くみかける。園での遊びの延長上として，子どもたちが遊ぶ姿が多くみられるのである。子

第Ⅱ部　人と社会の環の中で

表10-1　よくする遊び（経年比較）（ベネッセ教育総合研究所，2015）　　　（％）

	95年	00年	05年	10年	15年
公園の遊具（すべり台，ブランコなど）を使った遊び	66.0	68.4	76.1	78.1	80.0
つみ木，ブロック	55.0	55.5	63.1	68.0	68.4
人形遊び，ままごとなどのごっこ遊び	51.2	53.5	56.9	56.6	60.5
絵やマンガを描く	45.0	43.6	57.5	53.5	50.4
ミニカー，プラモデルなど，おもちゃを使った遊び	39.5	43.8	45.5	46.1	49.8
砂場などでのどろんこ遊び	49.5	52.0	57.6	53.6	47.7
ボールを使った遊び（サッカーや野球など）	35.0	33.2	46.8	46.9	46.2
自転車，一輪車，三輪車などを使った遊び	46.3	51.5	53.9	49.5	45.7
マンガや本（絵本）を読む	30.4	28.1	44.9	44.5	43.8
石ころや木の枝など自然のものを使った遊び	26.2	33.8	37.6	40.2	40.3
ジグソーパズル	21.9	17.9	28.8	32.9	33.0
おにごっこ，缶けりなどの遊び	13.9	13.6	20.9	23.0	27.7
カードゲームやトランプなどを使った遊び	19.4	17.8	26.2	25.6	27.7
なわとび，ゴムとび	14.1	12.6	19.3	21.1	20.5
＊携帯ゲーム				17.8	18.1
テレビゲーム	24.2	20.2	15.1	17.0	10.5
その他	7.2	9.2	13.2	10.1	9.6

注1：複数回答。
注2：「＊」は10年調査，15年調査のみの項目。
注3：項目は15年調査結果の降順に図示。

どもたちが園バスで登降園する園では，園バスを降りた付近の公園に，子どもたちが直行し，遊ぶ姿もみられるのである。「子どもが外で遊ばなくなった」，「今どきの子どもは習い事やゲームばかり」という思い込みが，子どもの実際の姿をみていない側にあるのではないだろうか。

　次に，公園の数についてみてみよう。

　イメージとして，以前，あった公園がなくなり，ビルやマンションがどんどん建てられているのが都心であり，田舎は公園や空き地がたくさんある，と考えがちだが，実は，都市緑地法や都市公園法に基づいて，計画的に整備がされているので，極端に公園がなくなって建物が建てられることはない。また，再

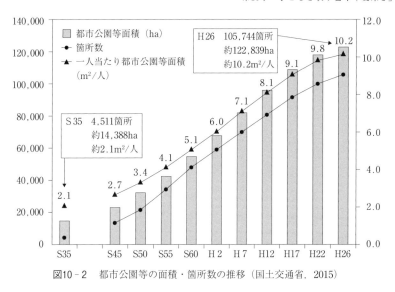

図10-2 都市公園等の面積・箇所数の推移（国土交通省，2015）

開発される地域は，意図的に公園が作られるので，都心部の方が，公園が新たに整備されていっている，ともいえる。そして，再開発地域にマンションが建ち，ファミリー層が引っ越してくると，子どもが増え，公園で遊ぶ年齢層が増える結果になる。

全国の公園の数に関するデータ（図10-2）からもその実態はよみとれる。私たちは，どうしてもイメージに引っ張られやすいが，公園の数は，決して減ってはいない。また，1人あたりの面積も増加していることが上記のデータから読み取れる。

では，なぜ，公園が減ったという感覚を持つのだろう。また，なぜ，公園で子どもが遊ばなくなった，というイメージを持つのだろう。それは，みなさんが公園の存在をあまり意識しなくなっているため，また，子どもたちが公園で遊んでいる時間帯に公園にいくことがなくなったため，実際，遊んでいる姿を目の当たりにする機会が減ったことが原因だといえるだろう。そのような意味で，筆者は，夏休みの課題として，学生に，公園ウォッチングを課したことがある。普段，行かない時間帯に公園に行ってみると，親子の姿，子どもの姿を

多く目にすることができ，そこからさまざまな気づきをすることとなる。みなさんも是非，やってみてほしい。

　さまざまなことに疑問を持つこと。そして疑問に対しては，自分の目で確かめる，自分できちんと調べてみる。この習慣を身に付け，子どもを取り巻くいろいろなことに興味を持ち，学んでいってほしいと願っている。曖昧なものを，曖昧なままにしないために。

〈もっと詳しく知りたい人のための文献紹介〉
◆「月刊クーヨン」編集部（2013）．127人が選んだ　わたしの好きな育児書　クレヨンハウス
　⇨本書ではさまざまな育児書が紹介されている。気になる育児書を1冊手に取って見てみるために，本書を参考にしてはどうだろうか。また，あなたを育てるとき，お母さんが参考にした育児書について聞いてみると良いだろう。

〈引用文献〉
朝日新聞（2016）．声　2016年10月1日全国版朝刊
ベネッセコーポレーション（2016）．特集　完母・混合・完ミの与え方・減らし方・やめ方　誌上相談室　ひよこクラブ，2016年10月号，34-35．
ベネッセ教育総合研究所（2015）．第5回　幼児の生活アンケート——乳幼児をもつ保護者を対象に　ベネッセ教育総合研究所　Retrieved from berd.benesse.jp/up-images/research/sokuho_201511.pdf
環境省（2015）．紫外線環境保健マニュアル　環境省　Retrieved from http://www.env.go.jp/chemi/matsigaisen2015/full.pdf（2017年3月6日）
国土交通省（2015）．都市公園データベース　国土交通省　Retrieved from http://www.mlit.go.jp/crd/park/joho/database/t-kouen/pdf/01_h26.pdf（2017年2月13日）
厚生省（1998）．平成10年版厚生白書——少子社会を考える　子どもを産み育てることに「夢」を持てる社会を　ぎょうせい，84．

第11章 子どもの装いを考える

鈴木公啓

　街を歩いていると，大人のようなおしゃれをしている子どもがいて，びっくりしたことがあるかもしれません。小学生向けのファッション雑誌があると聞いて，驚く人もいるでしょう（あたりまえと思う人もいるかもしれませんが……）。子ども向けの化粧品があると知って，これまたびっくりするかもしれません。さて，びっくりしたあなたは，その後，どのようなことを考えますか？

　また，もしみなさんに子どもができて，子どもが「化粧をしたい」と言い出したらどうしますか？　何歳からなら OK としますか？　もし，みなさんが子どもを対象とした仕事，たとえば保育所や幼稚園，もしくは小学校などの教職に就いていて，子どもが化粧をしてきたら，あなたは子どもとその保護者にどのような対応をしますか？

■装いとは

　はじめに，「装い」が何を意味する言葉なのか確認しておきたい。「装い」は，「身体の外観を変えたり整えたりするために用いるすべてのものや手段，行為，およびその結果としての状態」と定義することができる。化粧品による化粧，衣服の着装，アクセサリーによる装飾，染料を入れることによる彫り物／タトゥー，美容外科手術による美容整形，ダイエットによる痩身，はたまた，首輪で引き伸ばされた長い首など，多くの種類が装いに含まれる。

　装いは，あらゆる時代，そしてあらゆる文化に行われるものである。これは，時間的・空間的普遍性があるという。おそらく，ヒトの歴史のかなりの初期から装いは行われていたと考えられる。なお，装いのもっとも古い証拠として，7万5000年前の貝殻ビーズが発掘されている。装いが行われない時代は存在せず，すべての時代において，何かしらの装いが存在する。また，あらゆる文化

第Ⅱ部　人と社会の環の中で

において，装いは確認できる。もちろんその内容は文化によって異なる。いわゆる裸族といわれる人たちも，腰に紐をまいていたりしており，何も身につけていないということはない。ともあれ，世界中のあらゆる文化において，何かしらの装いが行われている。

また，装いは男女ともに行う。もちろん，男性よりも女性の方が装いに熱心であったり，バリエーションが豊富であったりと，性差が確認される場合もある。しかし，男性がまったく装いを行わないということはない。なお，時代や文化によっては，男性が女性に負けず劣らず装いを行っている。

そして，男女ともに，幅広い年齢層で装いは行われる。若年層だけでなく，高齢者も装いを行う（むしろ，装いを行わなくなってくるのはさまざまな問題が生じている場合が多い）。さて，それでは子どもはどうであろうか。

子どもの装いについて話を進める前に，装いの機能についてもう少し説明をしておくことにする。その後，子どもの装いについて述べていきたい。

■装いの機能

装いには主に3つの機能があると考えられる。1つ目は身体保護機能，2つ目は社会的機能，そして，3つ目は心理的機能である。

身体保護機能とは，装いによって，身体を外的刺激などから保護する機能のことである。簡単にいえば，体を守る機能である。けがを防いだり，寒さを防いだり，もしくは，日差しを防いだり虫を除けるなどの働きが期待される。呪術が信じられている文化であれば，悪霊が身体に入ってくることを防ぐという働きも期待されることになる。

社会的機能とは，装いによって，集団を区別したり，身分を示したりする機能のことである。先の，世界最古のビーズは，集団を判別するための印として使われていたという説がある。また，文化によっては，タトゥーが所属している部族を示すために用いられる。

現在でも，日常生活において，社会的機能が多くの場面で重要な働きをしていることが確認できる。病院で看護師に話しかけようとした場合，または，街

角で警察官に話しかけようとした場合，彼ら／彼女らが制服を着ておらず私服であれば，困ってしまうであろう。制服を着用しているからこそ，看護師は看護師であることを，警察官は警察官であることを周囲に示すことができているのである。そして，我々も，そのように判別できる。

　また，サッカーや野球の応援席では，応援する人たちが同じような衣服を着て，応援している。これも，同じような着装によって同じ集団であることをお互いが認識できている例といえる。自分がその集団の一員であると自覚し，また，そこに価値を見い出し，そして集団の成員どうしには仲間意識が生まれ，その結果，一体感も生じるのであろう。もし，服がバラバラだと，盛り上がりもイマイチなのではないだろうか。

　集団単位での認識だけでなく，個人の社会的地位を示すものとしても装いは重要な役割を果たしている。集団の識別に用いられたタトゥーは，日本ではある時期に罪人の印として用いられていたため，罪人と判断するためのものとしての意味が人びとに共有されていた。これも，社会的機能といえる。また，たとえば，日本ではお歯黒は既婚者のみが行うものとされていた（ただし，時代と社会階層にもよる）。振り袖を着るのも同様に未婚者のみである。このように，ある装いは社会の特定の位置にいる人のみが用いるといったきまりが存在する。世界的に，時代をさかのぼるほど，社会的階層によって行える装いは異なり，そして，そのルールを破ることはできないものとされていた。

　心理的機能とは，装いによって自他に心理的な影響を与える機能のことである。これには，対他的機能と対自的機能の2つの側面がある。対他的機能とは，他者に与える心理的影響のことである。簡単にいえば，他者にどのような人物であるか，どのような状態であるかを伝え，印象を形成する働きなどがある。対自的機能は，自分自身に与える心理的影響のことである。自分の感情や精神的健康，そして自己の認識などに影響を及ぼし，気分を上昇させる働き，また，自分がどのような人間であるか確認するといった働きなどがある。うまく社会に適応し，精神的にも健康に生活していくには，対他と対自の両方の機能が適切に働くことが重要である。

少し想像してもらいたい。新しい髪型にして、自分ではなんかしっくりこない。しかし、友だちからは「別に変じゃないよ」といわれる。さて、そのような場合、いくら友だちが肯定的な評価をしてくれたとしても、自分が納得しないと気分は沈んだままではないだろうか。一方、友だちからは「やめた方がいいんじゃない？」といわれるような奇抜な格好をしていても、自分が満足していればいいという考えもあるかもしれない。しかし、この場合、社会適応という点では若干の問題があるかもしれない。対自と対他の両機能が適切に調和して働くことが大事なのである。

　このように、装いには主に3つの機能が存在している。そして、それらの機能が十分に働くことを期待して、我々は日々装いを行っているといえる。もちろん、時と場面によって、求める機能は異なっているであろう。

　装いにはさまざまな機能があるため、人の生活を充実したものにしてくれる。これは、男女とも同様であり、またどの年齢層でも同様である。では、装いへのこだわりのあらわれである「おしゃれ」は大人だけのものなのであろうか。

■おしゃれの低年齢化

　外見を気にしておしゃれをするのは大人だけであり子どもはおしゃれをすべきではないと考えられていた時代もあった。そのような時代には、子どものおしゃれは否定的にみられていた（数少ない例外として、祭りでの化粧の許容などがある）。しかし、今や小学生（もしくは幼稚園児）まで、おしゃれをするようになってきている。子どもを対象としたジュニア・ファッション市場は成長しており、おしゃれな子ども服を扱うお店は親子連れでにぎわっている。ファッションの話題を中心とした子ども対象の雑誌も複数刊行されている（図11-1）。百貨店や大型スーパーで、子どもを対象としたファッションショーが開催されることもある。メディアにも、おしゃれに着飾った子役が登場する。

　このような状況では、子どもが外見を意識し、おしゃれに興味を持つのは、自然の流れといえよう。実際、子どもは非常に外見を意識し、おしゃれを行っている。小学生でも、外出前に鏡をみたり、身だしなみを整える道具（ヘアブ

ラシやリップなど）を学校に持って行き使用する子どもは多い。化粧への関心や衣服へのこだわりを有している子どもは決して少なくないのである（ベネッセコーポレーション，2001）。

おしゃれを意識している子どもにとって，外見は非常に重要なものとなる。自分の外見をどのように認識するかが，自身にさまざまな影響を及ぼす。小学生女子のもっとも多い悩みは，勉強でも友だちづきあいでもなく，顔やスタイルについてであり，4割の女子がそれを挙げているという報告もある（馬場・山本・小泉・菅原，1998）。そして，外見に対する満足感が，学業能力や友人関係についての満足感よりも自己受容感と強く関連していることも知られている（眞榮城，2000）。

図11-1 子どもを対象としたファッション雑誌の例（ニコプチ2017年12月号）

さらに，外見に対する他者からの評価の認識も重要であり，重要な関心事になっている。とくに女の子は，小さいころから，外見に対する評価を日々受けて成長している。男の子に比べ，「○○ちゃんはかわいいわねえ」といった言葉を聞く機会は多い。そのような状況で育ってきているため，外見を意識するようになるのは，自然なこととともいえる。第二次性徴がはじまると，外見をさらに意識するようになり，同時に，他者からの評価もさらに意識するようになる。

その重要な外見の中でも，とくに体型や体重が重要であることが明らかにされている。小学生女子において，顔や体のさまざまな部位や内容でもっとも気

になるものとして挙げられたのは体重であった（ベネッセコーポレーション，2001）。外見にこだわる子どもは，外見の重要な構成要素の1つである体型を意識し，そして，周りに好まれる方向に変化させようとしている。つまり，痩身を志向している。なお，身体を変化させることも装いの1つである。そのため，痩身を求めてダイエットなどを行うことも，一種のおしゃれということが可能である。

■痩身志向の低年齢化

　痩身願望やダイエットは，決して成人にのみみられるものではない。中学生や高校生においても広くみられることが知られている。さらに，近年では，小学生やそれよりも下の年齢層においてもみられることが指摘されている。小学生を対象とした調査は極めて少なく，痩身願望やダイエットの実態，また，背景にある心理，そして，そこに存在する問題については，ほとんど明らかになっていないのが実情である。しかし，わずかな知見は得られているので，ここでとくに痩身志向の顕著な女子についてまとめておく。

　まず，小学生の体型（痩せ具合／太り具合）の実態を確認しておこう。図11-2は，文部科学省の学校保健統計調査による，幼稚園女児（五歳）と小学生女子（6歳～11歳）の体型（ローレル指数：痩せ具合／太り具合の指標）の年次統計（文部科学省，2016）をもとに，平成8年度から平成27年度の20年間の変化を図示したものである。そこからは，ローレル指数の値が低下している傾向が確認できる。つまり，全体的に痩せてきているのである。この背景には，痩身志向の広がりがあると考えられる。

　小学生の痩身願望やダイエットの実態はどうであろうか。小学校4年生以降を対象とした調査において，ほとんどの女子は体型が標準的であるにもかかわらず，半数以上が自分を太っていると評価し，痩せたいと思っていること，そして，約半数にダイエットの経験があることが明らかにされている（ベネッセコーポレーション，2001；池永・切池・岩橋・濱田・永田・池谷，1993；近藤，2001；丸山・伊藤・木地・今村・土井・田中・阿部・江澤，1993）。これらの結果は，20年

第11章　子どもの装いを考える

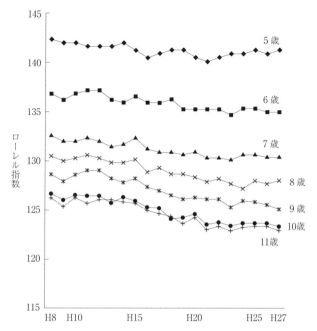

図11-2　平成8年度から27年度までの20年間の幼稚園女児（5歳）および小学生女子（6歳から11歳）の平均身長と平均体重から算出したローレル指数（文部科学省，2016を元に筆者作成）

ほど前のデータであり，多少古い。先に示した体型の痩身への変化を考慮すると，現在はさらに多くの小学生が痩身を求めてダイエットを行っている可能性は高い。

　それでは，小学生は，なぜ痩せようとするのであろうか。やはり，ここでも第二次性徴の影響が考えられる。女子の場合，第二次性徴に伴い身体がふくよかに変化していく。そしてそれが，身体への不満感や否定的感情を生じさせることが知られている。他者にからかわれたりすることもある。このことが原因となって，痩身を求めるようになるのだと考えられる。しかし，近年では，第二次性徴が始まる前から痩身願望を有している子どもも多く，第二次性徴による身体の変化だけでは痩身志向を十分に説明できない。

そこに関連してくるのが，装いである。痩せることにより，外見全体の魅力の向上が期待される。そして，それだけでなく，痩せることによって服の選択肢の幅が広がりおしゃれをより楽しめるようになり，外見全体の魅力がさらに増加することが期待される。おしゃれのために痩身が求められているのである。

■子どもの装いに対する親の影響

魅力的であるとよい，もしくは，おしゃれなほどよい，という考えは，幼いころから刷り込まれている。そこには，親の影響があることを無視することはできない。子どものおしゃれへのこだわりや痩身願望には，親の考え方や態度などが強く反映されている。子どもが小さいほど，それは強固であるといえる。自身の外見にこだわり，おしゃれに力を入れている親のもとでは，子どももおしゃれにこだわるようになるのは当然のことといえる。また，そのような親は，子どもにもおしゃれを求めることがあり，場合によっては，子どもの意向を無視してまでおしゃれのこだわりに巻き込むこともある。子どもにタトゥーを入れたがる親，子どもに筋トレをさせて筋肉隆々にさせたがる親も存在する。

子どもの場合，どこまでが自分自身の考えなのか分かりにくいという問題もある。たとえ明示的に求めなくとも，親からの暗黙の圧力により，おしゃれや痩せがよいことであるという考えを子どもが内在化してしまっている可能性がある。つまり，子どもは自分自身のこだわりだと思っていても，それは，親の考えがすり込まれているだけの場合もある。ただし，子ども本人も周りも，どこまでが子ども自身の考えなのか判別することは難しい。

だからこそ，親をはじめ，周囲の人びとは，安易に子どもが過度におしゃれにとらわれないように注意し，また，巻き込まないように気をつけなければならない。おしゃれなほどよいという信念は，成長して行くにつれ，さらに本人を苦しめる可能性がある。それだけでなく，身体のトラブルにつながることもある。

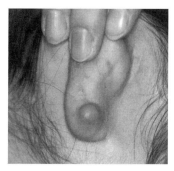 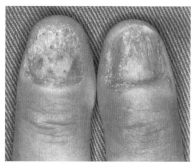

　　　ピアスによるトラブル　　　　　マニキュアによるトラブル
　　図11-3　装い起因障害（おしゃれトラブル）の例（岡村，2003）

■装いによる身体のトラブル

　子どものおしゃれは，身体にも問題を生じさせうる。その点でも，子どものおしゃれを手放しでよしとすることはできない。

　化粧品や衣服やアクセサリーなどによる身体のトラブル全般のことを，「おしゃれ障害」（岡村，2003）や「装い起因障害」（鈴木・矢澤，2016）という。具体的には，化粧品やアクセサリーによる皮膚のかぶれや，マニキュアによる爪の障害などがあり（図11-3），その種類は多い。

　このトラブルは，おしゃれの低年齢化にともない，子どもも経験するようになってきている。子どもは大人と異なり，皮膚の構造や免疫システムが未熟である。たとえば，子どもの皮膚は大人よりも薄い。そのため，皮膚のかぶれなどのトラブルを生じやすくなっている。また，子どもの場合，適切な使用法を理解していない場合もあり，それが問題を引き起こしている可能性もある。このような問題があることを考えると，子どもの装いは全面的に肯定できるとはいいがたい。

　先に説明した装いの1つであるダイエットも，健康面でさまざまな問題を生じさせうる。その影響は大きい。摂食障害になってしまうこともある。注意が必要といえる。

■子どものおしゃれにどのように向き合うか

　外見に過度にこだわり，おしゃれを行うのは，まだ一部の子どもだけのことかもしれない。しかし，今後，さらに広がっていく可能性はある。おしゃれによってより魅力的になり，また，自他に肯定的な影響を及ぼすことができると期待している以上，その広がりを簡単に押さえることはできないと思われる。しかし，おしゃれは身体のトラブルを引き起こすなど，よくない結果も引きおこす。

　子どものおしゃれに対して，我々はどのような態度を取る必要があるのだろうか。子どもの自由とするのがよいのか，それとも，子どもには早いとするのがよいのか。子どもから「なぜおしゃれをしてはいけないの？」と尋ねられたらどう応えたらよいのであろうか。

　そもそも，どのような装いが，どのような対象（性別や年齢や地位など）で許容されるかは，時代や文化でも変わってくる。そのため，絶対的な線引きを行うことは難しい。もちろん，「現在の日本の文化では子どもの化粧が許容されていないから化粧をしてはいけない」などと子どもにさとすことは可能ではある。しかし，そのような対応のみでよいのであろうか。単にルールを押しつけるだけでは子どもの装いに対応しきれない可能性がある。身体のトラブルといった観点，また他の観点からの教育を行うことも必要といえる。

　今後，家庭と学校保健での教育が非常に重要になってくると考えられるが，単に善し悪しの基準を押しつけるのではなく，なぜおしゃれをしようとするのか，その背景にあるものを十分に理解した上で，我々は子どものおしゃれのこだわりに対応していく必要がある。その際，子どもだけでなく，親に対する教育も必須であろう。

〈もっと詳しく知りたい人のための文献紹介〉

◆高木修（監修）神山進（編）（1999）．被服行動の社会心理学――装う人間のこころと行動（シリーズ21世紀の社会心理学）　北大路書房
◆高木修（監修）大坊郁夫・神山進（編）（1996）．被服と化粧の社会心理学――人は

第11章　子どもの装いを考える

　　なぜ装うのか　北大路書房
　　⇨2冊とも，装いの心理全般について，幅広い範囲を分かりやすくまとめたものである。装いに興味を持った学生にとっては，必携の1冊といえる。
◆清佳浩（監修）津久井直美（マンガ）(2010)．おしゃれトラブル　そのおしゃれ，間違っていない？（もっと知ろうからだのこと　16）　インタープレス
　　⇨おしゃれトラブル（装い起因障害）について，漫画で説明をおこなっている。読みやすく，また，内容もバランスよく，おすすめである。

〈引用文献〉

馬場安希・山本真規子・小泉智恵・菅原ますみ（1998）．家族関係と子供の発達（7/7）――小学生の瘦身願望の検討　日本心理学会第62回大会発表論文集, 277.

ベネッセコーポレーション（2001）．子どものやせ願望――見た目を気にする子どもたち　モノグラフ・小学生ナウ, 21(2).

池永佳司・切池信夫・岩橋多加壽・濱田亜樹子・永田利和・池谷俊哉（1993）．小学生および中学生におけるやせ願望について　臨床精神医学, 22(10), 1455-1461.

近藤洋子（2001）．青少年の体格とボディ・イメージの関連について――玉川学園における小・中・高・大学生生活習慣調査より　玉川学園・玉川大学体育・スポーツ科学研究紀要, 2, 23-32.

眞榮城和美（2000）．児童・思春期における自己評価の構造　応用社会学研究（東京国際大学大学院社会学研究科）, 10, 63-82.

丸山千寿子・伊藤桂子・木地本礼子・今村素子・土井佳子・田中たえ子・阿部恒男・江澤郁子（1993）．女子学生における食行動異常に関する研究（第一報）小学生高学年より大学生までのやせ願望とダイエットについて　思春期学, 11, 51-56.

文部科学省（2016）．学校保健統計調査年次統計　政府統計の総合窓口　Retrieved from http://www.e-stat.go.jp/SG1/estat/List. do?bid=000001014499&cycode=0　（2016年8月30日）

岡村理栄子（2003）．おしゃれ障害――健康を害する誤った"おしゃれ"に警告（写真を見ながら学べるビジュアル版　新　体と健康シリーズ）．少年写真新聞社

鈴木公啓・矢澤美香子（2016）．成人日本人女性における装い起因障害の実態　フレグランスジャーナル, 44, 72-79.

第12章 子どもの発達と文化

大橋　恵

　「渦巻き」といわれて、みなさんはどんな図形を描きますか。指先で描いてみてください、こんなもの（図12-1）ではないでしょうか。実はこの渦巻きという現象は世界共通ではないのです。

　学生時代に訪れたニュージーランドでトイレのレバーを押し、水が渦を巻いて流れていったとき、ふと違和感を覚えました。始めはよく分からなかったのですが、しばらくして違和感の正体に気づきました。渦が

図12-1　渦巻き
（筆者作成）

左回りで日本とは逆なのです。南半球の磁場について理科で習ったことがあるとはいえ、このような単純な違いを目の当たりにして異国に来たことを改めて実感しました。渦は右回りに巻くものだという常識を持っていたことにこのとき初めて気づいたのです。

■「文化」の影響

　この章では、子どもが育っていくときの社会や文化の影響を扱う。文化はよく魚にとっての「水」に例えられる。つまり、魚が水から引き離されるまで水の存在を意識できないように、人も自分の生まれ育った文化のやり方を当たり前だと考えがちである。異なる文化に入って、出身文化が異なる人たちに出会って初めて、「自分の文化」を意識することができるのである。

　この章では文化心理学の立場から子どもの成長を考える。文化心理学とは、「人の心的過程や行動が、彼らが生まれ育った社会で共有されている文化からどのような影響を受け、そして実際に異なる国籍や民族間でどのような差異が生じているのか、さらには、どのような文化がどのようなプロセスを経て形成

されるのか」を扱う領域である（金児・結城，2005, p. 1）。人間の心性が文化的環境によっていかに形成されるかに関してさまざまな本が出ているが（Cole, 1996 ; Rogoff, 2003），本章では話を単純化するため日米比較を中心としたい。

その第1の理由はここが日本だからである。ただ，文化の影響を調べる際に，日本は最適な国の1つであるとみなされていることも重要な理由である。というのは，一流の学術雑誌に掲載されている心理学研究の実に96％までもが西洋の近代化された国で行われており，68％はアメリカで行われている（Arnett, 2008）というデータに示されるように，アメリカは心理学の中心だが，アメリカでは当たり前の現象が他の国や文化ではみられないことがある。たとえば，アメリカでは常に集団で作業をさせると1人のときよりも手を抜く傾向があるが，中国や日本では知り合い同士で作業をさせるとこの手抜きが起こらず，逆に1人のときよりも頑張ることがあるという結果が得られている。日本は，多くの実験が行われてきたアメリカや西欧諸国と経済発展の程度は同レベルであるのにもかかわらず，異なる価値観を持っているため，行動（特に対人関係行動）にはさまざまな差がみられる。そのため，何が人に普遍的であり何が文化特有であるのかを考えるときによい比較対象となるのである。

■日本人とアメリカ人のコミュニケーション・ギャップの例

子どもは文化コミュニティの一員として発達するという意味で，人の発達は文化的である。どの文化においても周囲の大人たちが（場合によっては年長の子らも）何らかの形で「教育」を行う。学校以外に家庭や地域でも行われる。

おそらくどの文化においても教育の目的は共通している。子どもたちを望ましい姿に向かわせること，言い換えれば，「幸福で豊かな大人」に育てることである。ただし，この目的を達成するために子どもたちが身につけるべき能力が文化によって異なる。

1つの事例を通して，日本とアメリカの違いについて考えてみよう（八代・荒木・樋口・山本・コミサロフ，2001を改変）。

> 日本生まれ日本育ちの恵子はアメリカに留学しており，ジェーンはそのルームメイトである。恵子は，勉強したいのに集中できなくて困っている。というのも，ジェーンがいつもリビングで大きな音で音楽を聴いているからである。大事な試験を翌日に控えたある日帰宅すると，今日もジェーンが音楽を聴いていた。
> 恵子：ただいま。
> ジェーン：おかえり。
> 恵子：明日は社会学の試験があってもう大変なの。
> ジェーン：まあ。でも，恵子はいつも勉強しているから，大丈夫なんじゃない？
> 恵子：前のテストで悲惨な結果だったのよ。だから今回こそはがんばらないと！
> ジェーン：それは大変だ。
> 恵子：だから，今日は集中して勉強しなくっちゃ！
> ジェーン：じゃあ，がんばってね。
> そして，今日もジェーンのかける音楽のボリュームは同じなのだった。

なぜこのような問題が起きたのか。おそらく2人の持つ依頼に関連するコミュニケーション法の違いが最大の原因であろう。直接言葉で依頼するか，間接的に表現して理解を求めるか。ただもっと大きく表現すれば，理想とする人間像が反映されている。

■理想とする人間像

さまざまな文化研究者が西洋と東洋の価値観や考え方の違いを説いているが，ここでは人間観の文化差を提唱しているマーカスと北山の説（北山，1998；Markus & Kitayama, 1991）を中心に紹介したい。彼らによれば，アメリカを中心とする欧米では一人ひとりの人間はお互いに独立した自立した人間だと考える相互独立的自己観が優勢で，自分自身の目的や希望を達成するように動機づけられているという。そのため，自分の目標達成のためには周りの圧力に抵抗し，自己主張を貫くべきとされる。一方，日本を含む東アジアでは人は互いに切っても切り離せない関係にあると考える相互協調的自己観が優勢である。そこでは，周囲の他者との関わり合いの中にこそ生きる意義があると考え，自分

の主張を押し通すことよりも，周囲と温かい人間関係を構築することにより価値を置くとされる。

　これを受け，日本において発達の理想である「幸福で豊かな大人」は，他者の気持ちを察し，協調的な人間関係を作ることができる人を意味する。そのため，協調性や同情・共感・思いやり，温かい人間関係を形成し維持する能力がとくに必要とされる。一方アメリカにおける「幸福で豊かな大人」は，十分な個人的能力を持ち，自分の考えや意向を論理的に主張できる人を意味する。そのため，自立，自信，創造性，自己主張といった能力がとくに必要とされるのだ。

　このように文化によって理想とする人間像が異なるため，使われるコミュニケーション方法に違いが出たのである。先ほどの例に戻ろう。恵子は，周りの人たちの気持ちを大事にする相互協調的な日本文化で育っている。そこでの要望の示し方は，間接的に表現して気づいてもらうことが基本である。なぜなら，日本の文化では，直接的に要望を出されたら，要望者の気持ちを配慮し通常は断らない。もし断らなくてはならない場合は相手に恥ずかしい・申し訳ないなどの不快な感情を抱かせることになる。そのため，直接的な依頼は奨励されない。そこで恵子は，「明日は試験だ」，「頑張らなくてはいけない」と自分の置かれた状況を表現することで，音楽を小さくしてほしいと伝えようとしたのである。

　一方，ジェーンは，自立と自己主張を大事にする相互独立的なアメリカ文化で育っている。そこでの要望の示し方は，自分のしてほしいことを言葉で明確に表現することが基本である。もし無理な要望であったとしても相手が明快に断るため，要望をたくさん出すことに何ら問題はない。恵子は「音楽のボリュームを小さくしてほしい」という要望を表現していないため，ジェーンは恵子が翌日の試験のための準備を頑張っていることは分かっても，自分の聞く音楽について恵子が要望を持っていることには思い至らないのである。

　子どもがきちんと挨拶しない，公共の場ではしゃぐなど不適切な行動をとったとき，日本では「おかしいわね，お友達に笑われますよ」，「みんなみている

よ」のように，他の人たちからの否定的な評価を意識させる方法がよく使われる。これは周囲の他者との協調的な関係に価値を置くがゆえに使える叱り方であり，たいへん東洋的である。実際には叱り方にも文化差があり，自立に価値を置く西洋人は，シンプルに No と否定するか，「やっていいことと悪いことの区別をつけなさい」などと子ども個人の良心に問う叱り方を使うことが多い。

■家庭教育の文化差

　家庭での教育や育て方についてもこのような違いがあるのだろうか。

　まず，母親の子育て意識を直接尋ねた研究では文化的自己観に合致する文化差が認められている。母親たちにインタビューした研究では，幼い子どもたちを育てる上で大切なこととして，西洋では「個性」，「自己表現」，「自立」，「自律」が挙げられ，東アジアでは「自助努力」，「家族や社会への貢献」が挙げられている（Rogoff, 2003）。また，日本とアメリカと中国の幼児を持つ母親に，幼児が学ぶことで大切なことを3つまで選んでもらった比較文化研究でも，トップが日本では「同情，共感，思いやり」（80％），アメリカでは「自信」（73％）という文化的自己観に合致した違いがみられた（Tobin, Wu, & Davidson, 1989）。ただ，文化差とともに共通点も浮き彫りになっている。どの文化でも「集団の一員としての協調」が重視されていた（日本で67％，アメリカでは68％）。

　次に，行動を測定した研究をみていこう。理想とする人間像が端的に示される例が寝る場所である。西洋では赤ちゃんの頃から1人部屋を与え，夜はそこに1人で寝かせるというのは有名な話である。これは，乳児を両親から離して寝かせることによって精神的自立が促されると考えるからだそうだ。しかしながら日本では，「川の字になって寝る」という表現があるように，乳児は親（特に母親）と同室に寝かせるほうが一般的である。さらに，子ども部屋があったとしても，小学生になっても親と一緒に寝たり，きょうだいで一緒に寝たりするケースが多い。これは，自立心を養うことよりも，一緒に寝ることによって得られる安心感が大切だと考えるからだろう。

　子どもが育つ上で，養育者に対する精神的な絆であるところの愛着は欠かす

ことができないものとされる。主な養育者である母親への愛着に文化差はあるのだろうか。乳児の愛着の安定性を測定する方法として，見知らぬ状況 (strange situation) 法という手法がある。これは母親が一度部屋を離れた後再び戻ってきて再会する様子や，見知らぬ人に話しかけられたときの様子を観察する方法である。知らない場所・知らない人・母親の不在という軽いストレスへの反応を通じて，乳児の母親への愛着の安定性を測定している。母親がいる間は見知らぬ場所を探索し友好的にふるまい，母親が不在の間は不安そうにし，母親が戻ってきたときには安心した様子をみせる場合に，安定した愛着が形成されていると判断される。発達のごく初期の実験だが，文化差が報告されている (Miyake, 1993)。アメリカや西欧州の子どもの多くは安定型を示すが，世界中の国々で行われた研究では異なるパターンもみられており，文化的価値と実践を反映していると考えられる (van IJzendoorn & Sagi, 1999)。たとえば，ドイツでは，母親がいなくても不安を表さず再会時に喜ばない回避型が多く観察されるが，これは自立を大切にされているからだと思われる。一方日本では，母親との別離に激しく抵抗し，再会時になかなかなだめられず不機嫌な状態が続くアンビバレント型が多くみられるが，これは見知らぬ人に子どもを預ける経験が少ないことに加え，母子の相互依存が理想とされているからだと思われる。抵抗型の典型例は，母親がそっと部屋を出ていこうとするときに敏感に気付いて追いかけ，母親に置いて行かれたと分かると泣き，母親が帰ってきたときには喜びではなく怒りを示す（たとえば，いつまでも不機嫌でいたり，ぽかぽかと殴ったりする），である。日本人からみればいわゆる「甘えっ子」であり，過度になれば問題もあるが，微笑ましい範囲内である。しかし欧米人からみると母親に対して愛着を持っているのか持っていないのか分からないのだそうだ。つまり，どの文化においても主な養育者である母親と子どもの間の愛着は成立しているが，理想とする親子関係が異なるために，1歳半という幼い頃から行動にも差が表れるのである。

　親子のやり取りにはどのような違いがみられるだろうか。乳児（3，4カ月児）と母親のやりとりを観察した古典的研究 (Caudill & Weinstein, 1969) によ

れば，話しかける量はアメリカ人のほうが多いが，側にいる時間や身体的接触の量は日本の母親のほうが多い。育児の方法もアメリカの影響を受け，現在は育児本に赤ちゃんにたくさん話しかけるようにと書かれているため，おそらく日本人の母親でも話しかける量は増えていると思われるが，この30年後に行われた実験でもなお日米で母子コミュニケーションに違いがみられている。

　東（1994）は4歳の子どもとその母親を一緒に実験室に呼び，課題を行う際の母子のやり取りを観察した。具体的には，母親に1枚のカードの説明をしてもらい，子どもは手に持っている4枚のカードのうちから母親が説明しているカードを当てるという課題をやらせた。この実験では，子どもが間違えたときに，母親がどのようにして「間違えた」ことを子どもに伝えるのかについて興味深い文化差がみられている。アメリカの母親は言語的直接的な指示を多く使った。「ノー」，「違っているよ」などの明確な発言によりその子が間違えたことをストレートに伝えたわけである。これに対して，日本の多くの母親はこのような言語的直接的な指示はあまり使わず，黙ったり，同じ説明を繰り返したり，再度考えることを促したり，間接的な指示を多く用いた。4歳という幼い子に対してであっても，否定語を避け，間違いを察させたのである。このようにして言動から他の人の気持ちや考えを推測するという，文化の中で重要な能力を高めようとしていると考えられる。

　もう1つの興味深い違いは，どのくらい親子の権威の差があるのかという点である。Hess & Shipman (1965) は，3歳半の子どもを持つ日米の母親にインタビューを行い，養育スタイルを比較した。具体的には，子どもが望ましくない行動（夕食に出された野菜を嫌いだと食べない，友だちに積み木をぶつけた，スーパーで駆け回るなど）をしていると想像し，親としてどのように対応するか尋ねた。どちらの文化においてもほとんどの母親は状況をそのまま放置することはせず，たとえば野菜の例についていえば，「食べてごらん，美味しいよ」のような台詞で子どもに行動の改善を促していた。しかし，「それでも食べなかったら？」とインタビュアーが問い続けていくと，ただ促すだけではなく，食べなくてはいけない理由を回答し始める。これを分類したのである。アメリカ

の母親は親としての権威，つまり親の言うことは聞かなくてはならないということを示すように「食べなさい」と命令したり「言うことを聞きなさい」と親の権威を明示することによって従わせようとしたりする戦略を多く取った。こ

表12-1　いうことを聞かせるために挙げられた根拠（Hess & Shipman, 1965）

	日本（％）	アメリカ（％）
権威	33	66
感情	22	7
結果	37	23
その他	8	4

れは親と子の立場の違いをはっきりさせる方法である。一方日本の母親は，「食べないと大きくなれないよ」など食事の結果を説明したり，「人参さんが食べてって言ってるよ」，「せっかく作ったのに悲しいな」など感情に訴えたりする戦略を多く取った。また，子どもが説得されないと，「一口だけでもよい」，「明日は食べようね」などと譲歩する傾向にあった。つまり，子どもと親の心理的な距離を密に保ちつつ説得するのである。

■学校教育の文化差

　文化において必要とされる能力の違いが，家庭内の教育のみならず，学校における教育スタイルにも現れる。社会性を重視する日本の価値観は，学校のカリキュラムにも表れている（恒吉，1992）。日本の小中学校では毎日学級で集まりがあり，掃除，係や委員会の活動が必修であることが当然とされている。一方，アメリカではそのような活動は基本的にはなく，子どもたちは授業のみを受ける。日本の学校は，さまざまな課外活動を通して一体感や協調性を育てようとしているのであろう。

　教育の内容はどうだろうか。今井（1990）は，日本とアメリカの小学校で使われている国語の教科書を比較検討した。国語学習の最大の目的は母国語の理解力や表現力の育成にあるが，そのような目的だからこそ，その文化で一般的に受け入れられているテーマや題材が選ばれているのではないかと考え，日米の価値観を抽出しようと試みたのである。この本に紹介されている，アメリカの小学校2年生の国語教科書に出ている「2人は友だち」を例に考えてみたい。

そのあらすじはこうである。リスが森に引っ越してきた。アヒルはすぐにリスと友だちになり，リスの歓迎会を開いた。クマは苺つみや雑草取りが忙しく，またリスに関心がなかったので歓迎会にプレゼントを持っていかなかった。

この後，クマはリスと友だちになるが，そのきっかけは何だろうか。もっとも自然な展開はどれか，以下から1つ選んでみよう。

A．リスがクマの畑の雑草取りを手伝い，クマに喜ばれ，2人は仲良くなる。
B．アヒルが2人だけをもう一度自宅に招待し，仲を取り持った。
C．1人だけプレゼントを持っていかなかったクマが，非礼に気付き，恥ずかしく思い，翌日リスを自宅に招待する。

筆者が大学の講義でこのクイズを出したとき，もっとも多い回答はBであった。これは歓迎会の幹事が集団のみんなを仲良くさせるという責任を果たそうと考えたと解釈でき，大変日本的な回答である。次に多かった回答はCであった。クマは新しく来た者は歓迎してあげるべきだという集団の規範を破ることになってしまったため，それを挽回しようとしたと解釈でき，これもまた日本的な回答である。

しかし，実際のアメリカの教科書での続きはAである。もう少し詳しく紹介すると，リスがクマの家を訪問して雑草取りやジャム作りを手伝ったことで，クマがリスを有能でいいやつだと認め，最終的に2人は友だちになる。日本では友だちは自然にできるものだが，アメリカでは友だちは努力して作るもので，有能でないと友だちとして選ばれないことを意味している。

今井（1990）はさらに，日本とアメリカの国語教科書に用いられた物語の内容を分析し，そこに現れた価値観を比較した（表12-2）。日本のほうに多いあたたかい人間関係とは，祖父母と孫の交流や仲良しのきょうだい，級友との相互理解のような肯定的な人間関係を指す。日本では教科書に掲載される話のほとんどがこれにあてはまり，アメリカでも比較的よくみられた。ただ，アメリカでは，たとえばライバルが最後まで友だちにはならずに終わるような緊張感

表12-2 日米の国語教科書に現れたテーマ（今井, 1990）

		日本	アメリカ
日本＞ アメリカ	あたたかい人間関係	54	23
	きまり，しつけ	11	5
	自己犠牲の精神	8	0
日本＜ アメリカ	公平，公正，自由，平等	0	13
	自立心，自己の責任	1	10
	自己主張	0	7
	強い意志	1	15
	緊張感のある関係	0	24

のある関係を扱った話もまた多く，公正や自由を扱った話や，苦難や困難に立ち向かう強い意志をテーマとしたものもまたよくみられた。

　小学校の歴史授業の観察をした渡辺（2004）もまた，日米の教え方の違いを指摘している。日本の歴史の授業では教師が過去の状況を説明し，クラス全体で共通理解を持った後，教師は「そんなことが起こったら，みんなはどう思うか？」のように問いかけ，相手の立場で考えたり相手の気持ちを想像したりするよう促す傾向がある。人物たちの感情の流れから物語風に歴史的事件を理解させようとしているのだ。一方アメリカの授業では，「何が起こったのか？」，「なぜ起こったのか？」に話が集中しており，結果とその原因の理解が求められる。

　このように教育スタイルには日米差がある。家庭においても学校においても，日本では，情に訴え，しみこませるように教えるのに対し，アメリカでは，言葉で論理的に教える傾向がある（東, 1994）。文化的自己観の違いを反映しており，それぞれ教育が能率よく進むのだろう。

■文化の違いを考える

　文化はその社会の置かれた生態学的環境によって形作られ，一度確立されるとその根源にあった生態学的環境を離れた後も，「伝承された知」として自動的に継続すると考えられている（Nisbett, 2003）。グローバル化が進み，日本の状況は変わりつつある。それに伴い日本は西洋化しており，ここで挙げた日本

とアメリカの違いは縮まっている部分もある（Matsumoto, 2002）。これと対応して，学校教育でも話す能力が強調されつつある。そのような中でそれでも残る文化の違いは何なのだろうと日々考える。

〈もっと詳しく知りたい人のための文献紹介〉

◆ニスベット，R. E. 村本由紀子（訳）（2004）．木を見る西洋人 森を見る東洋人 ダイヤモンド社
　　⇨西洋人と東洋人の思考法と世界観の違いについて，古代ギリシャや古代中国まで遡り説明を試みた本。環境や社会構造が価値観のみならず物の見え方にまで影響することを具体的な手続きとともに学ぶことができる。

◆北山 忍（1998）．自己と感情――文化心理学による問いかけ 共立出版
　　⇨文化心理学研究の最前線にいる著者が，文化心理学の意義や2種類の文化的自己観について詳しく紹介した本。この理論に基づいて行われた日米比較文化研究について多くを学ぶことができる。

〈引用文献〉

Arnett, J. J. (2008). The neglected 95%: Why American psychology needs to become less American. *American Psychologist, 63*(7), 602-614.

東 洋（1994）．日本人のしつけと教育――発達の日米比較にもとづいて 東京大学出版会

Caudil, W., & Weinstein, H. (1969). Maternal care and infant behavior in Japan and America. *Psychiatry, 32*, 12-43.

Cole, M. (1996). *Cultural psychology*. Cambridge, MA: Belknap Press. (コール，M. 天野清（訳）（2002）．文化心理学――発達・認知・活動への文化・歴史的アプローチ 新曜社)

Hess, R. D., & Shipman, V. C. (1965). Early experiences and socialization of cognitive modes in children. *Child Development, 36*(4), 860-886.

今井康夫（1990）．アメリカ人と日本人――教科書が語る「強い個人」と「やさしい一員」 創流出版

金児暁嗣・結城雅樹（2005）．文化行動の社会心理学――文化を生きる人間のこころと行動 北大路書房

北山忍（1998）．自己と感情——文化心理学による問いかけ　共立出版

Markus, H. R., & Kitayama, S. (1991). Culture and the self: Implications for cognition, emotion, and motivation. *Psychological Review, 98*(2), 224-253.

Matsumoto, D. R. (2002). *The new Japan : Debunking Seven cultural Stereotypes* MA: Intercultural Press, Inc.

Miyake, K. (1993). Temperament, mother-infant interaction, and early emotional development. *Japanese Journal of Research on Emotions, 1*, 48-55.

Nisbett, R. E. (2003). *The Geography of Thought,* New York: The Free Press. （ニスベット，R. E.　村本由紀子（訳）（2004）．木を見る西洋人　森を見る東洋人　ダイヤモンド社）

Rogoff, B. (2003). *The cultural nature of human development.* New York: Oxford Press. （ロゴフ，B.　當眞千賀子（訳）（2006）．文化的営みとしての発達——個人，世代，コミュニティ　新曜社）

Tobin, J., Wu, D. Y., & Davidson, D. (1989). *Preschool in three cultures : Japan, China, and the United States.* New Haven: Yale University Press.

恒吉僚子（1992）．人間形成の日米比較——かくれたカリキュラム　中央公論社

八代京子・荒木晶子・樋口容視子・コミサロフ喜見（2001）．異文化コミュニケーション・ワークブック　三修社

渡辺雅子（2004）．納得の構造——日米初等教育に見る思考表現のスタイル　東洋館出版社

van IJzendoorn, M. H., & Sagi, A. (1999). Cross-cultural patterns of attachment: Universal and context dimensions. In Cassidy, J., & Shaver P. R. (Eds.), *Handbook of attachment.* (pp. 713-734) New York: Guilford Press.

第13章 社会的つながりと子ども
── 重なり合う不利を考える ──

西川ハンナ

　「社会」という言葉の反義語って何でしょう。「右」なら「左」と即答できるでしょう。そもそも「社会」に反義語があるとは考えたこともないかもしれません。社会の反義語は複数ありますが，「孤独」（泉，2006）もその1つの答えです。「平成25年国民生活基礎調査の概要」で平成24年の子どもの総体的貧困率は16.3％で過去最悪を更新しました。これは，子どもの6人に1人が貧困層にいるということです。貧困状態とは単に生命の維持に必要な栄養が足りないだけではありません。地域や社会から疎外され孤独な状況も貧困と定義されています。本章では，子どもの貧困は単に身体の成長の阻害要因となるだけではなく，多面的な成長の機会を奪い社会的排除へとつながっていることを学びます。その後，親や家族による養育が困難になった状況に対して社会はどのようなつながりを作ろうとしているのか，自治体や地域の大人が子どもとどのようにつながり，関係を築こうとしているのか例を挙げて説明します。そして，最後に子どもの社会への参加のあり方についても示していきます。

■貧困と社会的排除

　貧困の定義にはさまざまな議論があるが，経済協力開発機構（OECD）の開発援助委員会（DAC）が取りまとめた『DAC貧困削減ガイドライン』（OECD, 2001）では，経済的能力，人間的能力，政治的能力，保護能力，社会的・文化的能力からなる5つの能力が欠如している状態であると定義された。ここでいう「社会・文化的能力」とは，地域社会に価値あるメンバーとして参加する能力，地理的・社会的な疎外や孤立を貧困状態の1つと捉える考え方である。そこで，具体的に生活状況の厳しい家庭の子どもが貧困を起点として自分の時間や仲間や社会とのつながりを奪われていく例をあげる。

第13章　社会的つながりと子ども

> **母親と妹と暮らす卓也**
>
> 　卓也は小学5年生の男の子。卓也の父親は3年前に病気で亡くなった。母親は一人で卓也と妹（小学3年生）を育てている。母親は卓也が起きてくる前に1つ，卓也を学校に送り出してから2つのアルバイトをしている。だから，卓也が起きているうちに母親に会えることは，めったにない。母親は長時間働いているせいか，寝込むことが多くなった。そんな中で，卓也は小学校の持ち物の雑巾や宿題の「母親の前で読む音読」も，母親に言い出しにくく担任の前では「忘れちゃった」と，おどけて言うしかない。担任は「注意が足りない」と卓也を叱る。しかし卓也は忘れているわけではない。妹の世話をしたり，洗濯をしたりするだけでも精一杯だ。夕飯は，母親が置いていくお金で買うが，妹は偏食でお菓子やジュースなど甘いものしか食べず，虫歯もあって硬いものが食べられなくなり，お菓子でお腹を満たす。
>
> 　卓也は足が速くサッカーが好きだ。クラスでも「サッカーのセンスがある」と認められて，もっと上手になりたいと思う。サッカーが上手い子どもたちは地域のサッカークラブに入っている。卓也も誘われたがユニフォーム代や遠征の際に保護者が順番で送迎をするなどの話を聞くと，絶対母親には言えない。友だちからの何度目かのサッカーチームへの誘いに対して咄嗟に「俺，サッカーだるいから」と答えて以来，クラスの仲のよかった子どもたちと疎遠になった。給食は楽しみだが，このままでは学校にも行きたくないと思い始めている。

　事例に登場する卓也は，母親が仕事で大変なことを十分理解して，妹の世話をして家事も手伝う優しい息子であり兄だ。卓也の家庭は生活に余裕がない。そのことが，卓也の母親と過ごす時間，子どもらしく遊ぶ時間，したいことを選択する機会，友だちや先生に本当のことを話す自分といったものを奪っていく。まさに重なり合う不利である。そのうちに「お金がないから欲しいものや必要なものが手に入らない不便さではなく，お金がないことから始まる孤立，疎外，学業不振，学力の遅れを立て直せない環境，そのようなことから夢を持たないという自己防衛」（中塚，2012，p. 5）へとつながる悪循環へと向かっていく。このような状況が，貧困状況下の子どもを，子どもの社会（学校や習い事などを中心とする子どもの世界）や社会の活動から切り離し孤立せざるをえな

い状況を作り出す。

　孤独とは「頼りになる人や心の通じあう人がなく，ひとりぼっちで，さびしい・こと（さま）」（大辞林第3版，2006）であり，孤独な人間は「人と人が関係しあって生きる社会の外に身を置いている」（泉，2006，p. 53）状況へと追いやられる。生活が厳しい状況は，大人と同様に本来持つ人間関係（学校とのかかわり，子ども同士のかかわり）を分断し，社会の外の存在へと排除してしまう。では，社会的排除とは，どのようなことを指すのだろうか。

　社会的排除（social exclusion）は現実の社会問題をさす貧困も含む概念として用いられている。フランスでは，1970年代以降，「社会的不適応者」（薬物依存者や非行少年など）や若年長期失業者，移民労働者など既存の福祉国家の枠組みでは対応することが困難な人びとの抱える問題が，「新たな貧困」や「社会的排除」の問題群として認識されるようになり，これら社会の周辺にいる人びとを社会復帰させることが重要だと考えられるようになった（武川，2011，p. 328）。我が国においても，非正規雇用や派遣労働，長時間労働をしているのに低賃金であるワーキングプア問題，ネットカフェなどで生活をするホームレス問題など今日の社会問題も複雑になり，これらの問題は従来の社会保障制度の枠組みや人びとの結びつきでは対応することができず格差が生じ，そこに排除される人びとがさまざまな領域で生み出され，新たな分断が進んだ。これは，子どもにもあてはまる。

　経済的状況の厳しい子どもらが背負う不利の1つ「不健康の連鎖」を中心に調査データを示し，それらも社会との結びつきの弱さと関係すること，そしてその対策を紹介する。

■東京都足立区の「子どもの健康・生活実態調査」

　国は，平成26年1月に「子どもの貧困対策の推進に関する法律」を施行した。足立区は経済状態が厳しい子育て世帯が多いため，「貧困の連鎖」を断ち切ることを最重要課題に掲げて，同年8月に子どもの貧困対策の専門部署「子どもの貧困対策担当部」を設置し，各部署を横断的につなぐ試みを始めた。そして，

平成27年度を「子どもの貧困対策元年」と位置付け「足立区子どもの貧困対策実施計画」を策定し，全庁をあげた取り組みを開始している。

　平成25年9月の広報「あだち」のタイトルでは「なぜ足立区民の健康寿命は都平均より2歳短いのか」と題して，健康習慣についての意識を区民に喚起している。経済状況の厳しさは大人の健康だけでなく子どもの健康にも連鎖していく。その実態を把握するため，足立区は平成27年に，区立小学校69校に通う全小学校1年生5355名の保護者に生活実態の調査を実施した。質問は，保護者については年収，喫煙・飲酒の頻度，病気やけがの治療状況，最終学歴，「正規職員，非正規職員，自営業」といった就業形態，帰宅時間などの項目を，子どもについては食事の状態，砂糖入りのジュースを飲む頻度，歯磨きの回数，留守番をする頻度，起床や就寝の時間，1カ月に読む本の冊数などの項目を設置した。有効回答数は4291（有効回答率80.1％）だった。このように自治体が貧困対策を目的に大規模調査を行うのは前例がなく，その結果への関心はとても高いものだった。そしてこの結果は「子どもの健康・生活実態調査平成27年度報告書」（足立区・足立区教育委員会・国立成育医療研究センター研究所社会医学研究部，2016）として公表された。

　調査では，①世帯年収300万円未満，②生活必需品の非所有（子どもの生活で必要な物品や5万円以上の貯金がないなど），③過去1年間に水道・ガスなどのライフラインの支払いが困難だった経験がある，のいずれかが当てはまる世帯を「生活困難」世帯と定義した。その結果，「生活困難」は4人に1人の24.8％に上り，このうち半数近く（11.6％）は世帯年収が300万円未満だった。生活困難世帯と非生活困難世帯とを比較したところ，朝食を毎日食べる習慣のない子の割合（11.4％）は非生活困難世帯の割合（3.5％）の3.26倍，5本以上の虫歯がある割合（19.7％）は，非生活困難世帯（10.1％）の1.95倍，テレビや動画の視聴時間が3時間以上の割合（18.1％）は，非生活困難世帯（10.3％）の1.75倍，読書習慣が0冊の割合（14.9％）は，非生活困難世帯（7.6％）の1.96倍，自己負担のない麻しん・風しん混合ワクチンの予防接種を受けていない割合（13.4％）は，非生活困難世帯（7.4％）の1.81倍に上った。このことから家庭の経済

第Ⅱ部　人と社会の環の中で

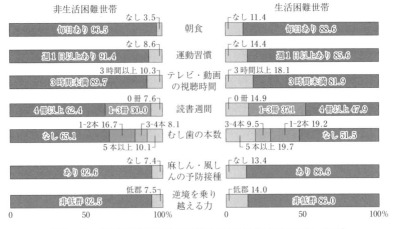

図13-1　非生活困難世帯と生活困難世帯の比較（足立区他，2016）

状況の差が，子どもの健康や文化的生活に大きく影響することが分かる（図13-1）。

　無料の予防接種でも，生活困難世帯の子どもの方が接種していないのは，なぜだろう。これは，経済面だけが問題ではないと考えられる。生活困難世帯の保護者に相談相手の有無を尋ねたところ，予防接種を受けていない子どもの割合は，保護者に相談相手がいる世帯（12.6％）より，相談相手がいない世帯（20.4％）のほうが1.62倍多かった（図13-2）。これは，保護者に相談相手がいない生活困難世帯の方が子どもの健康に関する情報を得にくいと考えられる。予防接種の重要性や，どこでどのように受けるのか，その費用は無料であるといった情報を教えてくれる，他にも生活の困りごとに心を配ってくれる人がいるのか，いないのかは生活困難世帯の子どもの健康にも影響を与えていることになる。

■「逆境を乗り越える力」の増進とそのための地域活動
　足立区の「子どもの健康・生活実態調査」では，自己肯定感や自己制御能力など「逆境を乗り越える力」を測る項目も設定されている。その力が弱い子ど

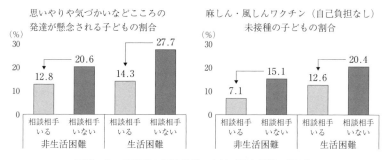

図13-2　保護者の相談相手の有無（足立区他，2016）

もの割合は，生活困難世帯では相談相手がいないと31.5%に上ったが，相談相手がいると12.0%に低下した。保護者が困ったとき相談できる相手がいる生活困難世帯では，逆境を乗り越える力に差が生じている。この逆境を乗り越える力は，レジリエンスという概念を意識していると考えられる。レジリエンスとは，回復や復元力，困難な経験をはね返す力などを意味するが，「貧困／不利／困難に負けない力」（埋橋，2015）ともいえる。それらは個人の能力だけを指してはいない。環境要因として，「すばらしいと思える大人がいること」，「大人が子どもに尊厳ある態度で耳を傾けること」（Unger, 2006）「社会的支援」，「援助者との関係」，「社会活動への参加」（Werner, 1993）などの要因がレジリエンスに影響するとされている。大人も同様であるが生活困難な状況下にいる子どもは，この状況に至るまでに他者から疎まれたり，嫌な思いをしたりして他者を頼ることをしない場合もある。まさに，社会の外にある子どもという存在である。社会から手を差し伸べ，親でなくとも信頼できる大人と社会につながる活動に結びつくことで，子どもは社会の外から社会の一員として内側に迎えられるだろう。

　社会的排除と，対になる社会的包摂（social inclusion）という概念がある。何らかの問題を抱え，社会から疎外されている状況下にある人を排除しないとらえ方である。「貧困や差別などその自立を妨げる問題を解決し，他の人々との相互的で対等な関係を獲得し自立することを支援しようとする考え方」（宮本2008）で，そのためには「交差点型の社会」（宮本, 2009）であることが必要だ

図13-3　子ども食堂でボランティアをする大学生（筆者撮影）

とする考え方がある。人びとの閉塞した関係性に対して社会参加を妨げる要因を取り除き社会活動への交わりを誘うことを意図している。レジリエンスの構成要素である「社会からの支援」，「他者である大人の適切な関わり」，「社会への活動の機会」といったアプローチにより社会と子どもを結びつけることは，子どもの社会的包摂といえるのではないか。そして子どもを支えるのは家族だけではなく大人の役割，地域の役割ではないだろうか。ここからは，東京都足立区において社会から孤立しそうになる子どもに手を差し伸べている活動とそのネットワークについて述べる。

■社会が子どもを支える地域活動

　足立区では，子どもの育ちを家族だけに担わせない，血縁でなく地縁による「地域の子どもは地域が地域の力をもって育てる」仕組みと活動が広まり，それぞれの活動をつなぐ試みも始まっている。足立区NPO活動センターに登録している「子どもの居場所づくり」を行う団体・活動は90（2016年6月現在）で，足立区子どもの居場所づくりネットワークを組織化し，情報の共有化を目指している。団体の活動内容は学習支援や食事の提供，自由な遊びの場，伝統的な遊びの普及など，それぞれ内容は異なるが地域住民を中心に子どもの育ちを支えている。子どもの食に関しては，足立区は全国に広まる「子ども食堂」の活動が盛んで，登録団体のうち8団体が主な活動として食事の提供を主な活動としている（図13-3）。この活動は，地区の特性や個人の人脈を頼りに個人宅，地区センター，飲食店など主催者のネットワークを駆使した拠点で活動を行う。

朝ごはんを食べずに集まる子どもに食事を提供したのが始まりだったり，食事の提供から，子どもとともに食事を作り食べる活動に深まったり，子どもだけでなく近隣住民とともに食事をする活動など，ニーズに応え展開している。このような地域に密着した活動の網の目で子どものSOSのサインを拾い，その活動に参加する子どもたちに本格的な福祉サービスが必要だと感じたときに，スクールソーシャルワーカーや民生委員，福祉事務所といった専門の窓口につなげることのできる関係の構築を目指す。

■地域活動における子どもの参画

　貧困問題は子どもにさまざまな不利を背負わせる。その条件の改善は，家族だけでは難しく，地域社会の大人が手を差し伸べて，子どもの味方であることを伝え，子どもを励まし支え，子どもの持つ力を強化していくことが有効である。しかし子どもは，弱く守られる受動的存在であるだけではない。困難な生活の中にいる子どもに求める最終的な力とはどのようなものだろうか。

　Hart（1997）は，社会発展のためには，民主的なコミュニティづくりに積極的な参画と活動を行う市民の養成が必要だと謳う。子どもを対象とした社会活動は当事者である子どもの要望がそこに反映されているのか，あるいは，さらにどのような希望があるのかといった確認をする必要がある。子ども自身が能動的に自分の気持ちや希望を伝え，それを実現するには，子どもの社会への参画が必要である。

　我が国では2016年より選挙権が20歳から18歳に引き下げられ，より若者の声を政治に反映しようとする動きがある。しかし青年期になって急に能動的な参画意識は芽生えない。そもそも子どもには「自分に関係のある事柄について自由に意見を表したり，集まってグループを作ったり，活動することができる」ことが，子どもの権利条約（1989年国連総会にて採択）に謳われている。

　子どもに参画が大切だとしても，しかし困難の中にいる子どもには何らかの活動を起こす前に，もっと大切なものがあるのではないかという反論が聞こえてくる。たとえば，学習の支援を受けるとか，医療機関に行くとかだろうか。

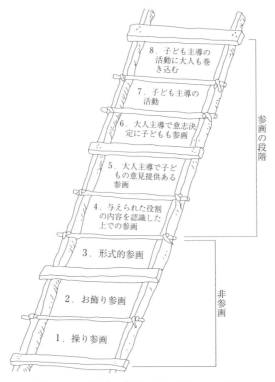

図13-4　子どもの参画のはしご（Hart, 1997）

もちろんそのようなことも重要だ。しかし，自分の希望していたことを声にして大人や社会に向かって発言し，そのことを実施する。そして何らかの責任を担う体験つまり，自ら参画して行う活動には，自分たちの権利を理解し自分たちの未来を決めることにより強くかかわり始めることにつながり，今後の負の連鎖を止めるために必要な力の滋養になる。子どもの参画の工程を Hart（1997）は，はしごで例え説明した（図13-4）。

　まず子どもを導き，最初はお飾りのような形で大人に与えられた役割を果たすところから参加を促し，真の参画まではしごを上るように大人に導かれながらも最後は，子どもが大人を巻き込んだ活動へと到達し，真の参画になるというものである。しかし，参画とはいつも最上階での活動をすることではなく，

第13章　社会的つながりと子ども

図13-5　茨城県境町高校生まちづくりアイディアソン2016（境町高校生まちづくりアイデアソン実行委員会撮影）

　適切な参画の選択ができ，コミュニティのプログラムなどは大人が着手し大人と子どもが一緒に決定する参画の仕方を理想とする。近年，大学生や高校生が地方創生の政策アイディアを官民のビックデータ「地域経済分析システム（RE-SAS）」を活用し提案したり，茨城県の境町では高校生がまちづくりのアイディアを競い自治体に提案するコンテスト「まちづくりアイディアソン」なども開催されたり，子どもの行政への参画も注目されている（図13-5）。

　人間関係が希薄化する中で目指す子どもの社会とのかかわり方は，まず子どもの住む地域でその地域の活動を中心に子どもが参加できるように，大人がはしごをかけて導き，次に子どもの意見を聞き，子どもが本来持つ力を引き出し，ゆとりができたら，大人とともにその運営に関しても参画できることではないだろうか。今，そのような子どもの意見に大人が耳を傾け自治体活動にも生かす動きが広まっている。さまざまな地域活動がその地域にあった形で子どもたちに提供され，子どもを社会へとつなぎ，それを自治体が支援することは，人と人が相互にかかわりを持ち，強さと弱さを担い，多様な人の尊厳を認め合うことであり，将来その地域が経済格差や就労形態，子どもの有無，病気や障害の有無といったことから人と人との間に楔を打ち分断するような差別や排除に異を唱え，共生社会への声をあげる市民を養成することへとつながるだろう。

〈もっと詳しく知りたい人のための文献紹介〉

◆中塚久美子（2012）．貧困の中でおとなになる　かもがわ出版
　　⇨筆者は朝日新聞の記者で，朝日新聞に掲載したものに加筆した内容である。これを読むことで貧困が個人の問題ではないと感じることができる。

◆内閣府　子供・若者白書　内閣府　Retrieved from http://www.8cao.go.jp/youth/suisin/hakusho.html（2017年3月6日）
　　⇨毎年国会に提出される年次報告。各種統計資料を紹介し子どもや若者の置かれている状況や，政府の政策，実践事例を説明している。

◆松本伊智朗（編）（2013）．子ども虐待と家族——「重なり合う不利」と社会的支援　明石書店
　　⇨子どもの虐待のデータを基に，貧困・発達心理学・ソーシャルワークなど異なる領域の研究者が分析。虐待問題は複合的な困難の中で生じていることを示す。

〈引用文献〉

足立区・足立区教育委員会　国立成育医療研究センター研究所社会医学研究部（2016）．子どもの健康・生活実態調査平成27年度報告書　足立区　Retrieved from http://www.city.adachi.tokyo.jp/kokoro/fukushi-kenko/kenko/kodomo-kenko-chosa.html（2016年8月17日）

OECD. (2001). The DAC Guidelines on Poverty Reduction. Paris: OECD.

Hart, R. (1997). CHILDREN'S PARTICIPATION: The Theory and Practice of Involving Young Citizens in Community Development and Environment Care. New York: UNICEF.
　　（ハート，R.　木下勇・田中治彦・南博文（監修）IPA日本支部（訳）（2009）．子どもの参画——コミュニティづくりと身近な環境ケアへの参画のための理論と実際　第4版　萌文社）

泉利明（2006）．孤独の形象——『人間喜劇』における個人と社会，人文と教育，*2*, 51-66.

宮本太郎（2008）．ソーシャル・インクルージョン　加藤尚武（編集代表）　応用倫理学事典　(pp. 502-503)　丸善

宮本太郎（2009）．生活保障——排除しない社会へ　岩波新書

武川正吾（2011）．新版　福祉社会——包摂の社会政策　有斐閣アルマ

中塚久美子（2012）．貧困の中でおとなになる　かもがわ出版

Southwick, S. M., & Chaney, S. D. (2012). *Resilience : The Science of Mastering Life's Greatest Challenges*. Cambridge University Press.
（サウスウィック，S. M., チャーニー，D. S. 森下愛（訳）西大輔，森下博文（監訳）（2015）．レジリエンス　人生の危機を乗り越えるための科学と10の処方箋　岩崎学術出版）

Unger M. (2006). *Strengths-Based Counseling With At-Risk Youth*. Thousand Oaks CA : Corwin Press.
（ウンガー，M. 松嶋秀明・奥野光・小森康永（訳）（2015）．リジリアンスを育てよう——危機にある若者たちとの対話を進める6つの戦略　金剛出版）

Werner, E. E. (1993). Risk, resilience, and recovery : Perspective from the Kauai Longitudinal Study. *Development and Psychopathology, 5,* 503-515.

埋橋孝文（2015）．第1章　子どもの貧困とレジリエンス　8つの視点　埋橋孝文・矢野裕俊編著　子どもの貧困／不利／困難を考えるI——理論的アプローチと各国の取組み　(pp. 13-31)　ミネルヴァ書房

第Ⅲ部
学び育つ子ども

教育を受ける権利と子ども
―― 学校現場の現状とこどもの人権 ――

第14章　　　　　　　　　　　　　　　　　　　　　　大西　斎

　人は教育を受けることにより，知識や教養，思考力を身につけることができます。それにより人間として文化的に生きて行くことができます。また，能力を伸長させ，人として人格を形成させて生長することも可能です。たとえば，私たちは文字を読み書きすることにより言葉以外にも意思の伝達ができるのです。後世に記録を残すこともできるし，多くの教えや戒めを伝承することもできます。また，数学という一見日常生活に直接関係ないようにみえる学問が存在しなければ，パソコンも携帯電話も高速道路も巨大な建造物や建築物をはじめとしたこの世の中の多くの物質が消えるといわれています。その意味でも理論的な思考力を育成の面からも数的論理性を学ぶということは大切なことです。これは，あらゆる学問にも共通していえることでもあります。いわば，教育を受ける権利が保障されることは，私たちが幸福に生き自由を獲得する源泉ともいえます。

■学校の安心安全と教育を受ける権利
①学校での問題行動の現状
(1)暴力行為

　文部科学省初等中等教育局児童生徒課における平成28年10月27日公表の平成27年度「児童生徒の問題行動等生徒指導上の諸問題に関する調査」（文部科学省, 2016）によれば，学校（小・中・高等学校）での，暴力行為の発生件数は，小学校1万7137件（平成26年度1万1472件），中学校3万3121件（平成26年度3万5683件），高等学校6705件（平成26年度7091件）の合計5万6963件（平成26年度5万4246件）であった。内訳は，「対教師暴力」8222件（平成26年度8835件），「生徒間暴力」3万6156件（平成26年度3万2428件），「対人暴力」1408件（平成26年度1450

第14章　教育を受ける権利と子ども

件)、「器物損壊」1万1177件（平成26年度1万1533件）である。児童・生徒1000人当たりの発生件数は4.21件である。なお、暴力行為が学校内で発生した学校数は1万311校（平成26年度9348校）、全学校数に占める割合は28.5%（平成26年度25.6%）とのことである。

　また、出席停止の措置件数は、小学校1件、中学校14件の合計15件であり、出席停止の理由別の内訳は、授業妨害3件、対教師暴力5件、生徒間暴力5件、対人暴力5件、器物損壊1件、いじめ3件などである。

　ちなみに10年前の平成16年度のデータでは、暴力行為の発生件数は、小学校2100件、中学校2万5984件、高等学校5938件の合計3万4022件であった。合計数だけみると10年間で約1.6倍に増えたことになる。

(2) いじめ

　いじめの認知（発生）件数については、平成27年度の「児童生徒の問題行動等生徒指導上の諸問題に関する調査」データでは、小学校15万1190件、中学校5万9422件、高等学校1万2654件、特別支援学校1294件の合計22万4540件（平成26年度18万8072件）であり、児童・生徒1000人あたりの認知件数は16.4件（平成26年度13.7件）であった（平成28年10月27日文部科学省公表）。この件数は、6年前の平成21年度文部科学省発表の「児童生徒の問題行動等生徒指導上の諸問題に関する調査」のデータでは、いじめの認知件数は、小学校3万4766件、中学校3万2111件、高等学校5642件、特別支援学校259件の合計7万2778件であり、3倍以上増加していることになる。いじめデータの一番の特徴は、平成23年度の児童・生徒1000人あたりの認知件数が5.0件だったのが、翌年の24年度には14.3件と3倍近い増加をきたしたことである。これはいじめ調査にかかわる調査手法の変節を意味している。平成27年度の児童・生徒1000人あたりの認知件数を都道府県別でみてみると、今回の調査結果では25.9倍となっている。極端な事例としては、京都府が1000人あたり90.6件の認知件数であるのに対して、佐賀県は3.5件という結果が出ている。このように全県的にみたとき、20倍以上の差があることから分かるように都道府県別のデータの取り方や集計方法などにより大きな誤差が生じることがあることを認識しておかなければならない。

また，いじめ自殺など，ときによってはマスコミにおいてセンセーショナルに報道される。その都度教育行政機関は，現場の学校にいじめの撲滅の通達を出すが，同様の問題が時間をおいて噴出してくることになる。近年マスコミに集中的に取り上げられたものに，滋賀県大津市の「中学2年生いじめ自殺事件」がある。同事件においては，教員や学校，教育委員会などの対応の不適切さもあり問題が紛糾することになった。

　また，平成27年7月に岩手県内の中学生が自殺した事案では，担任などが生徒の訴えをいじめとして認知していなかったことにともなう情報共有が不十分だったことが指摘された。これを受け，全国の学校で情報共有と組織的な対応を行うよう求めた（内閣府，2016）。しかし，現場で十分に共有が進まないゆえに，さらに文部科学省は公立学校の教職員に対し，いじめ防止対策推進法で義務づけられた学校内でのいじめに関する情報共有を怠った場合，懲戒処分の対象になり得ることを周知する検討を始めた。これは，いじめ防止対策推進法施行から3年になるが，担任がいじめの情報を抱え込むなどして組織的な対応が行われず，子どもの自殺につながるケースが後を絶たないことが背景にある（水沢，2016）。

②教育格差

　教育格差は大きく2つの視点から捉えることができる。1つが，公立学校と学費の高額な私立学校の格差である。もう1つが，進学塾や予備校などの選択肢がある都会と地方との格差である。これらは本人の希望や能力以外に，生まれ育った場所や，親の収入により格差が生まれることが要因としてあげられ，子どもの教育を受ける権利を考える上において大いに問題があるといわなければならない。

　このことを，八木秀次教授は昔から経済格差なるものはあったが，それが教育格差に直結することはなかったという。どんなに経済的に恵まれない家庭に生まれようが，公立の小中高と国立の大学に通学し，社会のリーダーになることができたし，それが日本の強みでもあった（八木，2007）という。

第14章　教育を受ける権利と子ども

　以上学校内を中心とした暴力といじめ，教育格差をみてきたが，これらのことによりいかに子どもの学習する権利が侵害されているのかその内実がよく理解できる。以下，教育を受ける権利のあり方の学説と公立学校の役割について考察していく。

■子どもの教育を受ける権利の保障と学説

　国家や社会制度の根底を支える主権者国民を育成する意味からも教育を受けることは大切なことである。学校においていかに主権者教育の内容を担保し，子どもに主権者教育を受けることを保障していくか，ということが，地域や社会（地方自治）の興隆だけでなく，国家制度のあり方を方向付けるかという意味においても重要な役割を担っていくことになる。いわば主権者である国民が自分たちの考えで望むべき統治のあり方を求めていく原動力になるのである。これは法制度においても重要である。ある行為が，法律で決まっているから無条件で従わなければならないと無知ゆえに思い違いをしていたら統治者にとって，こんな都合のよいことはない。国民を欺き権力を手中にすることが容易くなるからである。

　教育を受ける権利を保障する上において重要なのが，子どもが平穏に教育を受けられる環境を担保するということである。その意味でも子どもの教育を受ける権利は保障されなければならない。教育を受けたくともその人のおかれている境遇や経済的理由などにより教育を受けることが拒絶されたとしたら，個人はいうにおよばず社会や国家にとっても大きな損失といえよう。

　日本国憲法第26条１項は，「すべて国民は，法律の定めるところにより，その能力に応じて，ひとしく教育を受ける権利を有する」と規定し，同条２項後段で義務教育の無償を明記している。同条項は，２つの側面から捉えることができる。１つが，社会権的側面である。子どもの教育を受ける権利を保障する上において，当然教育制度の確立や，学校などの施設・教員の確保の条件整備が必要となるが個人では限界がある。国民は，憲法第26条１項の趣旨を実現するために，国家に対して教育制度の充実と，教育施設などの教育条件の整備を

要求する社会権的権利を有している。これは，憲法第13条の幸福追求権ならびに憲法第25条の生存権の文化的側面を有しており，生存権の観点からも，国民は国家に対して積極的に学校教育や社会教育を受けられることを保障するように求めることができるといえる。2つ目が，国民は自ら選ぶところにより自由に教育を受けることができ，国家は国民が教育を受けることを妨げることをしてはならないという自由権的側面をも併せもつといえる。これは，国家から干渉を受けることなく自らの意思により自由に教育を受けて人格の形成を図ることができるというものである。

以下，子どもの学校での教育を受ける権利をめぐる学説はどのように展開されているのかをみていきたい。主だった学説としては生存権説，学習権説，公民権利説などがあげられる。

①生存権説

生存権説は，教育を受ける権利を社会権の視点から把握し，生存権の文化的側面をなすものとして捉えてきた。たとえば，教育を受ける権利として保障されている義務教育の無償制度がなければ生活に困窮している家庭の中には教育を受けることができない子どもが出てくることが考えられる。その意味でも国家や地方自治体は，学校制度を構築して教育のための施設の整備などの措置を整える義務があるといえる。

②学習権説

『教育学小辞典』（有斐閣，1999）によれば，学習権説は，経済的権利要素や公民的権利要素とともに，発達の途上にある子どもの学習する権利を中心にして捉えるべきであるとしている。学習権の考えは，人間が成長し発達していく権利と理解するならごく当然の権利として教育を受ける権利の基底に位置づけられるものということがいえる。

そもそも学習権は堀尾輝久博士が教育学者の立場から1971年に最初に提唱したものである（堀尾，1971）。それが，教員の教育の自由と結びつき，子どもの

学習する権利を守るために，教師の教育の自由を基礎づけるために主張されだした。いわば国民の教育権説を支える理論的支柱をなすにいたっていった。この時点で，子どもの学習する権利は教員の教育の自由のための論理となってしまったということがいえる。

学習権説は，児童・生徒を教育する教員側の心的な側面を含んでおり，教育思想や生徒を教育する者の心構えとしては意義はあるが，学習権が法律学的に有用とはいえない。それは，学習権の意味を達成するのに教員に学校教育の内容決定権があり，国は教育内容の実質的な決定にかかわることができないとすることができないとしている（伊藤，1981）。この点，内野正幸は，「子どもの学習権から教師の広汎な教える自由が当然にでてくるわけではない。教師の自由を根拠づけようとするのなら，子どもの学習権だけでなく，教師の専門職性なども強調する必要があろう。その意味で，子どもの権利は教師の権利に先立つ，とは必ずしもいえない」（内野，1994）という。筆者は，教育を受ける権利の主体と教育を行う教員の立場が特定の価値観によってすり替わってしまった傾向があると考える。その意味からも学習権説はあくまで法律の分野においての有力説の1つにすぎないのである。

ただ，学習権の理論は，元来は教員の教育の自由を論理づけるものであったが，子どもの学習権を是認しつつも，国家の教育権説に立脚した判決（「旭川学力テスト最高裁判決」など）が現れるにいたる。それにより，子どもの学習権を認めたからといって，それが国民の教育権説を基礎づける結論にはいたらないということを判示したといえよう。

③公民権利説

教育を受ける権利は，国家権力の政策ないし行政に対する積極的な教育内容までにわたる要求権を含んだ権利であるというのが，永井憲一がとなえた教育内容要求権説の見解である（大西，2012）。この教育内容要求権説を民主的な内容の教育を要求する側面で捉えたのが公民権利説である。同説は，憲法第26条の教育を受ける権利は，子どもを主権者にふさわしい公民に育成するためのも

のと考える。それゆえ，教育の内容としても主権者にふさわしい公民を育てる教育が重視される（永井，1993）ことになる。

■子どもの教育を受ける権利の保障と公教育
①公立学校での教育を受ける権利の保障
　公立学校で暴力事件やいじめ，学級・学校崩壊荒廃の事例が多くみられる中，児童・生徒にとり私立学校の方がより一層教育を受ける権利や学習権が保障されることの重要性が考えられる。とくに1990年代以降大都市圏を中心に安心安全と手厚い教育を求めて私立学校への志願者が増加している。

　平成27年5月1日現在の都内私立学校に在籍する児童・生徒数は60万5947人である。学校種別で見ると，高等学校（全・定時制）17万6292人であり都内の全体では55.6％である。義務教育である小学校は2万5360人で4.3％，中学校は，7万4357人で23.9％である。なお，幼稚園，専修学校，各種学校では90％以上が私立学校である（東京都生活文化局，2015）。このデータをみても都市において私立志向が際立ってきていることがうかがえる。全国的にみても「我が国の学校教育において私立学校の占める割合は，他の国もあまり例をみないほど高く，このことが我が国の学校教育の普及度を世界的に高水準にする大きな原因となっている」（黒崎，2004）のである。

　特徴的なのは，小中学校の義務教育において私立学校志望者が多くなっている現状があり，ハイレベルな教育を望むのであれば幼少時代から私立学校において学ぶことの必要性が求められている傾向がある（市川，2006）。その背景にあるのが，公立学校がゆとり教育を実施していたため，親の多くがより手厚い教育を実施する私立学校に行かせたり，学習塾に通わせたりするという公立学校以外の教育機関を頼りにするということになってきた結果である。このことを市川昭午は「従来公立が圧倒的だった小・中学校でも私学化の傾向が強まったのが注目され」てきたという。それは，公立学校が「週5日制になったうえに総合的な学習に時間を割く公立学校と比べて私立学校の方が，やはり保護者にとって魅力があるからであろう」し，現に「首都圏にある私立中学校3年生

の平均授業時数は公立中学校に比べて英語が1.9倍，数学と国語が1.6倍になっている」という（市川，2006）。また，新保守主義者の香山健一が，教育の中心を公立学校から私立学校へ移行する見解を主張する。それは，私立学校重視であり，私立学校志望者増員の要因をきたすことになる（香山，1987）。

　このことから，公立学校が保護者や児童生徒が求める教育のニーズに添っていないといえる。いわば，学校に対する社会や保護者の期待と危機意識の認識に欠けていたことが私立学校に志願者が流れていくことになった要因である。また，このことから「公教育のシステムに競争原理を一定程度導入する必要」がある（八木，2007）という考えもある。教育に過度な競争は馴染みにくいものがある。しかし，国際競争力が求められている現在社会において公立学校も安穏としていたのでは社会で有益な人材を育成することには自ずと限界が生じてくるだろう。現に保護者や児童生徒は公立学校に対して学力保障や，上述の暴力，いじめなど平穏に教育を受ける権利である学習権が維持されることに一定の限界を感じているのではないだろうか。私立学校であっても暴力事件やいじめなどはあるには違いないが，公立学校よりは規律を重視している（西村，2001）ものといえる。

　私立学校への志願者の流失は，経済的理由により，公立学校を選択せざるを得ない児童・生徒がいる現状を考えたとき，公立学校と私立学校で主要科目で授業時間数の差があること自体，学力格差を増幅させ，今後益々公立学校で学ぶ児童・生徒の教育を受ける権利保障が確保できない状況になる（大西，2012）ことはいうまでもない。

②子どもの教育を受ける権利保障のための教員の権限

　管理教育が，学校荒廃をもたらし，子どもたちに暴力事件や，いじめを引き起こさせる要因になるとまことしやかに説く教員がいる。

　もともと多くの我が国の教育論の論調は，子どもに競争を強いたり，管理をともなう教育は悪い教育であり，そのような教育を行う教員や学校は，自省をして，子どもの個性を尊重し，子どもが自由に学ぶ意欲をもたせ，のびのび育

つような教育を実践せよという考えである（小浜，1997）。しかし，実体はどうであろうか。はたして，管理教育だから本当に学校が荒れるのであろうか。筆者は，学校の荒廃の原因を管理教育だけで捉えるのはあまりにも一面的ではないかと考える。誤解をおそれずあえて書くなら，適切に学校管理や学級管理，生徒管理（生徒の心をつかまえることもあえて管理に含める）ができていない（できなくなっている）から学校荒廃やいじめが起こる素地が生じるのである。たしかに，学校荒廃は多くの要因が複合的にからみあって生じている。しかし，酷な言い方かもしれないが，学校現場にあっては一次的には教員が児童・生徒に適正に対応しない（できない）限り学校荒廃を止めることは困難である。たとえ，どんなに素晴らしい学校制度を確立したとしても，実施する学校や教員に生徒や学校をよりよいものにしていこうという意欲がなければ，その学校制度自体が機能していかないといえよう（大西，2012）。

(1)平穏に教育をする教員の教育権限

　児童・生徒が学校において平穏に授業を受けることは極めて重大なことである。しかし，学級・学校崩壊により授業が成立しない教育困難校の場合，教員は児童・生徒を席に座らせるだけでも膨大なエネルギーを必要とする。また，朝比奈（2016）によると，授業を始めるまでに「生徒が持っているスマホや携帯電話を集めて，授業時間中保管することだ。生徒に電源を切らせて，カバンに入れさせればよいと思われるだろうが，それができるのは『教育困難校』以外の高校だ」。なかには抵抗する生徒もいる。「教師がおとなしい性格で，怒声を発することができない場合には，ここまでのプロセスで，生徒はコントロール不可能の状態になる」。授業が開始されるまで「手慣れた教師がずっと大声で注意をしながらでも10分から20分はかかる」という。「生徒の学力の問題で，一番簡単な教科書でも理解できない生徒が多くいる」。「授業の最中でも突然立ち歩く生徒はいるし，授業終了10分前頃になると，多くの生徒は明らかにそわそわしだし，ノートや筆記用具を片付け始める」。このような教育困難校は実体としてかなりの数に上ることは事実である。

　どのような教育困難校でも教員は児童・生徒を教育していかなくてはならな

い。ところが教員の教育活動を制限する法令や論説が多い割には、教員の教育権の実効的な権限行使を明らかにした論は少ないといえる。かつて教育権論争において国民の教育権説は、親から委託を受けた教員の教育権をしきりに主張した。しかし、この論は国民の教育権説の国民には、児童・生徒や保護者、地域住民、教員が含まれており、渾然とした論であった。同説の実体は、教員や教職員組合が反国家的主張をする考えが中心であり、児童・生徒や保護者に対応するものではなかった。それゆえ、教員の権限は同説からはみえにくいものがあったといえる。

内野教授は、教師の教育権について、①教師が生徒と向き合う職務権限と、②教師が国家権力と向き合う人権の側面を分けて論証をしている。その論議のなかから生徒の対教員暴力を分析している。同氏は今橋盛勝の論（1985）を用いながら「これまでの教育法学は、教師が生徒の体や心を傷つける事例を重くみてきた。しかし、それとともに、生徒が教師の体や心を傷つける事例にも、もっと関心を示すべきだろう」（内野、1994）という。また、生徒が不真面目なために授業が成立しない実体こそ重視すべきという。

さらに内野教授は、学校現場の荒廃の実態やその中で苦悩している教員に対して今まで教育法学が、それに関心を示さずにきたことの課題を指摘する。それは、学校現場の教育実践上の実態や悩みがあるとするならば、教育法学も教員の教育権のあり方を今一度考えなおすべきであろうとする。

内野教授は、教員が授業を通常通り成立させることができる権利を「教師の実効的教育権」という言葉であらわす。これには、生徒が教員の授業を妨害することの排除を求める権利も含まれており、さらには、正当な理由なく授業を欠席しないように生徒に要請する権利も含まれているとする（内野、1994）。

(2)教員の教育権限の根拠

内野教授は、「教師の実効的教育権」の根拠を教員の教育権の親権の部分的委託と教育労働者の勤労権の観点から基礎づける。すなわち、「親が監護教育権によって子どもを従わせる関係に準じた関係が、教師と生徒の関係にも成立する」ことになり、そのことから教員に実効的教育権が行使されるというので

ある。また，同教授は「教師にたいする生徒の攻撃だとか，授業の実施困難などは，教育労働者の勤労権（とくに良好な環境のもとで働く権利）」の観点からも根拠づけられるとする（内野，1994）。教員も労働者である以上，平穏な労働環境の下で働くことが求められる。騒然とした教育環境や教員の身に危険がおよぶような状態の中で勤務することは当然避けられなければならない。

　この場合，教員が行う生徒への学校教育上の生活指導は，親の監護教育権に基づく教育権能にはいたらないが，少なくとも在学契約関係説よりは，生活指導が広範囲にわたって行使することができる。また，その生活指導内容の程度も強く生徒にたいして行使することが可能と考えられる。

　そもそも「教師の実効的教育権」を同氏が提唱する意義は，教員の専門性に基づく教科教育である授業を平穏に実施することにあるが，その背景には2つのことがあると思える。1つが，授業を妨害している生徒に本来の授業を受けさせることである。もう1つが，平穏に授業を受けられたはずの普通の生徒が，授業妨害をしている一部の生徒のため，本来受けられるはずの授業を受けられなかったとしたら，まさに教育を受ける権利や学習権が侵害されたことになる。これら2つの中でも後者の自己の責任でなく学習権を侵害される生徒の学習権保障の意味からも教員の「実効的教育権」に基づく指導権限強化の必要性があるといえよう（大西，2012）。

③児童・生徒の教育を受ける権利を守るために

　私たちは，学校も社会の中の一部であるということを改めて認識するべきである。

　学校の中でも，上述の文部科学省の調査のように，一般の社会同様暴力事件やいじめなどさまざまな事件がある。これらの事件が明るみにならないのは，学校内において内々に処理してしまうからではないか。理由は，法令違反を起こした生徒の将来を考えてのことが1番であろうが，実態としては，マスコミで報道されると学校（管理職）の評価や印象が悪くなるということが大きいのではないだろうか。

刑事訴訟法第239条2項は,「官吏または公吏は,その職務を行うことにより犯罪があると思慮するときは,告発をしなければならない」と,犯罪を認知した場合の公務員の告発の義務を明記している。学校や教員は,こういった点も今後は考えていく必要性があると考える。また,学校内において犯罪や不当ないじめなどの被害にあった場合,児童・生徒や保護者は刑事告訴,民事訴訟も辞さないという姿勢をとる必要がある。法令に違反することを黙認するのではなく適正に処理することこそ学校での教育を受ける権利や学習権保障の観点からも重要だと考えるからである(大西,2012)。

■今後の教育のあり方について
　従来,学校と家庭,地域社会には強い絆があり,信頼関係に基づく学校運営が行われていた。しかし近年,学校,家庭,地域社会の関係は,主張のぶつかり合いの様相を呈している。これをどのように調整していくかが,今後とも大きな課題である。
　これからは,「日本社会の価値観が多様化する中,学校教育,特に教員の"絶対性","善性"が全ての人にアプリオリに肯定されるわけではないという点,言い換えるならば,価値多元的社会における学校の相対化の必要性」を理解していくことが必要である。また,「信頼関係の構築を目指しながらも,権利・義務という法的視点から教育主体間に存在するある種の利害関係を調整していくという視点が不可欠」といえる(坂田,2016)。
　今まで国民の多数の人が,教育に無関心であった。それゆえ,マスメディアの一方的で特定の価値に満たされた報道を受動的に受け入れてきた。その上で,学校や教員の批判だけはしてきた。そのことが今日のように教育を受ける権利保障に難色のある迷走した公教育体制を築いてしまっているように思う。グローバリゼーションの厳しい国際競争時代にどのような教育が必要であるかを今一度,学校,教員,教育行政,保護者,地域住民,産業界などが一体となって真摯に考えて取り組んでいかなければならないと考える。

〈もっと詳しく知りたい人のための文献紹介〉

◆内野正幸（1994）．教育の権利と自由　有斐閣
　　⇨憲法と教育法学を中心として現代教育の問題点を指摘して説明を加えている。
◆伊藤公一（1981）．教育法の研究　法律文化社
　　⇨憲法を中心として「教育権論争」の学説や判例を検討している。憲法における教育に関する権利について研究を深めたい人にお勧めの書物である。
◆坂田仰（編）（2016）．学校と法　放送大学教育振興会
　　⇨学校のなかの法に関することを基礎的な面をふまえて論説している入門書的な書物である。

〈引用文献〉

朝比奈なを（2016）．モンキー高校と侮蔑される教育困難校の実態　東洋経済オンライン　Retrieved from http://toyokeizai.net/articles/-/140774（2017年1月24日）

堀尾輝久（1971）．現代教育の思想と構造　岩波書店

市川昭午（2006）．教育の私事化と公教育の解体──義務教育と私学教育　教育開発研究所

今橋盛勝（編）（1985）．教育実践と子どもの人権　青木書店

伊藤公一（1981）．教育法の研究　法律文化社

香山健一（1987）．自由のための教育改革　PHP研究所

黒崎勲（2004）．新しいタイプの公立学校──コミュニティ・スクール立案過程と選択による学校教育　同時代社

水沢健一（2016）．いじめ情報共有，怠れば懲戒処分　文科省教員に周知へ　朝日新聞デジタル　Retrieved from http://www.asahi.com/articles/ASJBDOVL9JBCUTIL071.html（2017年2月14日）

文部科学省（2010）．平成21年度「児童生徒の問題行動等生徒指導上の諸問題に関する調査」の確定値及び訂正値の公表について　Retrieved from www.mext.go.jp/b_menu/houdou/22/12/__icsFiles/afieldfile/2011/03/14/1300746_2.pdf

文部科学省（2016）．平成27年度「児童生徒の問題行動等生徒指導上の諸問題に関する調査」（速報値）について　Retrieved from www.mext.go.jp/b_menu/houdou/28/10/__icsFiles/afieldfile/2016/10/27/1378692_001.pdf（2017年3月3日）

永井憲一（1993）．教育法学　エイデル研究所

内閣府（編）（2016）．子供・若者白書　平成28年版　日経印刷

西村和雄（2001）．学力低下が国を滅ぼす　日本経済新聞出版社
小浜逸郎（1997）．子どもは親が教育しろ！　草思社
大西斎（2012）．憲法と学校教育　大学教育出版
坂田仰（編）（2016）．学校と法　放送大学教育振興会
東京都生活文化局（2015）．東京の私立学校の現状　Retrieved from http://www.seikatubunka.metro.tokyo.jp/shigaku/（2017年1月24日）
内野正幸（1994）．教育の権利と自由　有斐閣
八木秀次（2007）．公教育再生――「正常化」のために国民が知っておくべきこと　PHP研究所

第15章 保育と子ども

佐々木由美子

　幼稚園や保育所に，どんなイメージを持っていますか？　幼稚園は教育するところで，保育所は子どもを預かるところ？　残念ですがちょっと違います。たしかに，幼稚園は文部科学省が管轄する教育施設で，保育所は厚生労働省が管轄する福祉施設ですが，幼稚園も保育所も，乳幼児を保護し教育する場です。幼稚園や保育所で行われる教育を「保育」といいます。保育という言葉は，日本で最初の幼稚園ができたときから，すでに使われているのです。保育内容も，幼稚園と保育所で一貫性をもって規定されています。

　では，いったいいつ頃から，どのようにして保育が始まったのでしょう。子どもたちは，幼稚園・保育所でどのような日常を過ごしているのでしょうか。

■保育と子ども観

　幼児教育が始まる前提として，まず「子どもの発見」がある。現在では「子ども」は，当然のように「大人」とは区別されて認識されているが，それは近代になって成立した概念である。中世ヨーロッパでは子どもはあくまでも「小さな大人」であり，身の周りのことができるようになると，できる限り早い時期から大人と一緒に仕事をし，喫煙や飲酒，賭博などの遊びもともにしたのである。

　子どもが「小さな大人」ではなく，大人とは異なる独自の存在であるという「子どもの発見」がなされたのは，ヨーロッパでは17世紀後半から18世紀にかけてであるとされている。日本においてはヨーロッパほど明確ではないが，江戸時代中期に新しい子ども観の出現を認めることができる。「子どもの発見」によって，子どもは保護と教育の対象となり，そのための学校制度が整えられ，子ども服や玩具，絵本や児童文学，子ども部屋など，子ども時代特有の文化も

また育まれていったのである。

　子どもをどのような存在としてとらえるのかということは，教育の在り方と深くかかわっている。子どもは生まれつき「白紙（tabula rasa）」であるととらえたのは J. ロックだった。まったく白紙の状態だからこそ，「習慣づけ」と「訓練（身体的訓練と精神的訓練）」が重要であり，教育によってこそ立派な人間に成長することが可能だと考えたのである。

　一方，幼稚園の創始者であるドイツの教育学者 F. フレーベルは，子どもの本質を神性ととらえた。悪に汚されていない子どもは，神がつくったままの無垢性や健全性を保持した理想的な人間のありようを示し，その点において大人より優れた存在であると考えたのである。フレーベルは，すぐれた園丁（庭師）が植物そのものの持つ力を見極め，日照や温度に配慮し，外部のさまざまな障害から植物を守って，その生長を保障していくように，子どもの本質をゆがめることなく，本来持つ力を伸ばしていける場として「Kindergarten（子どもの庭）」と名付けたのである。

　子どもは「形成衝動」（何か形のあるものをつくりたくて仕方ない本能）と「活動衝動」（たえず活動したくて仕方ない本能）を持った存在であるととらえたフレーベルは，幼稚園の教育内容は遊びと作業を中心とするべきだと考え，そのための遊具と作業具（Gabe：恩物）も考案している。また，菜園や花壇，果樹園からなる庭の必要性を主張し，子どもたちみずからが耕し，植物を育てることができる子ども自身の庭も用意された。そうして1840年，ドイツ・ブランケンブルクに最初の幼稚園「一般ドイツキンダーガルテン」（Allgemeine deutsche Kindergarten）が創設されたのである。

■日本における最初の幼稚園

　「幼稚園」という名称がキンダーガルテンの訳語であることからもわかるように，日本の幼児教育はフレーベルの保育思想をもとに誕生した。1876（明治9）年11月に創設された東京女子師範学校附属幼稚園（現在のお茶の水女子大学付属幼稚園，以下附属幼稚園）が我が国最初の幼稚園であるとされている。厳密

第Ⅲ部　学び育つ子ども

図15-1　幼稚園第三玩器，第七恩物排板
附属幼稚園で使用していた恩物の一部（お茶の水女子大学所蔵）

にいうと，それまでも幼児教育のための施設はいくつか存在していたが，いずれも長くは続かず1年ほどで閉鎖している。政府主導による官立の幼稚園であったことや，幼児教育のリーダー的存在として今日まで存続してきたことが，附属幼稚園が日本最古の幼稚園といわれるゆえんである。

　監事に欧米の幼児教育を見聞してきた関信三，主任保育者にドイツでフレーベルの保育を学んだドイツ人の松野クララ（C.チーテルマン）が就任し，恩物（図15-1）など保育に必要な教材のいっさいをドイツから取り寄せ，附属幼稚園における保育が始まった。1876年といえば学制公布からわずか4年後，小学校の就学率でさえ38.3％と低迷していた時期である。子どもを幼稚園に入園させようと考えるのは，かなり進歩的な考えを持った家庭であった。開園当初の園児数は75名だったが，その大部分を有産階級や上流階級の子どもたちが占めていたのももっともなことだった。

　現在の園児は保護者の送り迎えか，幼稚園バスに乗って通園しているが，その当時の園児たちは，女中や従者に付き添われ立派な馬車に乗って幼稚園に通ってきていた。また，服装もかなり華美だったようである。宮家や華族の子女ともなると致し方ない面もあったのだろうが，活動しやすい質素なものを着て

第15章　保育と子ども

図15-2　二十遊嬉之図（複製）（お茶の水女子大学所蔵）

登園してもらうために苦心したという保育者の逸話も残されている。

　当時の保育内容をみると，各課目は30分から45分で，毎日朝の会集と恩物の時間があり（図15-2），その間にお話や歌，遊戯の時間が組み込まれている（図15-3）。ほかに倣うべきものもなかった当時，松野クララによる保育方法の伝授や，関信三の訳した『幼稚園記』（明治9年），『幼稚園法二十遊嬉』（明治12年）などの書物を参考にしながら保育を行っていたのである。

■倉橋惣三の子ども観

　キンダーガルテンは，19世紀後半に日本だけでなく，ドイツ，イギリス，アメリカにおいても目覚ましい普及をみせた。しかし，フレーベルの保育思想が十分理解・伝達されないまま，恩物の使い方や指導書だけが一人歩きし，各国の保育実践の中で変容していった。その結果，フレーベル教条主義といわれるような，恩物を手引書通りに使うことが保育の中心となるような状況を生んでいった。

　附属幼稚園においても，そうした状況に疑問の声がたびたび上がっていたが，その形式主義を打ち破ったのが倉橋惣三である。1917（大正6）年に東京女子高等師範学校の教授に昇任するとともに，附属幼稚園の主事（園長）に任命された倉橋は，さっそく3つの改革をおこなった。まず，フレーベルの20恩物をすべて箱から取り出し系列をまぜこぜにして，竹かごの中にいれて積木玩具と

第Ⅲ部　学び育つ子ども

図15-3　幼稚鳩巣遊戯之図（複製）（お茶の水女子大学所蔵）
左奥が松野クララ。保姆と園児たち。

したこと，遊戯室の正面にかけてあったフレーベルの肖像画を外し職員室の壁面に移したこと，そして明治期から続いていた朝の会集を廃止したことである。倉橋の改革の中心にあったのは，つねに「子ども」であった。子どもにとってそれは大切なことなのか，うれしいことなのかを第一に考え，幼稚園が初めから終わりまで幼児のものであり，「子どもさながらの生活」ができるようにとの思いからの改革だった。

　では，倉橋はどのような子ども観を持っていたのだろうか。もともと無類の子ども好きであった倉橋は，学生時代から附属幼稚園に出入りし，子どもたちと遊ぶことを楽しんでいた。彼の著書『子供讃歌』や『育ての心』から浮かび上がってくるのは，好奇心旺盛で，自らの力を存分に使い没頭して遊び，目の前の一つひとつのことに感動しては，喜びや悲しみを全身で表現して生活する子どもたちの姿である。倉橋にとって子どもは今を最大限に生き，「真に自ら活きる力と活きる道とをもっている」（倉橋，2008a，p. 99）存在であった。子どもを未熟な存在とみるのではなく，あくまで一人の人間ととらえ，一人ひとりの子どもに人間としての尊厳を見いだしている。たとえ幼児であっても「幼きが故に，一人の尊厳に，一毫のかわりもない」（倉橋，2008d，pp. 33-34）のである。

　「幼児たちの顔，何という涼しさだろう」と倉橋はいう。「此の日中を駆け歩

き飛び回り，遊びつづけていながら，何という涼しさだろう。焦らない心は涼しい。もだえない心は涼しい。鬱積せる愚痴，追い回す欲念，密閉せる我執，塗りあげる虚飾。思っただけでも蒸し暑いが，それが幼児にない。(中略) それにしても，なんと暑くるしい我等の顔」(倉橋，2008b，p. 24)。子どもに対する敬意と慈しみとともに，そこに自らを対比させて自省する姿勢がみられる。倉橋にとって子どもは，人間存在の根源であり，人間の醜さや歪みを映す鏡ともなる存在であった。

■「生活を生活で生活へ」

　子どもの子どもらしさを人間の根源的な力と認識し，子どもを自ら伸びてゆく生きる力をもった存在ととらえた倉橋にとって，保育とは無理に何かを教えたり，大人の考える目的に子どもを沿わせたりするようなものではなかった。彼の目指したものは，あくまでも子どもがその子らしく自分の生活や遊びを楽しむ中に，ごく自然に教育が織り込まれ，より自己充実が可能になっていくような子どもを主体とした子ども中心の保育であった。それは「生活を生活で生活へ」という倉橋の言葉に集約されている。

　倉橋にとって幼稚園とは「その子供の自分の持っている力でもっとも幸せに都合よく伸びて行ける場所」(倉橋，2008d，p. 143) であり，幼児が自由感をもって存分に遊ぶことができるよう「設備」を整え，保育者が直接幼児に接する前に「設備によって保育するところ」と考えたのである (倉橋，2008c，p. 32)。

　この倉橋の考えは，遊びを保育の中心に位置づけ，「環境を通した教育」を行うことをうたった現行の保育の在り方にそのまま通じるものである。現在の幼稚園教育要領および保育所保育指針には次のように述べられている。「幼稚園教育は (中略) 幼児期の特性を踏まえ，環境を通して行うものであることを基本とする」(文部科学省，2008)，「子どもが自発的，意欲的に関われるような環境を構成し，子どもの主体的な活動や子ども相互の関わりを大切にすること。特に，乳幼児期にふさわしい体験が得られるように，生活や遊びを通して総合的に保育すること」(厚生労働省，2008)。現在の保育においても，子どもが好奇

第Ⅲ部　学び育つ子ども

心旺盛に自ら行動し，「おもしろそう」，「やってみたい」と周りの環境にかかわる中で，心も体も発達していく主体的な存在として捉えているのがわかる。

　しかし，近年の早期教育ブームも手伝って，幼児に文字や漢字，数字や図形あるいは計算等を学習させる幼稚園や保育所も少なくない。子どもをとりまく環境をみても，禁止や制限が多く，子どもたちが自分の思いを実現させて存分に遊ぶことができる生活——倉橋の言葉を借りれば「子どもさながらの生活」がしにくくなっているのが実情である。

■現実と非現実を行き来して遊ぶ子どもたち

　では，「子どもさながらの生活」とは，具体的にどのようなものなのだろうか。ここでは5歳児クラス（ゆり組）の子どもたち22名が，幼年童話『もりのへなそうる』（渡辺，1971）の世界に遊びながら，御殿場・東山荘での2泊3日の宿泊キャンプを楽しんだ事例を紹介したい。事例は東京都・愛星幼稚園の石川かおる教諭によるものである。

　『もりのへなそうる』は，5歳のてつたくんと3歳のみつやくんの兄弟が，地図をつくって森に探検にでかけることから始まる。2人は森の中で，赤と黄色のしま模様の大きなたまごをみつける。翌日，また森にいくと，たまごはどこにもなく，代わりに赤と黄色のしま模様の恐竜のような動物がいる。顔はカバのよう，首はキリンのよう，背中にはとげとげがあり，太いしっぽもあるが，食いしん坊で臆病，幼い子どものようにあどけない。そう，それが「へなそうる」だ。2人はへなそうるといっしょにお弁当を食べたり，かくれんぼをしたり，カニとりをして遊ぶのだ。

　担任は7月に行われるキャンプのことを意識しつつ，5月下旬から少しずつこの物語の読み聞かせを始めた。子どもたちは，てつたくん，みつやくん，そしてへなそうるが繰り広げる遊びや冒険にわくわくしながら，お話を楽しんだ。

〈6月1日　キャンプ日程貼りだされる〉
　朝，登園するとゆり組の壁に大きくキャンプの日程プログラムが貼り出されている。子どもたちは興味を持ち，朝の準備を忘れて見入っている。大喜びしている子，嬉しそうに友だちと手をつないでいる子，プログラムをみようとしない子とさまざまである。年長組になるとキャンプに行くということは年少組の頃から知っていただけに，4月に年長組に進級した途端，キャンプへの不安や心配を持ち始めている子どもたちも少なくない。担任は「不安や心配は当たり前。その気持ちも持ちつつも楽しい気持ちを持ってキャンプに行けるようにしたい」という思いもあって，『もりのへなそうる』を読み始めていた。
　プログラムをみて，キャンプへのイメージが膨らんだ子どもたちは，早速キャンプ遊びを始める。廃材の箱でリュックサックやお弁当，水筒や敷物を作り，大型積み木で富士山やホテル，お風呂を作り，キャンプにでかける遊びである。保育室やテラスを数人の女児がリュックサックを背負って歩き回り所々でお弁当を食べたり，寝たりして遊んでいる。その様子をみた年中児（4歳児）も加わって，水筒の水を分けてもらって，一緒にキャンプごっこを楽しんでいる。

〈6月7日　みんなで相談①　お楽しみ会で何をする？〉
　キャンプ1日目，2日目のお楽しみ会に何をするかをクラス活動の時間に子どもたちと担任とで話し合う。子どもたちからはさまざまな意見がでてくる。「宝探し」，「リレー」，「お肉を焼いて食べる」，「マシュマロを焼く」，「木登り」，「花火」，「たまご探し」などなど。その中で「へなそうると遊ぶ」という意見も出される。子どもたちの中で，へなそうるの存在はすでに大きなものとなっているようだ。すべての意見が出たところで，できるかどうかを一つひとつ考え，子どもたちと決めていく。「たまご探しって何？」，「森にたまごを探しに行くの」，「だれの？　うさぎ？」，「違う！　へなそうるの！」，「それ怖くない？　へなそうるって恐竜じゃん！　たべられるよ」，「それにへなそうるってどこにいるの？」，「それ，本に書いてあるんじゃない？」，子どもたちの意見が次から次へと出てきて，相談の結果，お楽しみ会では，へなそうるのたまご探しをすることに決まる。

〈6月9日　みんなで相談②　キャンプに何持っていく？〉
　担任の「キャンプに持って行った方がいいもの何かな？」という問いかけに，子

どもたちは思いつくまま意見を上げていく。洋服やパジャマなどの日用品の他におやつ，おもちゃ，マシュマロ，花火，望遠鏡，懐中電灯，そして地図があがる。地図とは，もちろん，へなそうるのたまごを探すための地図だ。

「地図はどうする？」，「てつたくんとみつやくんに頼んだら，へなそうるがいるところ教えてくれるんじゃない？」，「どうやって教えてもらう？」と，ここで全員が「う〜ん」……と考え込んでしまう。『もりのへなそうる』の本をとりだしてきて，本をみながら何かいいアイディアがないかと探し始める子たちもいる。「東山荘の森に手紙を出してみたら？」，「それはいいかもしれない！」とキャンプ地の東山荘の森にてつたくんとみつやくん宛の手紙を出すことに決まる。

〈6月14日・15日　てつたくんとみつやくんに手紙を書く〉

てつたくんとみつやくんに書く手紙を考える。数名の発言から「へなそうるとちょっとあそびたいので　いばしょをおしえてください」という内容に決まる。15日，昨日考えた手紙の文章と絵を数名の子どもたちがはがきに書き，幼稚園の近くのポストに投函する。「届きますように」，「お返事来るかな？」とワクワクしている様子である。

〈6月20日　みんなで相談③　キャンプで楽しみなこと・不安なこと〉

自分の思いをみんなに伝えることで楽しみを共有し，不安をいっしょに乗り越えてほしいという担任の思いもあり，楽しみなことや不安なことをみんなで話し合う。楽しみなことは，「富士山を散歩すること」，「みんなと寝ること」，「みんなで遊ぶこと」，「へなそうるに会うこと」などの意見がでる。一方，「てつたくんとみつやくんに手紙が届いているかどうか不安」という声があがる。その他，「キャンプファイヤーで火傷しないか」，「寝るときに怖くないか」，「病気にならないか」などの意見がでる。

〈6月23日　返事が届く！〉

午後，てつたくんとみつやくんからお返事が届く。子どもたちは大興奮である。返事には森についたら，「めじるし」を置いておくように書いてある。さっそく明日，目印を作ることにする。

〈6月24日　目印の看板づくり〉

目印の看板を作る。「ここに　あいせいようちえんの　ゆりくみがとまっています」と一人一文字ずつクレヨンで色をぬりながら目印を作る。へなぞうると同じしましまの色に塗られている。へなぞうるのためにチューインガムとドーナツとおにぎりを持って行くことを決める。

〈7月4日　キャンプまであと6日〉
　キャンプ遊びを繰り返す中で「へなぞうるのたまごみつけたらどうする？」，「へなぞうるが怖がったら？」，「キャンプ楽しみだね」と話す子どもたちが増えてきている。

〈7月10日　キャンプ当日！〉
　緊張の面持ちでロマンスカーに乗り込み，御殿場東山荘へ。到着してから，昼食を食べ，ブルーシートスライダーを体験。夕食の後，キャンプファイヤーや花火，肝試しを楽しむ。終わりに宿泊施設に目印とへなぞうるのために持ってきたチューインガムとおにぎり，ドーナツを置いておく。ワクワクしながら興奮気味に就寝。

〈7月11日　へなぞうる現る？〉
　朝，夕べ目印を置いた場所に行ってみると，用意した食べ物は食べちらかされ，地図が置いてあった！（図15-4）。「へなぞうるがたべたんだ」，「地図もある」と，大喜びの子どもたち。まずは今日の予定の富士山散策をし，夕食後，手に入れた地図を頼りに，いよいよへなぞうるのたまご探しに出発する。地図を見ながら手紙を探し，ヒントを集め，どんどんたまごの場所に近づいていく。「あっちだよ」。子どもたちのスピードに先生たちがついていけないほど，みんなで協力して進んでいく。「わかった，ここだ」。地図で場所を探して一目散に走っていくと……「本当にあった！」と大声が上がる。大きなたまごが丘の上にある（図15-5）。「あったあった」と大喜びする子もいれば，「本当に中にへなぞうるがいたらどうしよう」と緊張している子もいる。「先生あけてみて」と担任がたまごを開けるのを遠巻きに見守る子どもたち。残念ながら中にへなぞうるはいなかったが，手紙とたまご型のペンダントが入っている。手紙には「このペンダントを持っていれば，いつか必ずへなぞうるに会えます」とある。一人ひとりペンダントをかけてもらうと，大事そうに両手で包み込む子もいれば，いつかへなぞうるに会えますようにとお祈りしている子もいる。それぞれが喜びと期待を胸にたまごを後にした。

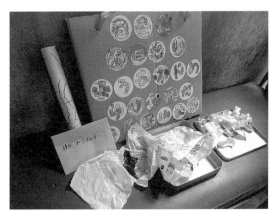

図15-4　目印の看板と届けられた地図（石川教諭撮影）

図15-5　へなそうるのたまごを囲む子どもたち（石川教諭撮影）

■遊びの中で育つもの

　この事例の中では，「～しなさい」，「～します」と指示をだす先生はでてこない。空き箱や積木を使ったキャンプごっこも，てつたくんとみつやくんに手紙をだすことも，目印の看板づくりも，へなそうるの大好きなガムやドーナツを持っていこうと決めたのも，すべて子どもたちである。子どもたちが自ら心

を動かし，知恵を出し合い工夫し，友だちと話し合い協力しあいながら，つくりあげてきたのである。その背景には保育者の教育的な願いや配慮があったことはもちろんである。保育者は子どもたちの思いに寄り添いつつ，あくまで黒子に徹している。物語の世界と現実の世界を行き来しながら，てつたくんたちと手紙をやりとりしたこと，ドキドキしながらたまごを探したこと，そしてたまごをみつけたときの大きな喜びや不安は，子どもたちにとって大切な思い出として心に残ったことだろう。楽しかったキャンプの思い出は，夏休み明けにも引き継がれキャンプごっこが繰り広げられたにちがいない。

　そして，この活動の中で，自ら考え工夫すること，友だちの意見を聞き自分の意見を伝えること，協力すること，表現すること，文字への興味，想像力を働かせて遊ぶこと，他者を思いやることなど，計り知れない多くの学びがあったことも見逃してはならない。

■土台としての乳幼児期

　学びというと，何かしら目にみえる学習効果や成果を求める傾向は強いが，幼児期は生涯にわたる「土台づくり」の時期なのである。土台は目にはみえない。しかし，土台がしっかりしていないと，どんなにりっぱな家を建ててもすぐにかたむいてしまうように，幼児期の学びと育ちのプロセスを無視して，単なる知識の積み重ねを行っても，本当の意味での力にはつながらない。乳幼児期に身近な人に愛され，受け入れられる安心感や信頼感を持ち，その上に，幼児自身が主体的な活動を通して，さまざまな人，もの，自然とふれあいながら，自分の世界を広げていく。乳幼児期は，まさに自分づくりの基礎構築の時期なのである。幼いから何も分からないのではない。未熟だから教えないといけないのではない。保育は自ら伸びゆく，生きる力をもった子どもへの全幅の信頼と慈しみの上に成り立っているのである。

〈もっと詳しく知りたい人のための文献紹介〉
◆森上史朗（1993）．子どもに生きた人・倉橋惣三——その生涯・思想・保育・教育

第Ⅲ部　学び育つ子ども

　　フレーベル館
◆上笙一郎・山崎朋子（1974）．日本の幼稚園――幼児教育の歴史　理論社
　　⇨1冊目の本は，倉橋惣三について分かりやすくまとめられており，全体像を知る上で好適である。2冊目の本は，明治期から昭和にかけての幼稚園・保育所についてトピックごとにまとめられており，物語的で読みやすく，興味のあるところから読み始められる。
◆渡辺茂男（作）・山脇百合子（絵）（1971）．もりのへなそうる　福音館書店
　　⇨3冊目の本は，保育実践のもとになった作品である。てつたくん，みつやくん，そしてへなそうるが繰り広げる遊びの世界をぜひ楽しんでほしい。

〈引用文献〉

倉橋惣三（2008a）．子供讃歌　フレーベル館　（初版1954）
倉橋惣三（2008b）．育ての心（上）　フレーベル館　（初版1936）
倉橋惣三（2008c）．幼稚園真諦　フレーベル館　（初版1953）
倉橋惣三（2008d）．幼稚園雑草（上）　フレーベル館　（初版1926）
厚生労働省（2008）．幼稚園教育要領・保育所保育指針〈原本〉　チャイルド本社
文部科学省（2008）．幼稚園教育要領・保育所保育指針〈原本〉　チャイルド本社
渡辺茂男（作）・山脇百合子（絵）（1971）．もりのへなそうる　福音館書店

第16章 線描と子ども
―― 動きとともに生きた形が生まれる ――

髙橋文子

　小学1年生を担任していたときのこと，お絵かきが大好きな直美ちゃんは，ある日，馬を描いてほしいという友だちのリクエストに応えて，黒板にチョークで馬を描きました。それは，しっぽの付け根から始まり，水平な背中，長い首の裏側，耳，細長い頭，首の前側と2本の前足，2本の後ろ足と続く一筆書きでした。たてがみと目を付けて完成，この一本の線が形になっていくドキドキ感に拍手がわき起こりました。

　この章では，アート（芸術・美術）の分野の中でも，原初的な「線を描く」ことについて，次の2つの問いについて考察します。

　・子どもの描く線は，成長とともにどのように変容していくのか。
　・どのような，子どもの線描を育む教育的視点があるのか。

　ぜひ，鉛筆を片手に，描くという実感を得て，理解を深めてほしいと思います。

■子どもの描画の発達段階

　まず始めに「様式」という言葉を確認する。初めて落書きをするようになったときから，描画の発達は，世界中の子どもたちに決まったパターンがある。これを子どもの描画の様式と呼ぶことにする。「様式」とは，事実を分類してうかび上がる共通の型や特徴的なやり方であり，美術の世界にはさまざまな時代や土地の「表現様式」がある。

図16-1　「ふじさんかいてるの（3歳）」（筆者撮影）

これを知っているといろいろなものがより一層よくみえてきて面白い。まず，幼児期の描画にみられる表現様式を，発達の順に

みていくことにしよう。

①はじめのスクリブルは横の軌跡：なぐりがき，1－3歳前後

　1〜2歳の幼児にクレヨンやクレパスなどを与えると，はじめはうまく持てない。グーで握って腕を動かすと，動きが軌跡となり，画用紙に線が描かれる。これらの乱れた線を「なぐりがき」や「スクリブル」と総称する。横方向のなぐりがき，縦方向，円運動の順で発生する（金子，1998）。記念すべき造形活動の第一歩を記したことに，まだ本人は無頓着である。このものをつかみ，腕を動かし，軌跡を目で追うという動作が協応しはじめたとき，描画が始まる。

②形を名付けるという飛躍：命名的表現，2－3歳前後

　なぐりがきから，次第に，閉じた円や形を描くようになる。そして，小さな楕円を「おしゃかな（魚）」（向野，2010）と呼んだりする。これには，3段階の成長のステップがある。①内と外を分ける閉じた形を，運動感覚を調節して結ぶ，②形を自分の外側のものとして指し示す，③名前を付けて伝える，という劇的な成長である。これらは，言葉の蓄積がなされる2歳頃にみられる表現である。周囲の大人は，この成長を祝福し，次の段階に行くことをせかさずに，日々の子どもの認識の広がりを楽しみたい。

図16-2　かみなり・おばけ・王子様・シンデレラ（部分）（3歳）（筆者撮影）

③頭はからだ？　頭足人：前図式的表現，3－4歳前後（カタログ的表現）

　頭から手や足が出ている人物は「頭足人」と呼ばれる。なぜこのような表現になるのか。幼児にとって顔や頭を表す丸は，そのままつながっている胴体のイメージでもあるのでこの時期の子どもが描く「顔」は人物全体を表しているのだ。人の印象で，顔が占める比率はもっとも高い。幼児はこれを素直に表し

第16章　線描と子ども

たといってよい。

　これを間違っていると修正することは，子ども自身の見方を否定し，その子の表現する意欲や自信を失わせることになりかねない。保育園や幼稚園で自分の描画を隠して描く子がいたら，その子のこだわりは何か見極め，次のステップへつなげたい。「できた」と

図16－3　おともだち（4歳）（筆者撮影）

みせる姿には，自分が精一杯描いた形を楽しむ喜びがある。

　3〜4歳頃になると形の特徴をみつけて，「これは何？」と聞けば即答し，大人でも納得できるようなものの構造が描かれる。興味深いことは，一つひとつを描くことに力を注ぎ，周りの関係性をまったく無視している。上下や内外の区別はなく，商品見本のように次々と並び描き込まれた「カタログ的表現」から，子どもにとってはすべてが主人公であり，すべてが同等の価値・強さ・大切さであることが推測される。この時期，形に込めた子どもの話をたくさん聞くことが大切である。

④たくさんの記号，頭と胴体の分化：図式的表現，5－8歳前後

　5〜8歳頃の子どもの絵には，独自の描き方で，太陽・花・木・家・人などを表す記号や図式的表現がたくさんみられるようになる。前出の6歳の直美ちゃんは，まさに，図式期の自分だけの描き方をみせてくれたといえる。

　その他の図式的表現の描画の特徴としては，地面を表す「基底線」や

図16－4　キョンシーダンスをしているところ（5歳）（筆者撮影）

「空」が出現して，画面上に空間の設定ができる。V.ローエンフェルドはあらゆるものを1本の線の上に描くようになるとし，それは線に沿って動く運動感

195

覚に起因するとした（辻，2003）。また「レントゲン描法」は，車に乗っている人や地中の芋などの内部が透けてみえる描き方であり，「展開描法」は，手をつないで輪になっている人を，内側の視点から描くために円形に人が寝ているような描き方の特徴がある。これらの図式的表現からは，この時期の子ども達の懸命な，そして素朴な物の見方がストレートに伝わってくる。

⑤多視点描法：前写実的表現，8-11歳前後

　「コップに3分の2水を入れて机の上においてあるところをかきましょう」。

　東山・東山（1999）は，このような描画調査を3歳から小学6年生まで約2500名を対象に行った。そして，子どもは「ものをどう見ているか」，「立体や空間をどう認識しているか」について次のような貴重な見解を示している（図16-5）。みなさんも，ぜひコップを前に描いてみてほしい。

図16-5　コップと水の表現過程（東山・東山，1999）

　主な傾向として，3歳児ではコップの表現は閉じられた円形で表す「存在」表現であり，4歳児から小学2年生では「側面」表現中心である。また，小学1年生から3年生は「側面→斜め」の過渡的な表現がみられる。その後，小学4～6年生を中心に，コップの口の部分が曲線となり，徐々に底の表現が水平線から楕円の表現へと変化して「斜め」視点の写実性を手にするのである（図16-5）。

　コップを手に持って上からみると，丸くみえる。真横から水をみると四角にみえる。真上からの形である円と真横からの形である四角の組み合わせは，視点が時間とともに移行して捉えた多視点描法である。図16-6の立方体の見方などの描画調査からも，多視点の描画の様子を確認できる。体感的な水平，垂

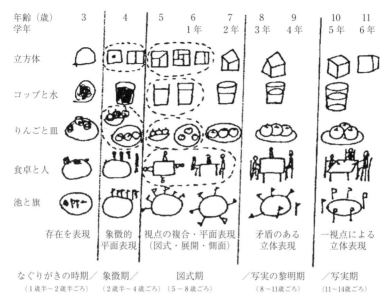

図16-6 立体・空間表現の推移（東山・東山，1999）

直の線だけだったものから，次第に奥行きを表す斜めの線を獲得することがわかる。

あなたの空間表現レベルは，「存在」，「側面」，「側面から斜め」，「斜め」のどれだろう。視点が「斜め」レベルに達していなかったとしても，もう一度水の入ったコップを観察して，描いてみてほしい。今の目の高さからものをみたときに出現する楕円の曲線のみずからの発見が，何より大切だからである。

これらの図式期の「部分的には写実的に描けるが，全体的にバランスが整わない」子どもの表現は，じつは児童画の最大の魅力である。続く一本道の両側に生えている木々を，子どもたちは，垂直ではなく，左右両側に倒れてしまうような展開描法のように描く。それは，力強さを生み，児童期にしか描けない体感的表現となるのである。図式的表現から前写実的表現へ移行する時期は，子どものとらえ方に寄り添いながら，少しずつ空間把握のステップを上らせていく必要がある。

⑥写実的表現から芸術的表現へ，12歳〜

写実期の12歳以降は，「重なり」，「奥行き」，「遠近」，そして「明暗」，「陰影」などをさらに認識できるようになり，空間表現概念は確立するといえる。個人によって再現描写追究か情趣表現かの傾向に分かれていくという。

■表現を支える「きもち」と「もの」に関する教育的理解

「表現」という漢字は，「表す」，「現れる」の言葉が連なっている。一体，何が表されるのであろうか。

まず，描かれた「もの」が1番に確認できることだろう。しかし，表したのは「もの」だけではない。図16-7に表現のイメージ図を示す。これは，

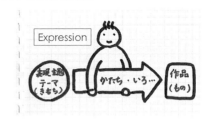

図16-7　表現主題の視覚化イメージ図（筆者イラスト・撮影）

表現主題・テーマという不可視の感覚的なものが，形や色という造形要素と一体となって作品となるプロセスを表している。私たちは，日頃目に見えるものを根拠に判断することが多いため，作品に込められている感覚・感情を無意識下にあるものとして，見過ごしてしまいがちである。この目に見えない感覚・感情こそが表現の主役であり，テーマといえるものである。そして，これらの繊細な，そしてときには起伏のある感情を伝えることこそが，アート（芸術・美術）の役割といえる。

感覚や感情は内的なものであるため，他者と共有するには，言葉にする必要がある。しかし，必ずしもぴったりくる言葉がみつからないことが多い。そのため，低学年の児童などが，感嘆詞や擬音語，擬態語でテーマを表したりすることは有効である。たとえば1000年前の「もの」である鳥獣人物戯画の作品には，1000年前の「きもち」である人びとの願

図16-8　「かっこいいきょうりゅうだよ（4歳）」（筆者撮影）

いを感じ取ることができるのである。

　教育の現場は意図的な営みである。これらを踏まえ，以下に，実際の子どもの線描の魅力とそれらを育む教育的理解について5つの観点から解説する。

①気韻をつかむ・線の七彩を知る

　「気韻生動(きいんせいどう)」は，中国の水墨画の古い教えの言葉である。よい絵の理想であり，画面から立ち上る気韻が，まるで生きているように動き，見る者の心をつかむことを意味している。なんだかとても惹かれるな……という「うまい・下手」のものさしでは計れない作品に出会ったことはないだろうか。自分の感覚を総動員して，これがいいなと思う。アートと「直観」が，切っても切り離せないのは，こんな少しばかり不確かな気韻を問題にしているからだろう。

　「線の七彩」は筆者の造語である。これも水墨画の教え「墨に五彩あり」をなぞっている。黒一色のはずの墨が，「焦(しょう)，濃(のう)，淡(たん)，乾(かん)，湿(しつ)」の五つのいろどりをもち，「濃と淡」は文字通り，濃い墨と淡い墨，「焦」はもっとも濃いかすれの筆致，「乾と湿」は水を含まない筆でつくり出すかすれとたっぷりの水を含ませるにじみの技法を指している。「線の七彩」の候補は「刻，鋭，太，細，強，弱，緩，跳」だろうか。自分の筆圧や描くスピードのもち味に加え，さまざまな線の表現を追求したい。図16-9は，割れたたまごから生まれ

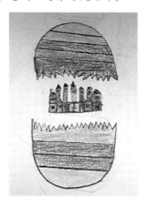

図16-9　たまごから生まれたお城（8歳）（筆者撮影）

た城を象徴的に描いた作品で，安定感のある筆致に惹きつけられる。

　平安時代の絵巻物や江戸時代の浮世絵などからは，日本人が美しい線にこだわって文化を作り上げてきたことが分かる。子どもたちの使う描画材は，あるときはクレヨンだったり，鉛筆だったり，絵筆だったり，握って描くものが大半である。その握り方や持ち方を変えて，強弱をつける意識を持たせたい。刻するように鋭い線を描いたり，緩やかな線を体験したりすることは，その子の

表現力の向上を促し，表現の質にかかわる効果を期待できる。描くスピードや腕の動きとの連動も重要である。そういった線の趣は子どもの個のよさとつながり，その子らしい表現を実現できる。図式期までの形や色をつくり出す活動は，遊びそのものであり，クレヨンやサインペンがその子にとっておもちゃのツールとなることが理想である。

②描くスピードの意識：ゆっくりと描く

　クロッキー指導など，描画の手習いはゆっくりと描くことが基本である。しかし描くスピードについては問題にされず，子どもに任せているのが常である。目でみて，脳が指令を出し，手が動く連動には，視覚情報を選択するという時間が必要である。あまり見ないで思い込みで描く，よく見ているが情報が整理されないという混乱回避に，ゆっくり描くことは有効である。

　図16-10は，筆者が4，5歳児クラスで行った，ゆっくり描くことを目標とした「①直線，②ゆらゆらの曲線，③ぎざぎざの直線」描画の様子である。ペープサートのかたつむりを動かし，いつもの速さより時間をかけることを促した。3種の線の中で，当初は，ぎざぎざ線の角がうまく方向転換できないのではないかと予想していたが，実際は，ゆらゆらの曲線に苦戦していた。U字が連なったようになり，手首の上下の動きが必要とされた。

図16-10　まっすぐ・ゆらゆら・ぎざぎざ線（筆者撮影）

　造形・美術の学びは，慣れを打破することでもある。描くスピードと線の強弱は連動する。子どもたちが自分にフィットした描くスピードをつかむことは，造形の基礎となるだろう。

第16章　線描と子ども

③絵が話し出す：ストーリーをともに描ける大人に

　保育園の自由遊びの時間に，女の子3人が広い渡り廊下に置かれた細長いテーブルの前に座って，お絵かきを始めた。楽しそうな様子から，この子たちにとって，マーカーペンは遊びのツールであることを確認できた。そして，描くだけでは飽き足らず，描いた画用紙を片手で動かしながら，セリフを言い出した。子どもたちにとって，表現

図16-11　自由遊びで「セーラームーン」
（4歳）（筆者撮影）

とは，「drawing」と「playing」が未分化で混然としていて，一体化していることがよく分かる事例である。子どもたちにとって，物語は身近にある。それは，与えられた物語ではなく，事物的な「もの」が次第に関係性をもち，呼応し合い，動き出しストーリーが展開されるのである。生きているものといってもよい。描画の指導において，いろいろな大きさのトマトを描いて，「もうできた」といってきた子には，「これは赤ちゃんトマトかな」と聞くと，それをきっかけに想像がふくらみ，絵がさらに深まることが多い。豊かな描画の実際は，語る絵といえるだろう。

④見て描くことが進化する5・6年生，知っていることを描く1・2年生

図16-12　ランドセルのスケッチ
（10歳）（筆者撮影）

　高学年の児童は，前出の発達段階の空間の見方が深まることから，観察して描くことに集中していく。図16-12は小学4年生のランドセルのスケッチである。ベルトの部分に強く関心をもって微細な曲線を強調して描いている。全体の強弱のバランスが心地よく，優れた観察力が発揮された作品である。

　小学校1・2年生の児童は，図式期真っ只

201

中である。筆者は，G. H. リュケ (1979) の「子どもの絵は，単なる実物の写しではなく，『知っていること』を描く」というとらえ方に共感する。決まった形の型をもつ図式期の児童には，繰り返しの多い絵日記はふさわしい課題といえる。記憶をたどり図に表すことを十分に経て，次の観察画レベルに入る。

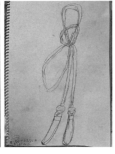

3，4年生の課題は，重なりを描くことである。図16－13は同じ児童の3年生から4年生にみられる束ねた部分の結び目の重なりの見方，描き方の意識の変容がよくわかる作品群である。学年が1つ進むと，重なりに注意しながら，束ねた部分の重なりを描けるようになる。機が熟して，形の見方と手の動きが連動したのである。

図16－13　なわとび
（左：9歳　右：10歳）（著者撮影）

⑤文化と線描

最後に，装飾的な線描を考察する。図16－14に描かれているのは，日本画家秋野不矩が生涯をかけてテーマとした悠久の国インドで，女性が玄関前に白い粉で祈りの文様を描く様子である。「ランゴーリ」，「コーラム」と呼ばれる砂絵は米粉や着色した岩粉，石灰などを，掌や指の間から少しずつおとしながら文様を描くのだという。T. インゴルド (2014) はこれらの幾何学的文様の魔除けの効果を指摘している。日本でもさまざまな場所や生活の中で，伝統ある形をみつけることができる。目でみて観察するだけでなく，それらを描くことは，律動やバランスなど，造形の工夫を体感することになる。

文様などを描くシュタイナー学校で教科として取り入れているフォルメン線描は，小学4年生までは「温かい幾何学」としてすべてフリーハン

図16－14　秋野不矩「朝の祈り」(1988)（浜松市秋野不矩美術館所蔵）

ドで描くそうだ。一方5年生以降は「冷たい幾何学」として，下描きに定規を用いてより整った美しい組紐文様を描いたりする（クラーニッヒ，1994）。年齢に応じて題材や方法を考慮することは万国共通である。

　本章では，発達と表現という視点から，「子どもと線描」について，詳細に学んできた。
　子どもの描画の発達段階は，形の認識の仕方の変化とともに様式があり，それは絵画意識が飛躍的に成長するプロセスだった。命名期，記号的な図式期，多視点描法の前写実期においては，受容的配慮がとくに必要である。
　子どもの描画を指導する際は，描きたいものと表したい気もちを把握すること，そのテーマに合わせてゆっくりを基本に描くこと，気韻や線描の質そしてストーリー性のよさといった，教育的視点を役立ててほしい。

〈もっと詳しく知りたい人のための文献紹介〉
◆辻政博（2003）．子どもの絵の発達過程——全心身的活動から視覚的統合へ　日本文教出版
　　⇨子どもの描画の発達を1つの自然な過程として描き出し，子どもはなぜ絵を描くのかの問いに真摯に向き合う。子どもの絵を理解したい人のためのシンプルで基礎的な理論書である。
◆小野純一（2000）．Junichi　マガジンハウス
　　⇨現在はドローイングアーティストとして活躍する純一さんの10歳の時に出版した初スケッチ作品集。大胆で明快な線描は児童期の目線からの平和と友情を伝える。
◆MAYAMAXX（2005）．絵が「ふるえるほど好き」になる——Maya Maxx のロシアの名画と旅ガイド　美術出版社
　　⇨ピカソ，マティス，ゴッホ，セザンヌ等の解説が新鮮であり，「絵はまっていてくれる。そこが好きなところ」という言葉の通り，美術館を訪れたくなる美術作品鑑賞案内書である。

〈引用文献〉
東山明・東山直美（1999）．子どもの絵は何を語るか——発達科学の視点から　日本放

送出版協会

Ingold, T.(2007). *Lines : A Brief History*. Wales: Routeledge.(インゴルド, T. 工藤晋(訳)(2014). ラインズ――線の文化史 左右社)

金子一夫(1998). 美術科教育の方法論と歴史 中央公論美術出版

Kranich, E. M., Jüremann, M., Hildegart, Berthold A., Bühler, E., & Schuberth, E. (1992). *Formenzeichnen*. Verlag Freies Geistesleben GmbH Stuttgart.(クラーニッヒ, E. M. 森章吾(訳)(1994). フォルメン線描――シュタイナー学校での実践と背景 筑摩書房)

向野康江(2010). 子どものための美術教育 弦書房

Luquet, G. H.(1977). *Le Dessin Enfantin*. Neuchâtel-Paris: Delachaux & Niestlé S. A.(リュケ, G. H. 須賀哲夫(監訳)(1979). 子どもの絵――児童画研究の源流 金子書房)

辻正博(2003). 子どもの絵の発達過程――全心身的活動から視覚的統合へ 日本文教出版

わらべうたと子ども

第17章　　　　　　　　　　　　　　　　　　　　　森　　薫

　子どもの頃，遊びの輪に加わろうとして「いーれーて」といってみたことが，誰しも一度はあるのではないでしょうか。そして，仲間に入れてあげるよ，という気持ちで「いーいーよ」と答えたことも。ドロケイなどの鬼遊びをすることになり，運悪く鬼になったときには，目をつぶって大きな声で，「いーちーにーいーさーんーしーいーごーおーろーくー……」なんて数えたこともあるでしょう。今日を生きる子どもたちも，日々こんな声を発しながら遊んでいます。

　子どもたちのこうしたやりとりをよく聴いてみると，普段私たちがする話し方とは異なっており，ふしやメロディーのようになっていることに気づくのではないでしょうか。実はこれらは，「うた」の一種なのです。子どもたちが日々の生活の中で知らず知らずのうちに覚え，うたい，新たにつくりだしているこうしたうたの世界を，この章を通じて探っていきましょう。

■子どもをとりまく音楽

　まずは子どもたちが日々接する音楽にはどのようなものがあるか，考えてみよう。じつは子どもは，母親の胎内にいる，生まれる前の時期から音を聴いている。胎児は胎生20週頃から子宮の中で母胎の胎内音を聴き，胎生28週頃になると，外部の音も聴こえるようになるという。つまり，母親や周囲の人びとが聴いている音楽を，じつは胎児もともに聴いているのだ。

　子どもが生まれてくると，母親をはじめとする大人や年長者たちはさまざまな言葉がけをするが，ときにはうたいかけることもある。子どもを寝かしつけようとしてうたうのが，こもりうたである。多くの場合，子どもが生まれて初めて耳にする生演奏の音楽はこもりうたであろう。世界中にはさまざまなこもりうたがあるが，不思議なことにこもりうたの音域は，各国に共通していると

いわれる（呉，2009）。つまり，子どもが落ち着いて入眠できる音域は，どの民族においても変わらないのだ。あなたが小さい頃，聴きながら眠りについていたこもりうたは，アフリカやヨーロッパの子どもにとっても，心地よくリラックスできるものなのかもしれない。

　成長し幼稚園や保育所に通うようになると，そこでまた子どもたちはさまざまな音楽と出会う。たとえば朝の会のときには「♪せんせいおはよう　みなさんおはよう　ことりもちっちと　うたっています♪（増子とし作詞・本多鉄麿作曲「朝のうた」）」と朝のあいさつの歌をうたう。お昼になると「♪おべんとおべんと　うれしいな　おててもきれいに　なりました♪（天野蝶作詞・一宮道子作曲「おべんとう」）」と，お弁当の歌をうたう。こんな風に，保育の場では生活習慣や礼儀について学べるような歌がたくさん用いられている。さらに，四季折々の歌——たとえば梅雨の時期には「あめふりくまのこ（鶴見正夫作詞・湯山昭作曲）」「にじ（新沢としひこ作詞・中川ひろたか作曲）」，秋になれば「きのこ（まどみちお作詞・くらかけ昭二作曲）」「まっかな秋（薩摩忠作詞・小林秀雄作曲）」といったように——をうたって楽しむということも行われる。音楽に親しみながら，社会や自然に関する学びもあわせて展開されるのは，幼稚園や保育所ならではといえるだろう（なお，諸外国においては専門家によるレッスンの時間のみに音楽が扱われ，日々の保育の中ではとくに音楽が用いられない場合もあるようである）。

　さて，ここまでに紹介してきた歌には，1つの共通点がある。それは，作詞者と作曲者がおり，楽譜によって広まってきたという点である（こもりうたについては，作詞・作曲者がはっきりとしているものもあれば，口伝えで各地域において伝わってきた，民俗音楽の色合いのつよいものもある）。作詞者や作曲者がいる，そんなのはあたりまえのことだと思われるかもしれないが，決してそうではない。世界には作詞・作曲者不詳で楽譜がないにもかかわらず，口伝えで広まり，多くの人に親しまれている音楽がたくさんある。それが民俗音楽と呼ばれるものである。本章で取り上げるのはそうしたものの1ジャンルである「わらべうた」だ。わらべうたなんて聴いたことない？　古そう？　いいえ，あなたが本章を読み終わる頃にはきっと，自分がわらべうたをたくさん知っていること，

第17章　わらべうたと子ども

わらべうたが決して古いだけのものではなく，むしろ新しくなりつづけているうたであることに驚くだろう。

■わらべうたとは

　わらべうたは，世界各地で子どもたちを中心に，民間伝承のかたちで受けつがれてきたうたである。多くの場合遊びにともなって歌われ，地域や時代によって，歌詞や旋律に大小さまざまな違いがある。日本におけるわらべうたの研究は北原白秋らによって大正時代に始まったが，子どもの遊びや，遊びに結びついている身体の動きに着目してわらべうた研究が進められることになったのは戦後であり，音楽学者の小泉文夫が大きな功績を残している。

　小泉はわらべうたを遊びの種類に即して「となえうた」，「絵かきうた」，「おはじき・石けり」，「お手玉・羽子つき」，「まりつき」，「なわとび」，「じゃんけん」，「お手合わせ」，「からだ遊び」，「鬼遊び」の10種に分類した（小泉，1986）。この中から絵かきうたとまりつきを取り上げて，具体的なうたとともにわらべうたの特性を解説してみよう。

　絵かきうたは，日本に特有のわらべうたである。うたいながら歌詞に即した線や文字を描いていくと，1つの絵ができあがる。次の絵かきうたに挑戦してみてほしい。「♪ぼうがいっぽんあったとさ　はっぱかな　はっぱじゃないよ　かえるだよ　かえるじゃないよ　あひるだよ　ろくがつむいかにあめざあざあふってきて　さんかくじょうぎにひびいって　あんパンふたつにまめみっつ　コッペパンふたつくださいな　あっというまにかわいいコックさん♪」。さあ，できあがった絵はどんなものだったであろうか。正解は次のページに示しておく。正解とまったく違う絵になることがあるのも，絵かきうたの面白さだ。先述したようにこのうたも他のわらべうたと同様，少しずつ歌詞の違うバージョンが多数存在している。

　まりつきは，ボールを手で地面にあてて弾ませながらうたうものである。もっとも有名なのは「あんたがたどこさ」であろう。「♪あんたがたどこさ　ひごさ　ひごどこさ　くまもとさ……♪」とうたいながらボールをつき，歌詞に

207

第Ⅲ部　学び育つ子ども

図17-1　絵かきうた「かわいいコックさん」で描かれる絵（筆者作成）

「さ」の出てくるところでボールを片足でまたいでくぐらせる。うたの最後の「♪それをこのはでちょいとかぶせ♪」のところで両脚の下を通して背中に乗せたり，スカートの裾を両手でもってその上にボールを乗せたりするところが難しく，だからこそ子どもたちは夢中になってくり返し練習する。

まりつきについては，もう1つ興味深い事実があるのでここに紹介したい。それは，昔にくらべ，まりつきのうたはテンポが徐々に遅くなっているということである。それはなぜか。じつはその理由には，まり，すなわちボールの技術的な進歩がある。ボールがよく弾むようになり，滞空時間が長くなるにつれて，まりつきのうたのテンポが遅くなっているのだ（小泉，1986）。さまざまな音楽文化において，歴史とともに演奏されるテンポは速くなっていることに鑑みると，まりつきのうたのテンポが遅くなっていることは大変ユニークであり，それはわらべうたが遊びや身体の動きと結びついているからこその現象といえるだろう。

このように，わらべうたのほとんどには多様性，遊びや身体との結びつきといった特徴がある。

■となえうた「どれにしようかな」の調査から

筆者が数年にわたって調査を行っているのが，わらべうたの一種である「となえうた」，その中でもとくに「どれにしようかな」というとなえうたである。となえうたは遊び道具をともなわないうたであり，その意味では，うたうことそのものが目的となっているうたである。動植物や天体気象をうたったもの（例：「♪てるてるぼうずてるぼうず　あしたてんきにしておくれ♪」），数えうた（例：「♪いものにたのさんまのしおやき……♪」），悪口・からかいうた（例：「♪バ

図17-2 「どれにしようかな」冒頭部分（筆者作成）

カアホまぬけ♪」），まじない・約束うた（例：「♪ゆびきりげんまんうそついたらはりせんぼんのーます♪」）などがある。本章の冒頭で挙げた「♪いーれーて♪」も，となえうたの一種に分類されるものだ。

「どれにしようかな」は，複数のものやひとから１つを選択する際にうたわれるもので，日本全国に多様なヴァージョンが存在するとなえうたである。あなたもきっと，小さい頃にお菓子やペンやおはじき，色々なものをこのうたをうたって選び取った記憶があるだろう。じつはこのうたは，明治44年生まれの女性から採集されたという記録がある（懸田，1991）。時代的にみても大変古くから存在し，人から人へと口伝えで生き続けてきたわらべうたなのだ。筆者は2013年から，このうたの採集調査を全国各地の小学校１～４年生を対象に行ってきた（森，2014，2016）。

代表的なものは，「どれにしようかな　かみさまのいうとおり」という歌詞ではじまる（図17-2）。

実はこの冒頭部分にも「どちらにしようかな」，「どっちがいいかな」，「どっちどっち」，「どっちくちゃあ」など，多くのヴァージョンが存在していることが分かっている。また，何を選択するかを決めてくれるいわば「お告げの主」についても，上に挙げた「天の神様」もしくは「神様」が圧倒的に多いものの，「裏の神様」，「恵比寿さま」，「裏のごんべいじいさん」，「おまわりさん」などさまざまなものがある。

この冒頭部分に引きつづいて，「てっぽううってバンバンバン」，「あのねのね」，「プッとこいてプッとこいてプップップッ」など，多種多様な歌詞がうたわれる。選択肢であるものやひとを，原則として一文字歌うごとに順に指さしていくが，最後の一文字をうたい終えた段階で，自分が望んでいた選択肢を指さすことができないということもある。そのような場合には，子どもたちは即

興的に歌詞をつけて，自分の願望通りのモノにあたるようにちょっとした画策をする場合がある。そのため，このとなえうたは大変即興性のつよいものであり，無数のヴァージョンが現在でもうみだされ続けていると考えられる。「どれにしようかな」はまさに生きているうたなのだ。

　筆者はこれまでに，北は北海道，南は大分県までさまざまな場所で「どれにしようかな」の採集調査を行ってきた（森，2014，2016）。ここではまず歌詞と旋律という2つの音楽的な面から，それぞれ明らかになってきたことについて述べる。

　歌詞については，まったく同じものが複数の子どもたちから採集される例がほとんどないほど，多様性に満ちている。共通してあらわれるキーワードがあっても，その組み合わせが異なっているのだ。また，地域ごとの個性が非常につよくある。たとえば，北海道において多く登場した歌詞には「あかとんぼしろとんぼ」があった。一方で広島では「おさるのおしりがまっかっか」，福岡では「ごはんつぶ」，「にぎりめし」というキーワードが，何人もの子どもたちのうたの中に登場していた。

　全国的に多く登場するのが，「鉄砲うってバンバンバン」と，その後につづく「かきのたね」という歌詞である。しかしこれについても興味深い地域的特徴がある。それは新潟県の子どもたちにみられるもので，彼らは「かきのたねはからいよ」とうたうというのだ。じつは米どころである新潟県は日本一の米菓生産地であり，「亀田の柿の種」で知られる亀田製菓株式会社の本社のある地である。新潟県の子どもたちにとっては柿の種といえばピリ辛味の小さなおせんべいのことであり，そのことがいつからか「どれにしようかな」の歌詞にも織りこまれるようになったのだろう。このようにわらべうたは，子どもたちの住む地域や彼らの生活に密着して変化を遂げ，あらたなヴァージョンとなってゆく。

　次に旋律についてである。まず子どもたちのとなえうたの音の高さは，おおよそ c^1〜f^1（ピアノの真ん中のドの音〜ファの音）の間であり，歌詞のイントネーションに即して，多くの場合長2度音程（ドとレやファとソのように，ピアノでい

えば間に黒鍵もしくは白鍵1つを挟んだ音の隔たり）の2音の間を上下しながらうたわれる。そして，ひとつのフレーズの最後には，2音のうちの低い音から高い音へと上行して終わる。これは日本の伝統的な音楽のもっとも原始的で素朴な構造（岩井，1987）である。子どもたちは知らず知らずのうちに，こうした伝統的な音楽のルールにのっとって，「どれにしようかな」をうたっているのである（とはいえ明確な長2度ではないことが多く，単にことばをリズムよくいっている，というようなケースもあることを付け加えておきたい）。

　歌詞や旋律の他に筆者がとくに興味を抱いているのが，うたに結びついている身体の動きや，子どもたちが1人でうたうときとみんなで声をそろえるときに生じるうたの変化である。まず，子どもたちは「どれにしようかな」をうたうときには複数の選択肢を指さす動きをするが，この動きが上下に弾むようなものであるとき，その子どものうたはテンポが安定し，音程の行き来もはっきりとする傾向にある。そして，その動きが水平的であやふやなものであるときには，うたのテンポも音程の行き来も不安定なものになる傾向があるのだ。このことから，子どもたちのうたは，どうやら身体の動きとつよく結びついているようである。

　また，子どもたちは，1人でうたうときよりも数人でうたうときの方が，音程をはっきりとさせる。1人のときにはことばをリズミカルにとなえているだけだった子どもも，みんなで声を合わせるときには「うた」らしい2音間の上下を聴かせてくれることが珍しくない。このことは我々に，うたの起源について考えさせてくれる。

　音楽の起源には諸説あるが，その1つに，言語が起源であるというものがある。これは抑揚をつけて言葉をとなえることがうたになっていったという説である（ザックス，1969）。数人で声を合わせて同じ言葉をとなえるには，抑揚をはっきりとさせる必要があり，それは音楽的ないいかたをすれば音程やリズムをはっきりとさせることである。声をあわせてとなえうたをうたい，徐々にうたらしい音程やリズムをつくりだしていく子どもたちの姿は，少々大仰ではあるが，太古の昔の「うたのはじまり」を思わせるのだ。

第Ⅲ部　学び育つ子ども

■調査のこぼれ話

　ここまでは，となえうた「どれにしようかな」の調査において明らかになってきたことを音楽的な視点から説明してきたが，ここからは少し調査のこぼれ話を紹介したい。というのも，子どもたちのわらべうたは単純に一般化して説明できるようなものではなく，一つひとつのうたや，うたの合間に聴こえてくるちょっとしたつぶやきの中に，興味ぶかい豊かな発想が隠れているからである。

　1つめは，一人ひとりに「どれにしようかな」を実演してもらっていたときのエピソードである。1人の子どもが，「あ！　こういうのはどうかな？」といって「♪ドレミファソラシドー♪」とうたいながら指さしの動作をし，最後のドのところで指さしたものを「これ」と選んだ。すると他の子どもたちも一気に，口ぐちに同じようにうたい，指さしの動作をして笑い出す。このクラスであらたなとなえうたがつくり出された瞬間である。その後しばらく子どもたちは，このうたをうたって楽しんでいた。

　このように，既成の歌をうたうときとはまったく異なるわらべうたならではの面白さとして，子どもたちが常に新たなヴァージョンを生みだす可能性を秘めていること，子どもたちのコミュニティでそれが面白いもの，価値あるものとして認められれば一気に広まるということが挙げられるだろう。もしかするとこの新たなヴァージョンが，数年後，数十年後に全国に伝わっているかもしれないのである。

　2つめは，鬼ごっこやかくれんぼなどで鬼決めをする際のとなえうたに関するこぼれ話である。調査の際に複数の学校において，小学1年生の子どもたちが，「どれにしようかな」に似たうたでこんなのがあるよと，「♪だれかなだれかな　だれがおにかな♪」という，遊びに参加する子どもが円になってしゃがみこみ，足を順に指さして鬼を選ぶうたを教えてくれた。このうたでは，「おにかな」の「な」のところで指されていた子どもが鬼になる。鬼が決まれば，かくれんぼなり，缶けりなり，「だるまさんがころんだ」なり，さまざまな遊びが始まっていく。

さて，このうたについて同じ学校の小学2年生に尋ねると，「僕たちはちょっと違う」といって，次のようなうたをうたってくれた。「♪だれかなだれかな　だれがおにじゃないかな♪」。お分かりであろうが，この場合は，最後に指さされた子どもは鬼ではないので，円から抜け，次はその子以外の子どもたちで同様のうたをうたうことになる。最後の1人が残るまで，何度もくり返しうたうのである。

　これは一見すると大変に非効率的な，面倒な方法である。もしもすぐに遊びを始めたいのであれば，先に挙げた小学1年生のヴァージョンをうたえばよいのだから。しかし小学2年生たちは，あえて何度もうたう「だれがおにじゃないかな」という歌詞のヴァージョンを選んでいるのである。ここには，遊びそのものだけでなく，鬼を選ぶことにスリルや面白さを感じている子どもたち，そしてみんなで声を合わせとなえうたをうたうこと自体を楽しむ子どもたちの様子が窺える。わらべうたが現代の子どもたちにとっても，魅力あるものであることの証拠といえよう。

　3つめは，「お寺の和尚さん」の最新版についてのこぼれ話である。2013年に始めたとなえうたの調査において，埼玉の子どもたちはこのうたを，次のようにうたっていた。「♪おてらのおしょうさんがかぼちゃのたねをまきました　めがでてふくらんで　はながさいてかれちゃって　にんぽうつかってそらとんで　スカイツリーにぶつかって　くるりとまわってじゃんけんぽん♪」。

　このうたは従来，「スカイツリー」ではなく「♪とうきょうタワーにぶつかって♪」とうたわれることが一般的であった。現在でも首都圏から離れた地域ではこの歌詞がうたわれている。2012年に完成した日本一の高さを誇る「東京スカイツリー」に心躍らせた子どもたちが，歌詞にこのタワーを織り込んだのだろう。このような子どもたちの遊び心の豊かさには，調査をしながら感心してしまう。「歌は世につれ，世は歌につれ」とは流行歌の世界において古くからいわれる名文句であるが，わらべうたに関しては流行歌以上に，歌が世につれ，変わっていくのだ。

第Ⅲ部　学び育つ子ども

■子どもたちのわらべうたが保育・教育にもたらすヒント

　本章では，子どもとうたの関係について，とくにわらべうたの一種であるとなえうたに焦点をあてながら論じてきた。わらべうたが非常に多様性に富んだうたであること，口伝えで伝承されていること，新たなヴァージョンが今この瞬間にも生まれていること，そして何より，わらべうたが現代の子どもたちにとってもなお身近で魅力的なうたであるということ。これらが，調査の報告とこぼれ話から，少しでも伝わればと願っている。

　わらべうたについての調査を進める中で子どもたちに「そのうた誰に教わったの？」と尋ねると，多くの場合「うーん，分かんない」，「知らないうちに知ってたよ」という答えが返ってくる。しかし彼らのうたには，本章で述べてきたように，日本の伝統的な音楽のルールや身体との結びつき，多様性，アイデアが含まれている。子どもたちが自分でも意識しないうちに知っていて，日々実践していることは他にもたくさんあるだろう。

　保育者・教育者のかかわりによって，そうした多様性やアイデアはより豊かに展開されうるものである。子どもと一緒に新たなとなえうたを作ったり，お手合わせを考えたりすることは，音楽づくりの活動にもつながっていく。保育・教育を行うということは，決して「子どもたちの知らないことを教える」だけではない。子どもたちが無自覚のうちに学び，行っていることの面白さをともに楽しみ，彼らの発想を受けとめてより豊かに広げていくことも，保育・教育に携わる人間にとって大切な姿勢であるといえるだろう。

　子どもから学び，その上で子どもの学びを構想していくということ。幼稚園や保育所，あなたの住む地域のどこかで子どもたちをみる機会があったら，彼らの声に耳を澄ませてみよう。そこにはうたがあり，新たな学びの種となる何かがあるかもしれない。

〈もっと詳しく知りたい人のための文献紹介〉
◆小泉文夫（1986）．子どもの遊びとうた——わらべうたは生きている　草思社
　⇨世界的な民俗音楽学者小泉文夫がわらべうたについて論じた本。やさしく明解な

文章で読みやすい。世界のわらべうた事情についても少しであるが扱われている。
◆レヴィティン，D. J. 山形浩生（訳）(2010). 「歌」を語る――神経科学から見た音楽・脳・思考・文化　ブルース・インターアクションズ
　⇨歌は人間を人間たらしめる，世界にある歌はすべて6種類に分類できる，という大胆な仮説のもと，豊富な作品例とともに縦横無尽に語られる音楽の起源についての1冊。
◆鈴木恵津子・冨田英也（監修・編）(2011). 改訂　ポケットいっぱいのうた――実践子どものうた　簡単に弾ける144選　教育芸術社.
　⇨本章冒頭で挙げた幼稚園や保育所，小学校でよく歌われる楽曲が，やさしいアレンジで収録された歌集である。幼い頃のお気に入りの歌と再会することができるかもしれない。

【謝辞】
　となえうたの調査にご協力下さった各地の小学校の子どもたち，先生方に心より感謝申し上げます。また，本稿の内容は，JSPS 科研費（2015～2017年度若手研究(B)「わらべうたを手がかりとした音楽学習における知識変換プロセスに関する研究」課題番号15K21463）の助成を受けて執筆しました。

〈引用文献〉
呉東進（2009）. 赤ちゃんは何を聞いているの？――音楽と聴覚からみた乳幼児の発達　北大路書房
岩井正浩（1987）. わらべうた――その伝承と創造　音楽之友社
懸田弘訓（1991）. 福島のわらべ歌（日本わらべ歌全集4下）　柳原書店
小泉文夫（1986）. 子どもの遊びとうた――わらべうたは生きている　草思社
森薫（2014）. わらべうたの多様性をうみだす諸要因についての一試論――となえうた「どれにしようかな」を題材として　未来の保育と教育――東京未来大学実習サポートセンター紀要　創刊号, 1-8.
森薫（2016）. 〈報告〉となえうたの教材化に関する基礎的検討――「どれにしようかな」の採集調査と「活動理論」をふまえて，教材学研究, 27, 159-170.
Sachs, C. (1943). *The rise of music in the ancient world, East and West.* New York: W. W. Norton & Company, inc.（ザックス，C. 皆川達夫・柿木吾郎（訳）(1969). 音楽の起源　音楽之友社）
JASRAC 出　1701993-701

第18章 数と子ども
―― 子どもたちが持っている可能性を探ろう ――

中和 渚

　最初に乳児や幼児に関する研究で明らかになってきたことをクイズ形式で考えてみましょう。○か×かで答えて下さい。

　1問目　10カ月から12カ月の乳児は数の認識や区別ができない。
　2問目　幼児が「1，2，3，……」と正確に数を数えることができるならば，その幼児は数の概念を理解しているといえる。

　1問目の答えは「×」です。J. ピアジェという有名な心理学者は算数・数学教育においても多くの業績を残しました。彼の説では乳児は数の大きさの区別ができないとされていましたが，1982年にM. S. シュトラウスとI. E. カーチスが行った実験では，数の認識ができるという結果が出ており，このことは現在の主流となっています。2問目の答えは「×」です。数を唱えること（数唱）ができても，数の理解が伴っていると判断するのは難しいのです。たとえばお風呂で幼児が「1，2，3，4……」と唱えていることは，数の読み方を覚えているとは言えますが，数量の感覚を持っているとは必ずしも言いきれません。

　本章では子どもと数についての関係を詳しくみていきましょう。読み終える頃にはあなたも数の世界と子どもの世界に浸り，ワクワクして胸が躍るかもしれません。

■子どもたちは数をどのように身につけていくのだろう

　「あなたは学ぶことは好きですか？」。筆者は大学生に数学を教えており，いつもこの質問を投げかける。大学生たちは「算数・数学が嫌いでした」，「数学

が苦痛でした」と話す。数学教育を専門とする私は苦笑いをせざるを得ない。また，別の場面では，将来幼稚園・保育園で働くことを希望している学生たちが次の言葉を発する。「幼児たちはできないことが多いから，私たち大人がしっかり教えてあげないといけない」。これらの発言について少し考えてみたい。

　まず，ある事実がある。子どもたちは小さいときは全員，数が大好きである。さらにいうと，数だけではなく，ことばや身の回りの知らないことを学ぶことが大好きである。身の回りの現象を学び理解するという行為は，人間の本能といってもよいだろう。たとえば，身の回りにいる幼児に「知っている数を教えて？」とたずねてみてほしい。きっと彼らは得意げになって大きな声で数を数え始めるだろう。自分が知っていることを他の人たちに伝えたいのだ。だから，「算数・数学が苦手だな」と今は思っている人たちも，子どもの頃は数を楽しく学んでいたのだと，私は確信している。

　次に「子どもはできないことが多い」ということについて考えたい。このことに関して私は反論したい。最近の研究結果からは大人が思っているよりも，幼児たちはいろいろなことができるということが分かってきている。たとえば，幼児は数を数えるということ以外にも，演繹的な推論を行うことができるともいわれている（中道, 2005）。このように，現在では子どもたちは算数・数学的な能力の萌芽をすでに持っていると考えられている。

　「数える」ということに話を戻そう。西欧では，幼児が数をどのように理解しているのかということについて100年以上も研究が行われてきた（Sarama & Clements, 2009）。心理学者たちの実験によると1歳に満たない乳児でさえ，1から3の数の違いについて区別ができるということが分かっている（Starkey, Spelke, & Gelman, 1990）。一方で，「どのように子どもたちが数を理解しているのか」という問いに対して，目でみて分かる「数える行為」を観察することで，研究者たちは答えを出そうとしてきた（Nunes & Bryant, 1996）。話すことができない幼児の能力を判断するには，まずは視覚的な現象から検証しようという苦肉の策だといえる。

　これまでの研究結果から，幼児は数えるという行為によって，数をどのよう

に決定するのかということと，数の使い方そのものについて，経験的に学びを深めていくということの2点が分かってきた。Nunes & Bryant (1996) によれば4歳くらいの幼児は数詞を連続していう（数唱する）ことができるが，数え方を完全に理解しているとはいえないという。日本では2, 3歳でも簡単な数唱ができる幼児はいる。しかし，彼らの発達段階を考えると，正しく一貫して数えることはまだ難しい。この本の読者の一部は，数えることは簡単だと思っているかもしれないが，必ずしもそうではない。

　数えるためには，前提となるいくつかの原理がある。それらは①1つの数は1回数える。つまり2回数えたり，1回スキップしたりすることはない。1対1の対応をする，②最後に言った数が，その数の大きさに一致する，③数える順番は数の大きさに関係がない（数える順序が異なっていても数の大きさは変わらない）という原理である（Wittmann & Müller, 2009）。これらは大人にとっては当たり前だが幼児にとっては必ずしもそうではない。数えることが確実にできるようになるまでには，同じ数を2, 3回数えてしまったり，スキップしたり，あるものを数えなかったりする行為は自然に起こり得る。たとえば，ある2歳児が丸いお菓子を数える様子を私は観察していた。幼児は指でお菓子を差しながら「1, 2, 3」と数えたが，4を過ぎるあたりから，指と数唱が一致せず，また何度も同じお菓子を数えた。ときには数えるのを忘れたお菓子もあった。このように子どもたちは身の回りの大人や年上の子どもを見ながら，数える行為を繰り返し練習する。間違いを何度も繰り返して，長い時間をかけて習得するのである。

　5〜6歳になると数える原理を理解できるようになる。しかし5〜6歳児の数の理解は具体的な場面に強く関連づけられている。たとえば「いくつありますか？」という問いに対して，幼児は正しく答えることができる。しかし，他の具体的なもののまとまり（集合）に対して同じ数を作ったり，比べたりする行為には結びつけられない場合がある（Nunes & Bryant, 1996）。つまり子どもが数える技能を完璧に身につけるには一定の時間を要するのである。また，多様な生活場面で子どもたちが数にかかわることが，数える技能を習得するため

には必要となる。これらのことからも，幼児のための学習塾で，抽象的な数字を多用して大きな数の加減乗除を行うようなことは，必ずしも発達段階に沿った学びとはいえない。

■ドイツで行われている数についての研究

　筆者はドイツの算数・数学について研究を進めている。ドイツの幼児を対象にした算数の研究は，日本よりも進んでいる。算数用テキストとともに，保育者や保護者・養育者が使う解説本も発行されている。これを紹介したい。

　ドイツのドルトムンド大学で「マス2000（mathe 2000）」という算数・数学教育のプロジェクトが行われている。開始者は数学教育学者であるビットマン氏，ミューラー氏だ。彼らは幼児教育から高等教育（大学）までを一貫して捉えることが重要だと考え，「パターンの科学としての数学」という視点で，教材を開発してきた。簡単にいうと，パターンについて人間が探究することが数学であるという考え方である。他の数学者たちも，この「パターンの科学としての数学」という見方を主張している（例えば，デブリン，1995）。彼らが開発した教材はとても興味深いものである。次の2つの例を挙げたい。

　図18-1は丸を用いて三角形を作っていく。一番下の段の数を1つずつ増やしていくと視覚的にパターンがみえてくる。数を増やすと，三角形のパターンができる。奇数段と偶数段の色を変えても美しいパターンがみえてくる。パターンの探究やパターンを美しいと感じる感性は人間がもともと持っているといわれている。子どもたちは夢中になってパターンを作っていく。

　図18-2は教科書の内容の一例だ。7つの丸で花を作るが，赤と青の丸を用いることで，いろいろなバリエーションができる。同じ花の形でもいろいろな異なるパターンを考え出すことができる。

第Ⅲ部　学び育つ子ども

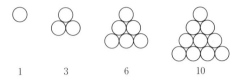

図18-1　数量のパターン（例）（筆者作成）

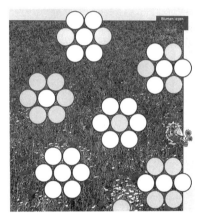

図18-2　数量のパターン（例）（Wittmann & Müller, 2004, p. 7）

■「うさぎとかめ」のゲーム

　筆者は上記のドイツの実践に感銘を受け，日本でも子どもたちの算数の可能性をみてみたいと考えた。そこで日本の文脈に合わせてドイツの教材を改変して，保育園や幼稚園で実践した。ここで「うさぎとかめ」という1から20までの数に関するゲームを紹介したい（Wittmann & Müller, 2004）。

　この活動では20までの数を覚えることが目的なのではない。サイコロを使うすごろくゲームを通して，幼児が数に親しみを持ち，たし算やひき算の基礎に触れてほしいということを意図した。また最初に「うさぎとかめ」の読み聞かせを行い，ぬいぐるみのうさぎとかめを使って問題状況を説明して，楽しく遊ぶことができる工夫も行った。

第18章　数と子ども

●「うさぎとかめ」のプログラム案
①問題場面の設定
　子どもたちは半分に分かれて半円形に着席する。椅子でも床でもどちらでもよい。磁石つきのホワイトボードか黒板に，模造紙を貼る。うさぎとかめの物語の絵本を読み聞かせる，あるいは場面状況を説明する。
②準備
　・目のあるさいころ
　・すごろくゲーム台紙

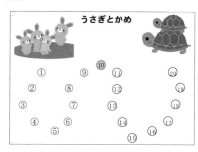

図18-3　うさぎとかめのすごろく（筆者作成）

③活動の目的
　すごろくを用いて1〜20までの数え上げ（数を1ずつふやして数える）・数え下げ（数を1ずつ減らして数える），たし算，ひき算を行う。さいころの目を読む。
④活動の方法
　1人ずつ順番にさいころをふり，いくつあるのか読み，数え上げ・下げをしているのか確認する。
⑤活動の流れ
(1)問題状況の設定
　（例）「うさぎとかめ」の物語を幼児たちが聞く。
(2)うさぎとかめグループに分かれた子どもたちが順番にさいころを振り，コマを移動する。年長児から年中児の順序がよい。年中児は年長児や保育者の補助があってよい。
(3)どちらかが1か20を越すとき，勝ちとなる。ゴールが近くなったら，「何の目が出たらうさぎさん（かめさん）の勝ちかな？」と聞く。
⑥年少児・年中児の活動

> 数え上げ・下げ，指を使ってコマを移動する。数を知らない場合でも幼児の負担にならないようゲームに参加できるよう配慮する。年長児と年中児を混合してゲームを行ってもよい。また20までではなく，10まで，15まで，というように数を少なくし，立方体を使ってサイコロの目が1～3までのものを作成し，小さな数で行ってもよい。

■「うさぎとかめ」の実践

　熊本市内の城山幼稚園にて年長児と年中児の混合グループでこの活動を行った（2016年8月14日実施）。算数の取り組みにとくに力を入れている園ではないが，「見守る保育」を理念としており，子どもが異年齢で関わり合って遊んだり学んだりする環境を作り出すことを大切にしている。遊ぶスペースではアナログの時計を読ませる工夫がみられる。おもちゃやものを長さや大きさに分けて分類するようなコーナーもあり，日常の遊びの中に算数を意識している。

　子どもはあっという間に問題状況を理解して，遊び出した。全員の前で順番に1人ずつさいころを振り，自分のチームに向かって駒を進める。年中児を年長児が助けることでゲームを進めていた。駒の進め方についても，お互いに間違いを指摘するような場面もあった。ゲームを始める前には，数え下げが難しいかもしれないと私たちは予想していたが，たとえば13の駒にいて6下がるときでも，あっという間に「7」と答えていた。

　ゲーム開始から1時間後になっても勝ち負けがつかなかったため，保育士が「ボーナスタイム」を設定した。「出た目の数の2回分進める」という特別ルールを導入した。結果，うさぎチームが勝利を収め，かめチームはがっかりしたが，最後には保育士の機転で，かめチームもさいころを振って，ゴールした。負けた子どもたちは「かめさんが負けちゃってかわいそう」と話していたが，最後には安心した顔をして，全員が納得いく形でゲームを終えた。

■保育者としてどのように子どもの数の成長に携わるか

　ドイツではゲームを行う際の教師や保護者に対する注意事項をこのように述

第18章　数と子ども

図18-4　うさぎチームの幼児がさいころで出た目から駒を動かしている（筆者撮影）

べている。「他の幼児と比べないで一人ひとりの成長が大切なことに気づく」，「間違いがあっても気にしない。幼児が気づかなければ，気付いていないふりをしてもいい。正しいか間違っているかが大切なのではなくて，幼児たちが自分自身で行動しているということがとても大切である」，「子どもたちが，何ができるか，できないのか，というよりも子どもが学んでいるのかどうかが重要である」(Wittmann & Müller, 2009)。

　子どもたちにとって「遊ぶ＝学ぶ」であるから，遊びを大切にしているというのは理解できるだろう。一方で，高校生までは「算数・数学において答えは1つしかない」，とあなたたちは学校で教えられてきたからこそ，「間違いを見逃す」ということは新鮮に感じるかもしれない。正確さを大人は気にしがちだが，幼児期の算数的な取り組みでは重視されない。数に関わる遊びを行うこと自体が，価値があることなのである。この見方を同じように日本でも大切にしたい。

■幼児算数教育の今後

　日常生活の中で数に関する事柄を，幼児たちにゲームや遊びを通して自然に

学んでもらうのがよいのではないだろうか。日本の幼児期の算数に関連する研究は発展途上のため，幼児がどのような算数的な力を持っているのか，分かっていないことも多い。近い将来，就学前後の学びを円滑にするための取り組みが多く行われていくことを考えれば，幼児のことをよく知り，学ぶことで，これから明らかになっていくことも少なくない。そのような意味で，私たち大人が彼らから学ばなくてはならないことはたくさんある。

〈もっと詳しく知りたい人のための文献紹介〉
◆カミイ，C. K.・加藤泰彦（2008）．ピアジェの構成論と幼児教育Ⅰ──物と関わる遊びをとおして　大学教育出版
　⇨J. ピアジェの弟子のC. K. カミイが幼児教育における遊びに基づいた数量に関連した活動を紹介していて，実践でも役に立つ。シリーズが出ている。
◆Wittmann, Ch. E., & Müller, N, G.（2015）．*Das Zahlenbuch 0. Germany*, Klett Ernst/Schulbuch.
　⇨ドイツの幼児算数教育のテキストブック。内容はドイツ語だが，教材を見ながらルールを理解できるものもあり，日本の幼児教育でも活用可能。このほかにも多くのシリーズや教材があり参考になる。書店やウェブで注文可能。

【謝辞】
　調査にご協力してくださいました城山幼稚園，保育士と幼児の皆様には心より御礼を申し上げます。本稿の内容は平成27年度科学研究費補助金（基盤研究(B)）15H02911（代表者：松尾七重）の助成を受けて執筆しました。

〈引用文献〉
Devlin, K.（1994）．*Mathematics : The Science of Patterns : The Search for Order in Life, Mind, and the Universe*. W. H. Freeman & Co.（デブリン，K.　山下純一（訳）．（1995）．数学：パターンの科学──宇宙・生命・心の秩序の探求　日経サイエンス社）
Müller, G. N., & Wittmann, Ch. E.（2004）．*Das kleine Zahlenbuch Teil 1 Spielen und Zählen*. Germany, Klett Ernst/Schulbuch.
中道圭人（2005）．幼児における演繹推論研究とそのプロセスモデル　学校教育学研究

論集, *11*, 1-11.

Nunes, T., & Bryant, P. (1996). *Children Doing Mathematics*, Oxford, UK, Blackwell Publishers.

Sarama, J., & Clements, D. H. (2009). *Early childhood mathematics education research : Learning trajectories for young children.* New York, NY: Routledge.

Starkey, P., Spelke, E. S., & Gelman, R. (1990). Numerical Abstraction by Human Infants. *Cognition, 36*, 97-128.

Wittmann, Ch. E., & Müller, N, G. (2009). *Das Zahlenbuch Handbuch zum Frühförderprogramm.* Germany, Klett Ernst.

第19章 インクルーシブ保育と子ども
―― ともに育ち合う保育を目指して ――

岡本明博

　幼稚園や保育所のクラスの中には年齢，性別，国籍の違う子ども，障害のある子どももない子どももいます。子どもには発達や個性の違いもあります。さらに家庭での生活状況や習慣，養育状況の違いもあります。実に幼稚園や保育所にはさまざまな子どもたちがいます。

　このように障害のある子どもなどさまざまな違いがある子どもを一緒に育てる保育がインクルーシブ保育です。インクルーシブ保育では，子どもの育ちだけでなく，保育者もともに育ち合う保育を目指しています。

　今，保育の現場では，障害のある子どもなど配慮を必要とする子どもたちを幼稚園や保育所のクラスの中に受け入れながら，インクルーシブ保育をどのように進めていくのかが注目されています。この章では，障害のある子どもの保育の基本となるインクルーシブ保育，障害のある子ども，保育者の役割について述べていきたいと思います。

　なお，この章で用いる「障害」という表現について，若干の説明をしておきます。インクルーシブ保育の考えや，「害」という表記から受けるマイナスイメージ（「害を与えるなど」）を軽減するために，「がい」と表記することが望ましいとする意見があり，筆者も同じ立場をとっています。しかし，現行の法律や制度，保育者カリキュラム等では「障害」という用語を適用しているため，本章ではこの点を鑑みて「障害」と表記している点をご理解いただきたいと思います。

■インクルーシブ保育

　まず，インクルーシブ保育のインクルーシブということばの意味について確認したい。辞書で調べてみると，インクルーシブ（Inclusive）には「包まれて

いる」,「一緒の」という意味がある。その反対には,エクスクルーシブ（Exclusive）があり「排除する」という意味になる。つまり,インクルーシブとは,「どの人も排除されることのない一緒の」ということになるであろう。このようなインクルーシブの考えは,多様性を認め,だれも排除されることがない社会をつくることを目指す「社会的インクルージョン（social inclusion）」という,共生社会の理念に基づいている。

　この理念に基づいて保育をつくろうとするインクルーシブ保育は,「どの子どもも排除されることのない一緒の保育」を目指している。子どもは一人ひとりがユニークな存在であり,違うことが当たり前であることを前提にしている。年齢の違いや障害の有無にかかわらず,「子ども」という視点で,どの子どもも保育の場において大切に包み込まれている状態が重要になる。

　しかし,同じ空間の中でどの子どもも一緒に過ごしているというだけでインクルーシブ保育といえるだろうか。その答えは「いいえ」だ。ただ単に子どもたちが同じ場で時間を共有しているだけでは,インクルーシブ保育とはいえない。インクルーシブ保育では,一緒に保育を受けながらも一人ひとりの育ちのニーズに必要な支援や援助が保障されることも大切である。

①障害のある子どもがいて当たり前の保育

　かつては日本に限らず世界の国々で,障害のある子どもたちは,障害のない子どもとは別途に分離された特別な場で保育が行われていた。このように障害のある子どもとない子どもが分かれて別々に保育をうける形態のことを「分離保育」（図19‐1）という。

　我が国においては,1970年代から障害のある子どもが,障害のない子どもと同等に生活し,活動する社会を目指すノーマライゼーションという理念が広がり始めた。その流れの中で,障害のある子どもの保育は「分離保育」から「統合保育」へと取り組みが進んだ。「統合保育」（図19‐2）とは,地域の子どもたちが通う幼稚園や保育所で,分離されていた障害のある子どもが障害のない子ども集団に統合され,一緒に保育を受ける形態のことである。

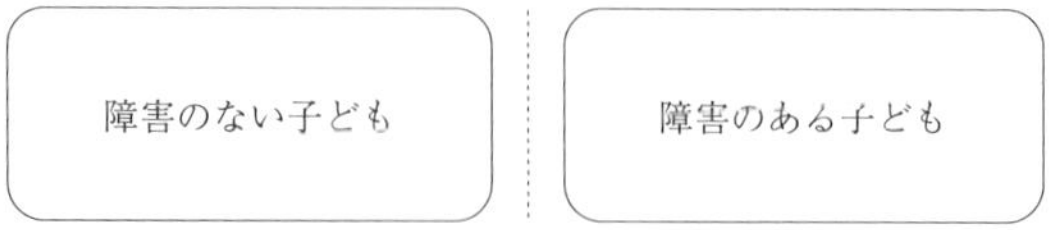

第Ⅲ部　学び育つ子ども

```
┌─────────────┐┌─────────────┐
│ 障害のない子ども ││ 障害のある子ども │
└─────────────┘└─────────────┘
```
図19-1　「分離保育」（筆者作成）

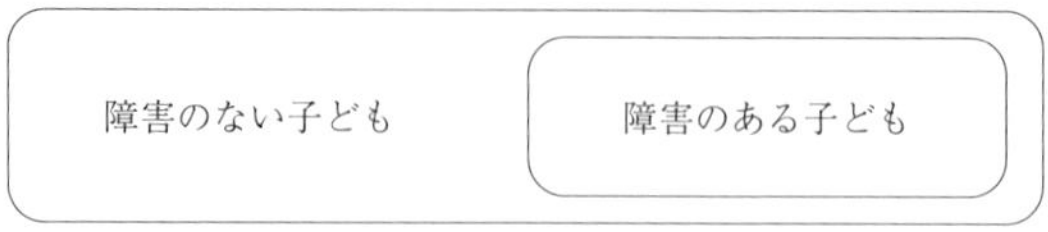

```
┌──────────────────────────┐
│ 障害のない子ども  ┌─────────┐│
│                  │障害のある子ども││
│                  └─────────┘│
└──────────────────────────┘
```
図19-2　「統合保育」（筆者作成）

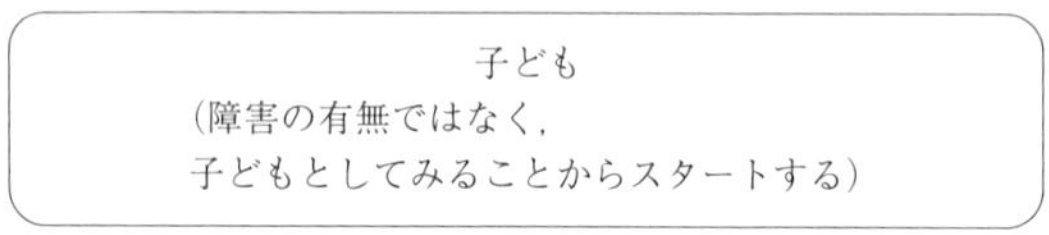

```
┌──────────────────────────┐
│            子ども           │
│    （障害の有無ではなく，     │
│  子どもとしてみることからスタートする）│
└──────────────────────────┘
```
図19-3　「インクルーシブ保育」（筆者作成）

　2006年に国連が提唱した「障害者の権利に関する条約」との関連により，現在，障害のある子どもの保育は，「統合保育」から「インクルーシブ保育」へと取り組みが進んでいる。インクルーシブ保育は，分けられた障害のある子どもをない子どもの集団に入れるという「統合保育」の考え方とは違い，障害のある子どもとない子どもがはじめから一緒にいることを前提とする保育であり，子どもを「障害」の有無でみるのではなく，「子ども」としてみる保育（図19-3）である。

②障害のある子どもだけでなくどの子どもにもよい保育を
　インクルーシブ保育を考える上で大切なことの２つ目は，障害のある子どもにとっても，ない子どもにとってもよりよい保育にしていくということである。すべての子どもが一緒に保育を受けるインクルーシブ保育においては，場と時間を共有し，一緒という集団の形だけにとどまらず，集団にいる子ども一人ひとりが，その中で個性を尊重されながら主体的に生活を展開し，自己実現していることが重要なことである。そのためには，個別のニーズに対応する適切な支援の保障が求められる。その支援が保障されない保育では，インクルーシブ

保育の実現は難しい。

　近年，保育の現場には障害の有無に限らずさまざまな子どもがいる。はっきりとした障害はないが発達や行動が気になる子ども，虐待を受けている子ども，貧困な家庭で暮らしている子ども，国籍や文化が異なる子どもなどがそうである。障害のある子どもたちに限らず，保育の現場ではどの子どもにもよりよい保育を目指すことが求められている。どの子どもにもよい保育を行うことは容易なことではない。しかし，どの子どもも集団の中から排除されることなく，子どもが主体となるよりよい保育を目指す保育がインクルーシブ保育である。

③子ども集団の中でともに育つ子ども

　インクルーシブ保育を考える上で大切なことの3つ目は，子どもは子ども集団の中でともに育つということである。障害のある子どもや年齢の違う子どもを一緒に育てるインクルーシブ保育では，さまざまな子どもたちが，互いの関係を育み，多様で豊かな関係性の中で成長を遂げていく。たとえば，物の取り合いや意見の違いにより人とぶつかり合うことで，子どもは相手の気持ちや感情に気づき，相手を思いやる心を育むことができる。保育者のあたたかい見守りの中で，子どもは支援を受けながら相手を尊重する力を身につけていくことも可能となる。このような子ども集団の中でのかかわりを通して，子どもたちは成長し合っていく。

　保育者が集団の中で，子どもを支援する際に心がけたいこととしては，子どもの思いや言葉に丁寧に耳を傾けること，子どもの気持ちに寄り添うことが挙げられる。このような保育者の愛情ある姿は，子どもたちに伝わり，子どもたち同士が互いを認め関係性を育む土台となる。子どもたちの気持ちを受け止めようとする保育者の姿が，子ども同士のよい関係を育むことにつながるのである。

　子ども集団の中で，どの子どもも自分の思いや意見を表し，試行錯誤しながら，仲間と真剣になって何かに取り組み，主体的に幼稚園，保育所で生活することができる保育がインクルーシブ保育でもある。

第Ⅲ部　学び育つ子ども

■障害のある子どものとらえ方
①障害のとらえ方
　障害には大きく2つのとらえ方があるといわれている。1つは，心身の機能の低下や異常，身体の一部欠損または喪失などの医学的・生物学的レベルから障害をとらえる。もう1つは，生活の中で生じるさまざまな困難を含むとする生活レベル，社会レベルから障害をとらえる。近年では，医学的・生物学的レベルの障害に加え，生活に生じる困難さまでも含めて障害ととらえるようになってきた。これは，WHO（世界保健機関）が示した障害についての新しい考え方である。WHOは2001年にICF（国際生活機能分類：International Classification of Functioning, Disability and Health）を採択し，障害を生活機能という枠組みでとらえ，次の3つのレベルに分けて考えることになった（図19-4）。1つ目は，心や体の機能，手足といった体の部分を表す「心身機能・身体構造」であり，ここに著しい変異や喪失が生じた状態を「機能障害・構造障害」ととらえる。2つ目は，生活の中で個人が課題や行為を行う「活動」であり，個人が活動を行うときに生じる難しさのことを「活動制限」という。3つ目は，社会生活のさまざまな場面への活動にかかわる「参加」であり，ここに難しさが生じた状態を「参加制約」としている。
　ICFにおいては，生活をする上での支障や困難さの障害は，置かれた環境のあり方によっても変わりうるとした。このように生活に生じる支障や困難を含む障害をとらえる要素として，「環境因子」を明確に位置付けた。たとえば，交通事故で足の機能が不自由になった子どもがいたとしても，車椅子でエレベーターを利用することができる環境が整備されていれば移動することが可能となるであろう。この「～があれば，～ができる」ということからも分かるように，環境のあり方次第によって，子どものできることが増えたり減ったりするのである。その子どもを取り巻く周囲や環境が困難さを含む障害の程度に大きな影響を与えていることが分かる。幼稚園や保育所においても，保育者の適切な支援がある環境とない環境では，子どもの集団活動への制限や集団参加の制約による障害の程度は大きく違ってくるであろう。したがって，インクルーシ

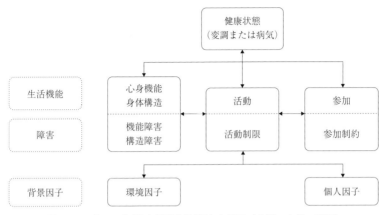

図19-4 「ICF（国際生活機能分類）」と障害（井澤・小島，2016）

ブ保育における保育者の役割が重要なのである。

②障害のある「子ども」のとらえ方

　本章では「障害児」ではなく「障害のある子ども」と表記している。なぜ「障害のある子ども」と表記しているのであろうか，みなさんにも考えてもらいたい。

　英語では「a disabled child」と表記するのが「障害児」であり，「a child with a disability」と表記するのが「障害のある子ども」である。「a disabled child」は文字通り障害の視点から子どもをみており，障害と子どもを一体的にとらえているが，「a child with a disability」はまず1人の子どもとしての視点から子どもをみており，子どもに付随する状態として障害をとらえている。

　このように「障害児」と「障害のある子ども」の表記の違いは，子どもをどのようにみるのか，どのようにとらえるのかという「子ども観」の違いを表しているともいえる。「障害児」という表記は，まず，障害に注目し，そして障害と子どもを一体的にみている。一方，「障害のある子ども」という表記は，まず，1人の子どもとしてとらえ，その子どもに付随する状態として障害をとらえている。インクルーシブ保育では，子どもを第1にとらえ，障害は付随す

る状態を表していると考え，あくまでも1人の子どもとして「Aくん」を受け止めることを重視する。保育者が障害名にこだわってしまうと，目の前にいる「1人の子ども」の真の姿が見えなくなってしまうことがあるので十分に気を付けたい。

なお，ここで注意しておきたいこととして，障害名については理解しなくてもよい，障害名は必要ないということを述べているのではない。障害名はその子どもを客観的に科学的に理解するための重要な情報である。「Aくん」の理解を深めるためにも「障害名」は大切な1つの情報となることを加えて述べておく。

■大切な保育者の役割
①一人ひとりの発達をとらえる

障害のある子どもの保育では，保育者の働きかけにより障害のある子どもが「変化」することを求めている。インクルーシブ保育では，それに加えて，人的環境（保育者，子ども），物的環境（保育室，教具など）を含め子どもの周り，つまり保育者が「改善」，「変化」すべきことも求めている。たとえば，食事の場面でスプーンを投げるBちゃんに対して，「スプーンを投げるのは，何が原因なのだろうか，どうして投げるのだろうか，食器の中に嫌いな食べ物があるのか，私の食べさせ方がよくないのかもしれない……」と考え，保育者が日頃の保育を人的環境と物的環境の両面から見直すことを重視している。

日頃の保育を見直す際には，一人ひとりの育ちを把握することが，保育者には求められる。障害のある子どもの保育に限らず，どの子どもにとっても一人ひとりの子どもの理解から援助や支援を考えることが出発になる。これは保育の基本である。

保育の現場で，障害のある子どもがとる逸脱行動（たとえば，ものを投げる，部屋から飛び出す）に対して，まれではあるが場当たり的な行動の修正に終始する保育者の姿をみることがある。保育者が逸脱行動の修正を求め続けることで，子どもの行動はより激しくなり深刻化する場合がある。このような対応によっ

て，保育者と子どもの関係性がこじれることもある。

　保育者は一人ひとりの子どもの特徴をとらえ，それを理解することが大切である。しかし，そのとらえ方が保育者の主観に偏るものであるならば，あまり意味を持たない。できるかぎり客観的にその特徴をとらえることが必要となる。そこで次に，保育者が個々の子どもの特性を客観的にとらえる方法について述べる。

■子どもの特性をとらえる
①行動観察
　保育の中で，保育者が子どもの特性をとらえるための方法として行動観察がある。行動観察とは，保育の中で子どものある行動の生起や経過を自然のままに観察することである（平山・鈴木，1993）。対象となる行動（たとえば，部屋から飛び出す）が生じる前と後を5W1Hの「いつ（When），どこで（Where），だれが（Who），なにを（What），なぜ（Why），どのように（How）」という6つの要素で観察するのである。行動観察によって得られた行動を客観的に記録し，その事実から子どもを理解するための糸口がみつかるのである。その上で，子どもの置かれている状況や場面，生活環境，性格，気持ちの状態などを把握しながらその行動のもつ意味を子どもの姿から分析することが大切になる。

②心理検査
　心理検査は，特定の個人や集団にあらかじめ客観的に構成された質問や課題を与えて，性格，知能，学力，態度，適性，興味などを数的，質的に測定し，その個人の心理的特徴の把握や診断を目的とするものといえる（平山・鈴木，1993）。心理検査には多くの種類がある。ここでは詳細に説明しないが，乳幼児の理解に役立つと思われるのが発達検査である。この検査は乳幼児の精神発達を同年齢の子どもの標準と比較して，対象となる子どもの到達している程度を把握するものである。実施方法としては，乳幼児に課題を与えてその反応を観察測定するやり方と，親の観察や評定に基づいて結果を得ようとする間接的

な観察測定がある。検査内容としては，精神面，身体面のいくつかの領域にわたる項目を全体的にまとめて，困難度の順に配列したものと，発達をいくつかの領域にわけたものがある。後者の検査領域としては，移動運動，手の運動，基本的生活習慣，対人関係，発語，言語理解などがある。なお，発達検査の結果については，発達のプロフィールや発達指数（DQ: Development Quotient）によって表される。

③子どもの発達特性を理解する

　一般的に心理検査を行うのは専門の研修を受けた心理士が担当することが多く，保育者が検査を実施することはまれである。保育者は心理士と連携をとりながら，行動観察や発達検査で得られた情報をもとに子どもの発達状態の理解を深める。その際に，気を付けたいこととして，子どもの足らないところだけに着目するのではなく，困難さやその背景にあることを理解し，子どもの困難さに寄り添う姿勢を持つことが重要となる。その子どもの育ちを支援する個別支援計画を作成する際には，他の子どもと比べて「あれもできない」，「これもできない」というように，減点方式で子どものできないところや難しいところなど，子どものマイナス面ばかりを注目するのではなく，加点方式で「あれができる」，「これができる」というように，子どものできるところや子どもの興味，関心，得意なところなど，子どものプラス面にも着目して，その子どもの良さを見直す機会にしたい。

　保育者は子どもの発達特性を理解し，できないところをできるようにすることや，マイナス面を減らすことだけを支援の目標や課題とするのではなく，子どもの興味，関心を広げ，得意なところを伸ばすことも含めた個別支援計画を作成することが必要である。保育者は集団保育の場面で，障害のある子どもが達成可能な目標を立て，集団の中で子ども同士の関係を調整しながら，障害のある子どもが「できる自分に出会う」機会をできるだけ多く持てるようにしたい。

2014年に「障害者の権利に関する条約」が我が国においても批准され，これからますます保育の現場では，障害の有無にかかわりなくすべての子どもがともに育ち合うインクルーシブ保育の実践が拡充していくことになるであろう。

すでに保育の現場にはさまざまな子どもたちが存在し，その子どもたちの発達を保障する役割を保育者が担っている。保育者が子どもにどのように働きかけるかによって，子どもたちの成長に大きな影響を及ぼす。インクルーシブ保育では，保育者の役割が重要となるため，保育者が子どもとともに学び育つことを大切にしている。その際に，子どもと保育者に加えて，保護者もともに学び育ち合う保育を目指すことが必要であろう。

〈もっと詳しく知りたい人のための文献紹介〉

◆柴崎正行・太田俊己（監修）高倉誠一・広瀬由紀・相磯友子（編）（2016）．イラストでわかるはじめてのインクルーシブ保育　合同出版
　⇨幼稚園や保育所の事例をインクルーシブ保育の視点から解説している。イラスト入りで保育の初心者にもわかりやすい内容となっている。
◆堀智晴・橋本好市・直島正樹（編）（2014）．ソーシャルインクルージョンのための障害児保育　ミネルヴァ書房
　⇨ソーシャルインクルージョンの観点から，インクルーシブ保育の理論と実践について，保育者として必要な知識と技術について詳しく説明している。

〈引用文献〉

平山諭・鈴木隆男（編）（1993）．発達心理学の基礎Ⅰ　ライフサイクル　ミネルヴァ書房
井澤信三・小島道生（編）（2016）．障害児心理入門　第2版　ミネルヴァ書房

第20章 子育て支援と子ども

今井康晴

　自宅から大学までの道のりでは，いろいろな幼稚園，保育所，認定こども園などをみかけることと思います。それは自分が通った幼稚園，保育所であったり，または近所の幼稚園の可愛らしい園バスであったり，あるいは駅や商店街で園児募集の看板であったり，現在，ほとんどの市区町村に幼稚園，保育所，認定こども園のいずれかがあり，小学校に入学するまでの子どもが通っています。

　そもそも幼稚園，保育所，認定こども園の目的は「子どもの生活を支援し，遊びを通して教育，保育すること」になります。そして，同じように重視されていることが「子育て支援」です。幼稚園，保育所，認定こども園では，それぞれの特性を生かし，さまざまな「子育て支援」が実施されています。では今，なぜ「子育て支援」が重視され，求められているのでしょうか？　また「子育て支援」はいつ頃からはじめられたのでしょうか？　そして，いずれ結婚し，子育てをする機会が訪れたそのとき，あなたは子どもを幼稚園に預けますか，保育所に預けますか，それとも……。

■幼稚園と保育所の子育て支援

　まず，「子育て支援」という言葉のイメージを探ると，幼稚園や保育所などの保育施設が浮かぶであろう。保育施設の役割として一般的には，「子どもの生活を支援すること」，「子どもを教育・保育すること」が挙げられるが，昨今では，これに加えて，「家庭を支援すること」，「子育て支援をすること」も重要な役割とされる。たとえば，平成20年度の幼稚園教育要領（文部科学省，2008）では「教育課程に係る教育時間の終了後等に行う教育活動などの留意事項」において「幼稚園の運営に当たっては，子育ての支援のために保護者や地

域の人々に機能や施設を開放して、園内体制の整備や関係機関との連携及び協力に配慮しつつ、幼児期の教育に関する相談に応じたり、情報を提供したり、幼児と保護者との登園を受け入れたり、保護者同士の交流の機会を提供したりするなど、地域における幼児期の教育のセンターとしての役割を果たすよう努めること」と示されている。

また現行の保育所保育指針(厚生労働省, 2008)でも、「保育所の役割」として「(3)保育所は、入所する子どもを保育するとともに、家庭や地域の様々な社会資源との連携を図りながら、入所する子どもの保護者に対する支援及び地域の子育て家庭に対する支援等を行う役割を担うものである」と述べている。さらに「第6章 保護者に対する支援」では、子育て支援にかかわる章を設け、「保育所における保護者への支援は、保育士等の業務であり、その専門性を生かした子育て支援の役割は、特に重要なものである。(中略)保育所に入所する子どもの保護者に対する支援及び地域の子育て家庭への支援について、職員間の連携を図りながら(中略)積極的に取り組むこと」が求められている。

このように、幼稚園でも、保育所でも「子育て支援」を行うことが職務、業務として位置づけられている。これをふまえると単に地域における子どもの教育や保育の機能だけではなく、保護者や家庭の支援まで包括し運営することが不可欠となっている。それでは、こうした子育て支援はいつ頃、どのような目的で進められてきたのであろうか。各時代における子育て支援について明らかにする。

■子育て支援の歴史
①戦後の子育て支援

第二次世界大戦敗戦後、我が国では教育の民主化が進められる中で、戦災孤児、浮浪児の保護、養護といった児童福祉が緊急課題となった。1945(昭和20)年「戦災孤児等保護対策要綱」が策定され、施設による収容保護対策が行われ、次いで1947(昭和22)年には「児童福祉法」が制定された。児童福祉法では、子どもが心身ともに健やかに生まれ、育成されるように努めること、すべての

子どもに生活の保障と愛護される権利を認めた。また国や地方自治体は，子どもとその家庭を保障する責任があり，児童福祉を国の責任として推進するという方向性を打ち出した。具体的には，乳児院や養護施設（現，児童養護施設），母子寮（現，母子生活支援施設）などの生活支援施設の拡充，整備を行い，また戦前まで託児所とされた施設を保育所と改称した。

　戦後の子育て支援は，戦争孤児など特別な支援を必要とする子どもの保護，また低所得，貧困家庭の子どもや子育てへの救済が主要な目的であった。同時に，障害児，母子家庭などの対策も行われるなど，児童福祉を主眼においた支援政策であった（白井・岡野，2009）。

②高度経済成長期以降の子育て支援

　戦後から高度経済成長期（1950～1970年代まで）を迎え，経済が著しい成長を遂げる一方で，核家族化，都市化，女性の社会進出などが進んでいった。経済状況や生活スタイルが変化を遂げる中で，現代まで継続する問題が起きた。それは，1989（平成元）年におきた「1.57ショック」である。「1.57ショック」の「1.57」とは，1989（平成元）年の合計特殊出生率（15歳から49歳までの女性が一生の間に子どもを産む子どもの数）を指し，この数値は人口動態統計調査を取り始めた1899（明治32）年以降，最低値を更新するものであった。「1.57」という数値の基準は，1966（昭和41）年の丙午（丙午に生まれた子どもは幸せにならないという迷信）を背景とした1.58という数値を要因とする。つまり，丙午という特殊な1年でさえ1.58であったのに，それを下回る1.57という数値がショックとなり，これ以降「少子化」をテーマとした子育て支援政策が打ち出されることとなった（図20-1）。

　そして，1994（平成6）年「エンゼルプラン」が我が国初の子育て支援政策として策定された。「エンゼルプラン」では，子どもを持ちたい人が持てない状況を解消し，安心して子どもを産み育てる環境を整えることをテーマとした。従来の家庭での子育てを基本としつつも，国，地方公共団体，児童福祉施設，学校，医療機関など地域社会を構成するメンバーが子育てを協力し，支援する

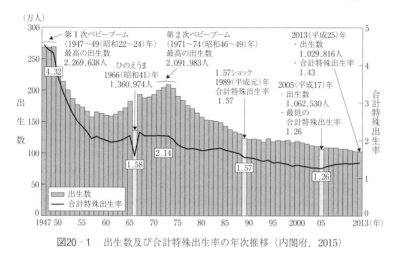

図20-1　出生数及び合計特殊出生率の年次推移（内閣府，2015）

システムの構築を目指した。その柱として以下の7つの要点が示された。

①仕事と育児との両立のための雇用環境の整備
②多様な保育サービスの充実
③安心して子どもを生み育てることができる母子保健医療体制の充実
④住宅及び生活環境の整備
⑤ゆとりある学校教育の推進と学校外活動・家庭教育の充実
⑥子育てに伴う経済的負担の軽減
⑦子育て支援のための基盤整備

エンゼルプラン以降，2000（平成12）年「新エンゼルプラン」が策定され，待機児童の解消，延長保育，地域子育て支援センターの拡充など主に量的な側面でのフォローアップが推進されていった。少子化を背景としつつも，エンゼルプランや新エンゼルプランの策定によって，これまでの「育児は家庭ですべき」というプライベートな風潮を一新し，社会として子育て支援をするという方向性が明確になったのである。

しかし，2003（平成15）年の合計特殊出生率は1.29と史上最低を記録した。このことによって，単に就労支援すること，子育てと仕事の両立を可能にすることだけでは少子化の解消にはならないことが明らかになった。つまり，結婚，育児，出産という行為に対するリスクやデメリット，また子を持つことによる仕事と育児の両立に対する不安やマイナスイメージを払拭するに至っていないのである。そこで，2005（平成17）年には「子ども・子育て応援プラン」が策定され，現役の母親だけでなく，これから家庭を築く次世代育成へと展開した。この中で，単に量的に保育施設を増やす対症療法的な解決策ではなく，仕事と育児を両立できるように社会が変わる，つまり社会が主導し，働き方を見直すことによって，子を持つことのリスクや負担感を軽減し，これから家庭を持つ若者の意識を変えていく方向が打ち出された。とくに地域社会での子育てを重視し，全国で50市区町村を指定し地域における子育て支援事業を展開した。

2007（平成19）年には「仕事と生活の調和（ワーク・ライフ・バランス）憲章」，「仕事と生活の調和推進のための行動指針」が策定され，「子どもと家族を応援する日本」重点戦略会議なども開催された（白井・岡野，2009）。2006（平成18）年には，認定こども園（就学前の子どもに教育と保育を一体的に提供し，地域の子育て支援を行う施設）が制度化され運営されてきたが，所轄官庁の違いによる事務的な困難などもあり，一般化され全国的な普及とまではいかなかった。そこで2012（平成24）年には，子ども・子育て支援新制度の制定により認定こども園制度が改正され，今後の拡充が期待されている。

さて，子育て支援の歴史を振り返ってみると，戦後は特別に支援が必要な子どもやその家庭の保護といった福祉的な側面が重視され，社会的弱者，恵まれない子どもの「救済」に焦点が当てられた。そして高度経済成長を経て，1.57ショックを皮切りに，以降，少子化を念頭においた子どもを産み育てやすい社会の実現を目指している。ここでの子育て支援は，少子化のための子育て支援であり，多様化する保育ニーズへの対応という形で進められた。昨今では，引き続き少子化をふまえつつも，対症療法的な子育て支援を見直し，より家庭的な支援，育児支援という方向性での社会的な支援が推進されている。

■さまざまな子育て支援

　それでは，幼稚園，保育所，認定こども園で実施されているさまざまな子育て支援について述べておく。

①園舎・園庭の開放

　幼稚園，保育所，認定こども園の園舎・園庭を定期的に開放し，子どもの遊び場，保護者の交流の場としての役割を果たす。未就園児（0～3歳の子ども）を中心に家庭にはない滑り台，砂場，ブランコ，アスレチックなど固定遊具による遊び体験の場は，子どもの健やかな発達に寄与する。同時に，子どもを持つ親同士のかかわり，井戸端会議の場として園舎・園庭が用いられ，保護者同士の互恵的関係の場としても期待される。

②育児相談会の実施

　核家族化が進行する中で，夫や親族の協力も得られず，近所付き合いもなく，孤立した中での育児の状態，いわゆる「孤育て」が指摘される。「孤育て」になると，育児相談の相手がいないことからストレスがたまり，我が子の虐待や育児ノイローゼになるケースが増加している。そこで保育施設では園舎・園庭開放と同時に，育児相談会を開催し，保育者との交流や保護者同士の子育ての悩み解消に向けての相談会などが行われている。その際に，子どもの疾患，障害など専門的なアドバイスを必要とする場合，保育者は地域社会にある社会資源と保護者の橋渡しを担い，問題解決への機能も重要である。

③子育てに関する公開講座の開催

　地域の大学や医療機関と連携し，子育てに関する講演会や公開講座などが開催されている。育児教室や家庭教育講座など専門家による講演会が一般的ではあるが，子育て経験のある親などとのグループワークなども行われている。

④預かり保育，延長保育，夜間保育

　預かり保育は主に通常の保育時間後，または土曜・日曜・長期休業期間中に幼稚園で行う教育活動である。延長保育は，保育所において原則8時間と定められる保育時間を延長し，開所時間数を30分以上超えた場合をさす。また保育所では夜間保育（開所時間は原則として概ね11時間とし，おおよそ午後10時までとする）が行われ，昼間保育と同様，保育時間は8時間を標準としているが，費用面では，独自の保育所単価が指定されている。

⑤病児・病後児保育

　子どもが病気の際に病院・保育所など付設された専用のスペースにおいて一時的に保育し，保育中の体調不良児も一時的に預かり保育を行っている。また子どもに対する保健的な対応，地域の子育て家庭や妊婦などに対する相談支援も行っている。

　昨今では，働きながら子育てをする共働き家庭の増加だけでなく，労働時間の多様化，非正規雇用など，時間的，経済的余裕のなさから，結婚，出産に対して抵抗を感じてしまう現状がある。子育て支援は，子どもを持つ家庭への支援と同時に，若者が家庭を持ち，子どもを産み育てることへの支援としての意義ももっている。したがって，幼稚園，保育所，認定こども園は子どもを教育，保育するだけでなく，現役の家庭を支えると同時に次世代育成の基礎を担っているのである。

■現代の子育て支援の課題

　最後に，今我が国が直面する子育て支援の課題について示す。2016（平成28）年2月15日，匿名のブログが大きな反響を呼んだ。「保育園落ちた日本死ね！！！」という印象的なタイトルは，保育，子育ての領域に留まらず，我が国の子育て支援行政に疑問を投げかけ，大きな波紋となった。その内容は以下のようになる。

何なんだよ日本。一億総活躍社会じゃねーのかよ。昨日見事に保育園落ちたわ。どうすんだよ私活躍出来ねーじゃねーか。子供を産んで子育てして社会に出て働いて税金納めてやるって言ってるのに日本は何が不満なんだ？
　何が少子化だよクソ。子供産んだはいいけど希望通りに保育園に預けるのほぼ無理だからwって言ってて子供産むやつなんかいねーよ。不倫してもいいし賄賂受け取るのもどうでもいいから保育園増やせよ。オリンピックで何百億円無駄に使ってんだよ。エンブレムとかどうでもいいから保育園作れよ。有名なデザイナーに払う金あるなら保育園作れよ。どうすんだよ会社やめなくちゃならねーだろ。ふざけんな日本。
　保育園増やせないなら児童手当20万にしろよ。保育園も増やせないし児童手当も数千円しか払えないけど少子化なんとかしたいんだよねーってそんなムシのいい話あるかよボケ。国が子供産ませないでどうすんだよ。金があれば子供産むってやつがゴマンといるんだから取り敢えず金出すか子供にかかる費用全てを無償にしろよ。不倫したり賄賂受け取ったりウチワ作ってるやつ見繕って国会議員を半分位クビにすりゃ財源作れるだろ。まじいい加減にしろ日本（はてな匿名ダイアリー，2016）。

　当初，ブログの奇抜なタイトルから個人的な感想の域を脱さない感情的なブログとして捉えられてきた。しかし単に感情論から出た発想ではなく，我が国の政治や子育て支援政策に対する批判的考察が共感を呼んだ。とくに政治に対する批判，国民誰でも活躍できる社会の構築を謳っておきながら現実的にはそうはなっていないこと，少子化が深刻な問題となっているにもかかわらず経済的支援が不足し，待機児童が常態化していること，これらの諸点は，現在の子育て中の母親，家庭にとって的を射た内容であり，多くの支持を集めることとなった。実際に，国会でも扱われ待機児童緊急対策として，保育所入所人数の規制緩和などが推進された。
　しかし，問題の波紋は待機児童に留まらず，現代の子育て支援の課題を浮き彫りにした。その1つが慢性的な保育者不足である。待機児童を解消しようと

箱物(保育所)を増やすことが進められているが,事態はそれほど単純ではない。もっとも待機児童数が多く,保育需要の高い東京都をみてみると,保育士の有効求人倍率は全国が1.85であるのに対し5.44という驚異的な数値である(厚生労働省,2015)。5.44という数値は,求職者1人に対して保育園5園以上が求人しているということになる。つまり,待機児童解消を目標に保育所を建設し,子育て支援を行おうとしても「子どもをみる保育者がいない」という状況なのである。この状況を見ても,子育て支援行政の初動の遅れ,対応への怠慢が指摘されるところである。さらに事態は悪化している。2016(平成28)年,千葉県市川市では,保育所の騒音問題に対する地域住民の理解を得られず,建設計画を断念することとなった。これまで,同様のケースで建設延期はあったものの,計画断念という前例のない事態となっている。つまり,子育てを社会的にバックアップするというテーマを掲げても,地域社会ではその目的に対する理解が共有されていないのである。

ここまで,子育て支援に関する歴史,政策,実践などを述べてきた。子育ての状況は,エンゼルプラン以前と比較すれば,保育所の数,保育形態の拡充など格段に向上している。それでも実を結んでいない現状は,少子化以上に危惧すべき状況であろう。その要因として,元来,少子化をテーマとした子育て支援であるが,少子化は社会の問題であり,解消するための子育てはプライベートな問題である。エンゼルプランでは,そのプライベートな問題に社会として介入したわけではあるが,本来,社会の問題である少子化の解消と,家庭の問題である子育ての充実が噛み合っていないことが指摘される。つまり,「子育て」の主語は家庭であり,家庭を支援する=就労を支えるという図式で進めても,出産,育児に積極的にならないのである。ブログにあった「金さえあれば」という言葉は本当だろうか。確かに金さえあれば子育ての経済的負担は軽減されるが,それだけが問題の本質ではない。

ここで重要な視点は,主語を「子ども」に向けることではないだろうか。つまり,子育てを親の視点からではなく子どもの視点から検討し,親子の生活,親子の関係を見直していくことが必要だろう。「子どもの権利条約」にある

第20章　子育て支援と子ども

「子どもの最善の利益」は金で解決できることではない。たとえ解決できたとして，幼児期以降の子育てへの影響はないのであろうか。こうした問題意識を持って「子ども」を主体とした，「子どもの最善の利益」を反映した子育て支援について，社会，家庭が一体となって子育て文化を再考していくことが求められるのではないだろうか。

〈もっと詳しく知りたい人のための文献紹介〉
◆白井千晶・岡野晶子（編著）（2009）．子育て支援制度と現場　よりよい支援への社会学的考察　新泉社
　⇨子育て支援制度を社会学的見地から分析しており，経済など各種統計データに基づく考察が成されている。海外の保育制度にも触れられており，幅広く知見が得られる良書である。
◆　（2016）．地方発！保育・子育て支援の新たな取り組み　発達，*146*．ミネルヴァ書房
　⇨中央集権的な子育て支援がクローズアップされる中で，「待機児童のいない地方」だからこそ出来る保育に焦点を当て，様々な研修制度が示されている。少子化が進む我が国の今後の保育の方向性を示唆する一冊である。

〈引用文献〉
はてな匿名ダイアリー（2016）．保育園落ちた日本死ね!!　はてな匿名ダイアリー　Retrieved from http://anond.hatelabo.jp/20160215171759（2016年12月20日）
厚生労働省（編）（2008）．保育所保育指針──平成20年告示　フレーベル館
厚生労働省（2015）．保育士等における現状　厚生労働省　Retrieved from http://www.mhlw.go.jp/file/05-Shingikai-11901000-Koyoukintoujidoukateikyoku-Soumuka/4.pdf（2016年9月21日）
文部科学省（編）（2008）．幼稚園教育要領──平成20年告示　フレーベル館
内閣府（2015）．平成27年度　少子化の状況及び少子化への対処施策の概況（概要〈HTML形式〉）（少子化社会対策白書）　内閣府　Retrieved from http://www8.cao.go.jp/shoushi/shoushika/whitepaper/measures/w-2015/27webgaiyoh/indexg.html（2017年2月8日）
白井千晶・岡野晶子（編）（2009）．子育て支援制度と現場──よりよい支援への社会学的考察　新泉社

第21章 学校教育と外国籍の子ども

所澤　潤

　都会でも田舎でも町を歩いていると一見して外国人だと分かる人に出会うことがあります。今では驚くこともなく当たり前のような感じがしますが，それはごく最近のことで，1990年代の日本社会はまだそのようなことに慣れていませんでした。受け持つ学級に初めてブラジル人の児童が在籍することになった小学校の先生が，筆者に「私がジュニオル（仮名）と呼ぶと，同級生が外国人の子を呼び捨てにしてもよいと感じるので，ジュニオル君と呼ばなくてはいけないということに気付いた」と語ったことがありました。どう呼ぶのがよいか，日本人に対するものも含めて定型があるわけではありませんが，外国テレビドラマの吹き替え式の呼び方がそのまま日本の学校に通用するわけではないことに気付いたのです。こんな不満を口にする人もたくさんいました。「税金を払っていないのに，なぜ日本の学校が教育しなければならないのだ」。しかし，もちろんその子たちの保護者は所得税や住民税を払っていますし，勤める企業も収益をあげて税を払っているのです。

　日本の学校教育も教員養成・研修制度も，日本語が通じない子どもが多数入学してくることを想定していなかったのです。外国人児童生徒の教育は戸惑いや誤解から始まりました。教科書が読めない日本語のレベルだということで，学習指導要領のことを考えるどころではありませんでした。2014年4月に日本語指導が，特別支援教育で設定可能だった「特別の教育課程」の編成対象に含まれたことは，当時のことを思うと隔世の感があります。しかし，究極の目標が日本人の子どもと同等の教育だとすると，まだまだですが。

　本章では20年以上の経験を積んで形成されてきた教育の様子をみていきます。日本にいる外国籍の子どもの姿はなかなかみえにくいのですが，学校現場の努力の積み重ねの中に，その子たちの姿が垣間みえるのです。

第21章　学校教育と外国籍の子ども

■外国人の子どもの教育統計

　外国人の子どもで，現在日本の公立小中高等学校などに在籍している数は，文部科学省が2016年度現在で公表した2014年度の統計によると，小中高等学校・中等教育学校・特別支援学校の合計数は7万3289人，小学生のみの数は4万2721人であり，2006年度から2014年度までそれぞれ，毎年7万人台，4万人台を推移している（文部科学省，2015）。ただしこの数の中には，歴史的経緯から日本に居住している韓国・朝鮮人や台湾人などの，日本語を母語としているかなりの数の児童生徒も含まれていることに注意しなくてはならない。

　「日本語指導が必要な外国人児童生徒数」は，そればかりでなく定住化の影響もあって，かなり低く，2014年度が2万9198人，そのうち小学校は1万8884人である。それを県別でみると，2014年度の順位は，小学校の場合，1位が愛知県4379人，2位が神奈川県2056人，3位が静岡県1674人，4位が東京都の1282人，5位が三重県の1213人，6位が埼玉県の913人である。

　それが特定の小学校になると，たとえば群馬県伊勢崎市のある市立小学校では市教育委員会提供の2016年5月1日現在の資料によれば全校児童571人中，外国人児童105人，そのうち日本語指導の必要な児童が49人である。同じ年の愛知県の市立小学校では全校約300人中，外国人児童が6割を超えている例もある。

　そのような瞠目すべき実態は，文部科学省の統計数値を確認してもみえにくい。1人でも在籍している小学校について県別の1校あたりの数を出してみると，1位はやはり愛知県で9.84人だが，この数値では150人以上在籍している小学校があるという事実は想像しにくいのである。なお，5位であった三重県が8.73人で2位，2位であった神奈川県は5.71人で7位，4位であった東京都は2.91人ではるかに下位となっている。また，本章で多くの事例を取り上げる群馬県は，11位5.69人であったのが，6.62人で6位に浮上している。

　その子たちの母語は，2014年度の時点で2万9198人の内，ポルトガル語8340人，スペイン語3576人で，そのほとんどが日系南米人であるとみられる。また中国語はポルトガル語に次いで多く，6410人である。

ただし注意しなければならないのは、以上の統計が文部科学省所管の学校に入学している児童生徒に限られていることである。この他にも、小学校年齢だけで数百人の在籍者を持つブラジル人学校などが全国に散在しており、所管外の学校に在籍する数千人もの小学校段階の子どもがいるとみられる。

外国人の日本国内在住について定めているのは「出入国管理及び難民認定法」であり、1990年代からの外国人の子どもの増加も、1990年の同法の改正によって始まった。労働力不足への対応のため在留資格が緩和され、外国人に対して従来認めていなかった単純労働への就労が、日系人は三世までに限って認められたからである。その結果、日本と経済格差の大きかった南米から日系人労働者が多数日本に入ってくるようになり、たちまちのうちに「内なる国際化」と呼ばれる社会現象が現れた。

その代表的な例が群馬県大泉町で、「ブラジリアンタウン」と呼ばれるようになって久しい。2016年8月末時点の外国人住民数（住民基本台帳ベース）が7099人となり、総人口4万1580人に占める割合も17.07％である。国別では、最多がブラジルの4086人で、ペルー969人、ネパール566人、中国295人と続く（上毛新聞、2016）。

現在、外国人労働者が多い地域は全国にいくつもあるが、とくに自動車産業の盛んな愛知県、群馬県、静岡県、広島県、三重県に多いことは注目に値する。

■**学校現場で積み重ねられた実践**

学校現場に日本語が十分に通じない児童生徒が急増したことは、多くの教師の意欲を刺激し、全国的にさまざまな取り組みがなされることになった。文部科学省の掲げる指導内容には、日本語指導と適応指導の2つの柱がある。どちらももっぱら外国人児童生徒に働きかける指導であるが、学校現場では初期から日本人児童生徒に働きかけ、相互交流を促すような実践も行われている。

①日本語指導

日本語指導は外国人児童生徒に働きかける実践であり、「取り出し指導」と

「入り込み指導」の2つの類型が自然発生的に現れた。前者は児童生徒を所属学級から日本語教室に通級させ，日本語指導や教科指導を行う方法であり，後者は所属学級の授業に日本語指導担当者がティームティーチングのT2の形で入り，通訳などをしながら支援する方法である。

　取り出し指導については，工夫の余地が大きいため，日本語指導用のドリルが活用されるだけでなく，カードゲームほかさまざまなスタイルが各地で広まっている。毎月，その月や次の月のカレンダーを作りながら，数字，年月日，図画などを学ばせる試みもあった。また所属学級の授業の補習も随時行われ，リライト教材も活用されるようになった。学校によっては，通級した日本語教室に，自由に母語を使える環境を用意しながら日本語を指導することも行われている。

　そのほか日本人児童生徒に日本語を指導させる方法や，前からその学校に来ていた外国人児童生徒に，先輩として後からきた児童生徒を指導させる方法も試みられている。日本語指導ではなく英語指導では，外国人生徒のみ，日本人生徒とは別個に難易度の高い指導をするという試みもなされている。

　授業での教師の使用言語については，児童生徒の母語が英語でなかったこともあって，日本語のみを用いるダイレクト・メソッドが広まったが，一方でポルトガル語などを習得した教師が，それを媒介言語として活用する実践も見られるようになった。

　教師たちの間では方法ばかりでなく，さまざまなことが考えられた。ある小学校では日本語の到達すべきレベルが話題となった。群馬県は自動車運転が生活に不可欠であるため，定住を見越して運転免許が取れるようにしようということで，漢字は小学校5年生レベルが目標となった。まだポルトガル語による運転免許学科試験が始まっていなかった時期のことである。

　1年生から在籍しているのに，日本語が伸びずに6年生になっても日本語教室に通級している子がいることも気になり始めた。5年生ぐらいで日本語ができずに来日した子で県立高校に進学する子も現れ始めたからである。その違いは，はじめ現場ではかなり衝撃だったようで，何校もの小学校でたびたび話題

となった。

②適応指導

　適応指導もまた外国人児童生徒に働きかけるものであるが，日本での生活ばかりでなく，学校文化を理解させることも含んでいるため，働きかけ方にさまざまな試みがなされた。

　たとえば小学校が適応指導を始めたばかりの頃，朝の登校時間に，日本人の児童が外国人児童を家まで迎えに行って，一緒に登校するというような試みも行われた。外国人児童の場合，雨天の日や，当時は授業のあった土曜日に欠席する傾向があり，それに対処しようとしたものであった。

　適応指導には，失敗すると日本人児童生徒の生活にも大きな影響を与えるようなものもあるため，学校ではとくに配慮することが必要であった。たとえば，外国人児童生徒はピアスや口紅をして登校することは当たり前のことだと思っていることが多い。しかし日本の学校では児童生徒が口紅を付けること，ピアスをすること，マニキュアを塗ることなどは許容していないので，その子たちにそれを受け入れさせる必要があった。1990年代は各学校長の裁量で「ここは日本の学校なので，入学したければ，化粧，口紅，ピアスなどはしてはいけない」と入学時に説明し，外国人の保護者に，日本のやり方にしたがうことを入学時に約束させることがよいとしばしばいわれていた。

　しかし現場では，徐々に別な対応をする学校も現れた。群馬県太田市の市立小学校で外国人児童の教育に校長として取り組んだ石田成人氏は，ブラジル人保護者に何度でも会って日本の文化・社会を説明し，理解して貰うと語っていた。それは入学を交換条件にしてはいけないという考えでもあった。

　適応の必要性は保護者にも及び，学校現場ではさまざまな対応を行っている。たとえば伊勢崎市のある小学校では，ブラジル人児童が初めて入学してきた年の運動会で，こんなことがあった。運動会の応援席で保護者がビールを飲み，子どもたちに声援を送ったのである。当然だが，日本人の保護者は反発し，ブラジル人に対して反感がわき起こった。ただ，幸いなことに教頭にブラジル人

児童の教育に長年取り組んできた経験があった。ブラジル人児童の保護者を学校に呼び，日本の運動会は娯楽のイベントではなく，教育の一環であることをよく説明したという。ブラジル人保護者たちは納得し，翌年度以降も多数が応援に来るが，飲酒のような問題は一切起こらなくなった。

③相互交流を促す実践

　日本人児童生徒に働きかけて，相互交流を促す実践は，日本語教室ではなく，所属学級で行われる。次に小学校と中学校の実践例を１つずつ紹介することにしたい。

　松本佳代子教諭は，1999年度に群馬県太田市の公立小学校２年生の学級を担任したとき，１年にわたってポルトガル語で学級作りをする実践を行った（松本，2002）。その実践は，日本語があまり通じないブラジル人男子児童２人を学級に溶け込ませることを狙ったものであり，学級経営の柱の１つ「国際理解教育の推進」の中に位置づけて行われたものである。

　実践は４月に教室に世界地図を掲げて同級生たちにブラジルについての興味を持たせるところから始まった。ポルトガル語の挨拶を教えるとともに，学級の係の１つとして「ポルトガル語係」を新設して担当させた。担任として２人の家庭訪問も行っている。２人の子は言葉が通じず乱暴することがあったため，人を叩いてはいけないという約束を先生とさせたこともあった。６月頃から同級生女子が親切になって世話をするようになったが，それでも同級生とはなかなか遊べなかったが，12月には授業で行った演劇に出られるようになり，１月には同級生と遊べるようになった。その頃には本人たちの希望でポルトガル語係をなくし，別の係に配置しなおした。２人の学力は伸び始め，１月の漢字コンテストでもよい成績が取れた。１人は３年生になってブラジルに帰国したが，日本人同級生に手紙を送って寄こした。

　この１年間の実践の特徴的な部分は保護者を巻き込んだことと，日本人同級生のためのポルトガル語教室の開催である。

　１人の子の母親は，６月，７月には学校行事などで学校に姿をみせるように

なり，11月の授業参観には母親が2人とも訪れ，日本語教室担任及び学級担任と1時間に及ぶ面談をした。日本人保護者との交流も生まれてきた。

ポルトガル語教室は10月に初めて開いたが，日本語教室担当教諭が授業し，指導助手がポルトガル語の発音を教えるという方式であった。授業終了後は何人かの同級生たちも松本教諭に倣って単語帳を作るようになった。12月に第2回を開き，数字とかけ算の言い方を学び，3月には第3回を開き，「私は何月に生まれました」という表現を学んだ。

町田佳文教諭，神部秀一教諭ら9名は，太田市の市立中学校で，2002年度から実施される「総合的な学習の時間」の試行として，1999年度に1年生を近隣にあるブラジル人学校ピタゴラスと交流させる実践を行った（神部，2002）。同校は，ブラジル人の多い太田市にあるにもかかわらず，外国人生徒がゼロという状況であったが，生徒のピタゴラスに対する興味関心が高いことから，同校と接点を作ろうと試みたのである。

3学級のうち町田教諭の学級の生徒たちは，同校を訪問してインタビューを行い，併せて交流会を行った。そして学校に戻ってから成果をまとめ，学級の中で，聴き取りなどの成果の中間発表会を行った。それは発展して，秋に校内の学級対抗球技大会にピタゴラスの生徒を招待して参加させることになる。また，そのあとには生徒たちは再度ピタゴラスを訪問して，さらにインタビューを行うに至った。年度末には学年全体の発表会で，他の2学級を前に成果発表を行ったところ，他学級の生徒には羨む者まで現れている。

日本人中学生は，ピアス，口紅などについてインタビューし，許されていることに大変驚いていた。交流を経験してブラジル人に対する恐いという印象がなくなったという感想もあった。インタビューから，ピタゴラスに通うようになった理由が，文化の違いでいじめに遭ったためだと知り，ブラジル人に対する印象が変わったとも述べている。

■日本語指導の専門性とは

日本語指導は，始められたばかりの頃には国語の先生の基礎知識があれば担

当できる，という誤解が蔓延していたが，その後改善が進み，現在は国語教育とは異質の難しさがあるという理解が共有されている。ここでは①言語習得についての理解，及び②日本語文法の理解についてあげておくが，とくに①は学齢児固有のものがある。そして，日本語指導の職務をまっとうするためにはさらに③教材開発の情報の把握も必要である。

①言語習得についての理解

　発達途上にある子どもの言語習得の固有の問題として，たとえば，日常のおしゃべりなどの「生活言語」と，教科学習で使用する「学習言語」の習得のずれがある。学校現場でしばしば耳にする日本語指導担当教師の嘆きは，日常のおしゃべりが達者になると，学習言語ができていないのに，多くの教師が授業についていけると誤解するという話である。

　たとえば次のような算数問題が解けない理由も，そこにある。
「リンゴが5個，ミカンが3個あります。みんなで何個あるでしょうか」。

　前出の石田氏から筆者が教示されたところによると，この例は，日本人の子どもには分かりやすい表現だが，外国人の子どもには分かりにくい。というのは，日本語初学者にとって「みんなで」は人のことを指す言葉であって，ものについて使う語だとは思っていないことがあるのである。「みんなで」より，一見難しそうな「合計」と言ったほうがむしろ通じやすいこともあるという。

　生活言語の「みんなで」を習得していても，学習言語の「みんなで」は習得していないということに，もし学級担任教員が思い及んでいなければ，石田氏のようには理解できず，この子は学習遅進児だと見誤る危険がある。というのは，算数教育では，このリンゴとミカンという異質の物の個数を合計することが，低学年児童にとって必ずしも容易ではないということが知られているため，そちらから解釈されてしまうおそれがあるのである。

　さきの①日本語指導の項で，1年生から在籍している子が，6年生になっても日本語教室の通級を終えられないという話題を取り上げた。恐らくその子たちは早い内から生活言語が達者だったのだろう。そのため却って両言語の指導

が手薄になってしまい，その結果日本語教室通級が長引いている可能性が高い。

　学習言語習得の問題は，気付かれてすでにかなりの年数が経っているが，今でも対応が十分になされているとはいえない。そうしたことを見極め，適切な対応を模索していくことこそが，小中学校における日本語指導に必要な専門性なのである。ただ，全教員にこの問題への敏感さが求められることも付け加えておきたい。

②日本語文法の理解

　現在，外国人に日本語を教える際に使用する文法は，「日本語文法」と呼ばれ，一般に日本人が中学校・高等学校の国語で学ぶ口語文法・文語文法とは著しく異なっている。その違いは，次の例文の格助詞に注目すると理解することができる。以下，例文の冒頭に文法的に正しいものには（○）を，間違っているものには（×）を付けることにする。

　　（○）講堂で講演をする。／（×）講堂に講演をする。
　　（×）講堂で講演台がある。／（○）講堂に講演台がある。

　日本語をあらたに学ぶ人が知りたいのは，この格助詞の「で」と「に」の使い分けである。ところが，高校までに学んだ口語文法には，場所を表す格助詞だという以上の説明がどこにもないのである。そのため，使い分けを説明するには，教師があらたに日本語文法の基礎知識を学ぶことが必要になる。

　日本語文法では，上記の2例は，「で」が動作や出来事などを表す動詞表現の前に使われ，「に」が物体や生き物などの存在を表す動詞表現の前に使われると説明される。次の例の「講演がある」は，上記第2例と違って，「ある」であっても出来事を表す動詞表現の前なので，「で」なのである。

　　（○）講堂で講演（会）がある。／（×）講堂に講演（会）がある。

③開発されている教材などの情報

　日本語指導には，開発されている教材などについての情報を持ち，活用していけることが求められる。たとえばJSLカリキュラムについては，実際に使用することができる程度の知識が必要である。

　JSLとはJapanese as a second language（第二言語としての日本語）の略称である。「第二言語」とは，母語と異なる言語が使われているところで生活していくために必要な言語であり，JSLは，外国人の子どもが日本で生活していくため必要な日本語であると考えられている。JSLは，英語圏の国で英語を母語としない人たちに教えるESL（English as a second language）に倣って考案されたものである。

　JSLカリキュラムは，文部科学省が開発した新しいカリキュラムで，授業を構成する学習活動を小さな単位に分けたAU（Activity Unit）をもとに，学習活動に参加するために必要な日本語表現が，「教師の働きかけ・問いかけ」と「子どもの応答」という形式で示されている。教員が独自に開発できるようなAUカードも100種類以上が提案されている（富澤，2011）。

　また，2009年に発行された，日本語初期指導のための船戸嘉津実ほか著『やってみよう！　にほんご　かんたん！』（船津・古澤・小池, 2009）のような，市販されていないテキストの情報を入手するのも日本語指導担当教員の役割である。同テキストは，学校生活で必要となる基本的な言葉を学び，次第にひらがな習得に向かう教材で，伊勢崎市の旧境町地区の小学校で，勤務する教員，指導助手の経験をもとに制作された。伊勢崎市，太田市，大泉町の小学校日本語教室で広く用いられ，2016年には第4版（船戸・古澤・石原・小池, 2016）が発行された。

■バイリンガル教育という視点

　2つの言語を，どちらも母語としてかなり自由に使いこなす人をバイリンガルという。バイリンガルは，おおざっぱにいえば，2つの言語を，もう1つの言語を参照せずに状況に応じて使える人ということである。カナダなど2つ以上の言語を国語または公用語としている国では，バイリンガルを育成するため

のバイリンガル教育の研究も進んでおり，日本の多くの小中学校・幼稚園・保育所で，日本語指導が必要となっている現在，その研究成果はさまざまな示唆を与えてくれる（中島，2016）。

その最たるものは，「一人一言語の法則」である。父親と母親が相異なる1つの言語をそれぞれ使い続ければ，子どもは父親相手には父親の言語，母親相手には母親の言語で話せるようになる。ところが，両親が2つの言語を混ぜて子どもと話していると，子どもは内容によって話しやすい方の言語を選んでいくため，片方どころか両方の言語の能力が伸びない。しかも混ぜて話すときは両親も母語ばかりを話すとは限らないので，子どもは誤った文法・表現やイントネーションを身につけてしまい，言語の発達が阻害される。

この知見は，教師・保育士がしばしば保護者にしている「日本語を使う機会を増やすために，家でも日本語を使ってください」という助言を，してはならない不適切なものとする。そのやりかたでは，多くの子はバイリンガルになれないどころか，日本語の発達にも母語の発達にも悪影響を及ぼす可能性さえあるというのである。なおその助言は，保持できるはずの母語を忘れさせる可能性が高いということにも注意しなければならない。将来，中学生，高校生になったときに，家族間で必要な複雑な談話ができなくなってしまうのである。

■迎える学校の体制

通常，日本語指導と適応指導の担当者は，教員免許を所持する常勤，非常勤教員と，それに加えて教員免許を所持していない指導補助者（地域によって指導助手や支援員と呼ばれる）である。その学校体制も，教育の内容と同様に手探りで築かれてきたものである。

1990年代初めから，日本語教室担当は，児童生徒数や学級数から決まる教員定数では対応できないため，定数枠を超えた「加配」教員で対応することが一般的になった。担当期間は県によって違い，長期にわたる方式と，3年程度で交替する方式に分かれる。しかし加配教員ではスペイン語，ポルトガル語などの言語への対応は通常不可能なので，大抵は市区町村が，教員免許なしで補助

ができる指導補助者を雇用している。指導補助者の多くは近隣に住むそれらの言語を母語とする外国人で，転勤がなく，児童生徒の実態を教員より把握していることが多い。

太田市は，それを徹底し，国の特区制度を利用して「定住化に向けた外国人児童生徒の教育特区」を設定している。太田市では「日本語指導」，「生活指導」のほかに「学力保障」を掲げ，児童生徒の母語を補助言語として利用するという方針をとり，高校進学も視野に入れている。そのために教員として，ブラジルなどの外国の教員免許を持ち，日本語とポルトガル語などに堪能な人材を招聘して，「バイリンガル教員」という名称で常勤任用しているのである。その教員たちには特区内でのみ通用する教員免許が交付されている。市内の小中学校はいくつかのブロックに分けられ，ブロックに集中校を置いて加配教員とバイリンガル教員と指導助手を配置し，そのバイリンガル教員が他校の訪問指導もする，という体制である（根岸，2010）。

また，大泉町は，不就学者がないように就学督促体制を充実させてきた（林，2014）。学齢に達する外国人の子どもの名簿一覧を，日本人の子どもの学齢簿と同様に作成し，10月に行う例年の就学時健康診断の前に，通訳を用意した説明会を開いている。その案内は8月下旬に外国人保護者に送付され，洩れがないように，外国にルーツがあると思われる日本籍の保護者にも同様に説明会案内を送付する。しかし子どもたちにはブラジル人学校に行くという選択肢もある。そのため，就学予定児童の全員の動向を把握することができず，これだけ手厚くしてもまだ教育を受けない子どもがいる可能性があるという。なお，2012年度からは全国の市区町村は同様の名簿一覧を作成することになっている。

■就学の権利と義務

本章では，外国人児童生徒の教育に日本の教育界が，熱心に取り組んでいる様子を紹介してきたが，教育水準が高いという日本のイメージからすると，なにか不十分に感じられるのではないだろうか。最後に，その理由の1つが日本国憲法の条文にあることに触れておきたいと思う。日本国憲法の26条第2項は

次のように「すべて国民は」という文言によって,教育の義務を日本国民に限定し,日本国内に居住する外国人学齢児に及ぼしていないのである。

　　　すべて国民は,法律の定めるところにより,その保護する子女に普通教育を受けさせる義務を負ふ。義務教育は,これを無償とする。

　地域によっては,平日の午前中でも学校に行かず,商店街を歩き回る外国人の子どもたちの姿がみられることがあるが,現状では結局憲法が盾になってそれを止めさせることができないといってもよいかもしれない。国連・人種差別撤廃委員会から2003年3月に,1994年に批准した「児童の権利に関する条約」の不履行ではないかと,日本政府の対応について疑念を抱かれていることにも日本国民は注意すべきである。同条約の28条の「初等教育を義務的なものとし,すべての者に対して無償のものとする」という文言に反しているのではないか,というものである。

　日本の政府の立場は,初等教育の機会は完全に保障しており,日本の小学校に入学を希望すれば,必ず入学が認められるのだから,義務があるのと同じことだというもののようである（山田,2010；結城,2012；所澤,2014）。しかし論理的には,権利があるということと義務があるということとが異なるのは自明のことで,筆者も実際,次の事例に出会ったことがある。

　2005年前後のある年,秋に筆者は群馬県境町（現在は伊勢崎市の一部）のある小学校の校長室で,校長と外国人の子どもの父親との面談の場面に立ち会った。息子を小学校1年生に入学させてくれと,校長に頼みに来たのである。やりとりは,町役場から派遣された通訳をとおして行われた。父親は,このようなことを言っていた。小学校1年生の年齢の息子を,17,8歳の姉が面倒をみるということで通学させずに家に置いていたが,姉に仕事がみつかって面倒をみることができなくなったので,この学校に通わせたい。

　父親の考えは,少なくともその時点では,子どもを小学校に通わせるかどうかを決定するのは親の自由である,というものだったとみてよいだろう。父親

から見れば，地方自治体が子どもを学校に通わせるよう強く促すことは，人権の侵害なのかもしれない。

校長は，外国人児童の教育の経験をもっていたので，校長自らが父親に直接話しかけ，説得することが必要だと判断した。そして「小学校は託児所ではない，子どもにとって学校教育がいかに大切か」ということを，通訳を介してこんこんと説諭し，叱正した上で，入学を許可した（所澤，2014）。

教育行政も学校現場も，義務教育という後押しがない中で改善の歩みを進めてきた。ただそれも，困難に直面すると，この校長のように，人間力のレベルで障壁を乗り越えながら進んでいるということに注意する必要がある。

〈もっと詳しく知りたい人のための文献紹介〉

◆中島和子（2016）．完全改訂版 バイリンガル教育の方法——12歳までに親と教師ができること　アルク
　⇨バイリンガルとはどのような言語能力を持った人たちなのか，どのようにするとその能力が身につくのかを説明しています。帰国子女の事例やカナダのバイリンガル教育の事例もあります。

付記　本章は次の科研費プロジェクトの議論をもとに執筆されている。平成28年度〜平成31年度　科学研究費助成事業（科学研究費補助金）基盤研究(B)「異文化対応能力育成教育と外国人児童の就学促進——先進諸国の多文化的教室の現場から」（研究代表者所澤潤）（研究課題番号 16H03787）

〈引用文献〉

船戸嘉津実・古澤孝夫・石原剛・小池亜子（2016）．やってみよう！　にほんご　かんたん！第4版　東京未来大学所澤研究室　（未公刊）

船戸嘉津実・古澤孝夫・小池亜子（2009）．やってみよう！　にほんご　かんたん！　群馬大学大学院教育学研究科所澤研究室　（未公刊）

林　恵（2014）．群馬県大泉町における外国人児童の小学校就学の方法と就学義務化に向けた課題外国籍児童生徒の就学義務をめぐってⅠ，25-43．東京未来大学所澤研究室　（未公刊）

上毛新聞（2016）．『サンバの町』大泉　最多更新，外国人比率17％に　上毛新聞，9月23日

神部秀一（2002）．実践記録「ブラジル人学校『ピタゴラス』との交流」——国際理解総合学習の試み，平成11〜13年度科学研究費補助金基盤研究(B)(2)研究成果報告書『群馬県太田・大泉の小中学校国際化の実態と求められる教員資質の総合的研究』，課題番号11410069（pp. 161-203）研究代表者　所澤潤（未公刊）

松本佳代子（2002）．〈実践報告〉ポルトガル語で学級作り——ブラジル籍の２人の児童と，平成11〜13年度科学研究費補助金基盤研究(B)(2)研究成果報告書『群馬県太田・大泉の小中学校国際化の実態と求められる教員資質の総合的研究』，課題番号11410069（pp. 141-159）研究代表者　所澤潤（未公刊）

中島和子（2016）．完全改訂版　バイリンガル教育の方法——12歳までに親と教師ができること　アルク

根岸親（2010）．群馬県太田市における外国人児童生徒教育の取組みについて，シンポジウム待ったなしの就学義務化!!——外国籍児童生徒を小中学校はどう迎えるか（群馬大学就学義務化科研グループ・愛知教育大学現代GP主催シンポジウム報告書），課題番号18330163（pp. 39-53）群馬大学大学院教育学研究科所澤研究室（未公刊）

文部科学省（2015）．日本語指導が必要な児童生徒の受入状況等に関する調査（平成26年度）の結果について　文部科学省　Retrieved from http://www.mext.go.jp/b_menu/houdou/27/04/_icsFiles/afieldfile/2015/06/26/1357044_01_1.pdf（2017年2月4日）

所澤潤（2014）．研究の趣旨——なぜ就学義務を国際比較で考えるのか　外国籍児童生徒の就学義務をめぐってⅠ, 1-2. 東京未来大学所澤研究室（未公刊）

富澤渉（2011）．外国籍児童の在籍する学級における望ましい算数科指導——JSLカリキュラムを活用した学び合いに着目して　平成22年度群馬大学大学院教育学研究科専門職学位課程　課題研究報告書（未公刊）

山田泉（2010）．外国籍児童生徒の就学義務化をめぐる法的問題，シンポジウム待ったなしの就学義務化!!——外国籍児童生徒を小中学校はどう迎えるか（群馬大学就学義務化科研グループ・愛知教育大学現代GP主催シンポジウム報告書）（pp. 11-12）群馬大学大学院教育学研究科所澤研究室（未公刊）

結城忠（2012）．日本国憲法と義務教育　青山社

索　引

アルファベット・数字

1.57ショック　237
２つの理論的流れ　2
DNA　7
ICF（国際生活機能分類）　229
JSL　254
JSLカリキュラム　254

ア　行

愛情　5
愛着（アタッチメント）　5, 145
アイデンティティ　17
アクセサリー　129, 137
移行　92
伊勢崎市　246, 254, 257
一次体験　98
遺伝　2
遺伝子　2, 4
遺伝的形質　4
衣服　129, 131, 133, 137
意味記憶　49
インクルーシブ保育　225, 226
印象　131
インフォームド・コンセント　29
ウィトゲンシュタイン，L.　8
ウェル・ビーイング　26, 28-29
内なる国際化　247
うつ　3, 5
運動学習　77
英語指導　248
絵かきうた　206
エピソード記憶　49
エリクソン，E. H.　9, 17
演繹的な推論　216
エンゼルプラン　237
エンパワメント　30
大泉町　247, 254, 256
太田市　249-251, 254, 256
お母さん　6
おしゃれ　129, 132-134, 137, 138
おしゃれ障害　137
お父さん　6
大人　2-3, 5, 9
お歯黒　131
オペラント条件づけ　109
親　3-6, 8
親子関係　4, 6, 8
親子関係　5

カ　行

カーチス，I. E.　215
外観　129
外見　132-134, 136, 138
外国人児童　249
外国人児童生徒　246, 247, 249, 250, 257
解読　105
顔　133
学習言語　252, 253
学習指導要領　245
学習遅延児　253
学力保障　256
数　215-223
数の理解　216-218
数える　217
数える原理　217
カタログ的表現　195
価値観　148
葛藤　4, 8
かのような（as if）　92
髪型　132
感覚運動段階　16
感覚統合療法　60
環境　2, 4-5, 8-9
環境を通した教育　184
感情　131
記憶　46, 48
記号化　105
気質　4
基礎体温　79

261

基底線　194
気分　131
基本的信頼　17
義務教育　257
教育　141, 144, 147, 150
協調運動　60
緊張性頸反射　74
具体的操作段階　16
首輪で引き伸ばされた長い首　129
形式的操作段階　17
化粧　129, 132, 138
化粧品　129, 137
健康　137
健康権　28
健康な子ども　3, 4
健康な人間　3
健康な発達　5
言語的教示　109
原子反射　73
巧緻性　60
行動観察　232
行動理論　5
誤学習　113
国際疾病分類　27
国際生活機能分類　27
国際理解教育の推進　250
孤育て　240
子育て　144
子育て支援　235
孤独　154
孤独な人間　154
子どもたちの健康　9
子どもの最善の利益　244
子どもの参画　159
子どもの仲間関　110
子どもの発見　177
コミュニケーション　140
こもりうた　204
コントロール　5

　　　　　　　　サ　行

自我同一性　17
子宮外胎児期　21
自己　131

自己効力感　61
自己受容感　133
自殺　4
自信　5
自然　2
自然欠乏症（Nature Deficit Disorder）　57
自然に対する感受性　64
疾病コントロール　25-27
自伝的記憶　51, 52
指導助手　256
児童の権利に関する条約　257
児童歩行反射　74
指導補助者　255, 256
社会　1, 3, 8
社会化　6, 8
社会スキルの生起過程モデル　106
社会性　6, 93
社会的階層　131
社会的機能　130, 131
社会的スキーマ　107
社会的スキル　104
社会的スキルの学習過程　109
社会的地位　131
社会的排除　154
社会的包摂　157
社会的問題　3
社会的問題解決スキル　110
就巣性　19
集団　130, 131
主張性スキル　110
出産　79
出入国管理及び難民認定法　247
シュトラウス, M. S.　215
ジュニア・ファッション市場　132
障害のある子ども　230
生涯発達　14, 53
消極的健康　25-28, 30
少子高齢化　4
身体　129, 134-135
身体のトラブル　136-138
身体への不満感　135
身体保護機能　130
信頼感　5
信頼感　5

索　引

心理検査　231
心理漸成図式　17
心理社会的発達段階説　17
心理的機能　130
心理的問題　3
心理臨床的課題　4
スキナー，B. F.　2, 9
スキャモンの発育曲線　68
スクリプト　50
スクリブル　193
図式的表現　194
スタイル　133
生活言語　252, 253
生活指導　256
精神的健康　131
精神分析　2
精神分析家　5
制服　131
生理的早産　21
積極的健康　25-28, 30, 31
摂食障害　138
前性説　1
早期教育　79, 89
総合的な学習の時間　251
相互に支えあう存在　9
装飾　129
痩身　129, 134-136
痩身願望　134-136
痩身志向　134, 135
ソーシャルスキル教育　105

タ　行

粗大運動　74
ダイエット　129, 134, 135, 137
待機児童緊急対策　242
体型　133, 134
胎児　204
体質　4
対自的機能　131
体重　133
対他的機能　131
第二言語　254
第二次性徴　133, 135
多視点描法　195

他者からの評価　133
多文化共生　4
短期記憶　46
知情意　91
父親　1, 4
着装　129, 131
長期記憶　47
爪の障害　137
強い怒り　5
定住化に向けた外国人児童生徒の教育特区　256
適応指導　247, 249, 255
展開描法　195
頭足人　193
投影　91
統合保育　226
統制　106
特別の教育課程　246
となえうた　205
トラブル　136
取り出し指導　248
どれにしようかな　207, 210

ナ　行

なぐりがき　193
ナショナル・トラスト　64
二次的就巣性　20
日系南米人　247
日本語教室　248, 250, 252, 255
日本国憲法　257
日本語指導　247, 248, 251-256
日本語指導が必要な外国人児童生徒数　248
日本語文法　253
人間　2, 6, 7, 9, 10
人間観　145
人間全体　3
妊娠　79, 80
認知機能　51
認定こども園　235
ノーマライゼーション　29, 226

ハ　行

把握反射　74
ハーロウ，H. F.　14

263

入り込み指導　248
バイリンガル　254, 255
バイリンガル教員　256
パターナリズム　30
パターンの科学　218
発達　12, 141, 143
発達心理学　14
発達段階　15-17
発達のプラン　2
発達プロセス　48
母親　1, 4
バビンスキー反射　74
バンプ　53
ピアジェ, J.　2, 9, 16, 215
ピアス　137
微細運動　75
ピタゴラス　251
皮膚　137
皮膚のかぶれ　137
ヒューマニスト　2
表象　52
美容整形　129
貧困　152
ファッション雑誌　133
ファッションショー　132
不安　3, 5
不安感　5
服　136
不信感　5
普遍　141
文化　4, 8-9, 140
文化　140
分離保育　226
ヘルス・プロモーション　26, 28, 30
保育所　204, 235
ボウルビィ, J.　18
保護者　4, 6
母乳育児　79
哺乳反射　73
ホモ・サピエンス　8
ホモンキュラス　1-2
彫り物／タトゥー　129-131, 136
ポルトマン, A.　19

マ行

前操作段階　16
マスロー, A.　2
マニキュア　137
まりつき　206
未学習　113
身だしなみ　132
身分　130
未来　3, 4, 7, 10
魅力　136, 138
メンデルの法則　2
モデリング　109
森のようちえん　65
モロー反射　74
問題解決力　61
文部科学省　246, 247, 254

ヤ行

友情形成スキル　110
よい社会　6
幼児　49
幼児期　49
幼児期健忘　53
幼稚園　203, 234
装い　129-132, 136-138
装い起因障害　137
装いの機能　130

ラ行

ライフサイクル　17
螺旋構造　2
離巣性　19
リハーサル　109
両親　6
ルソー, J. J.　2, 9
レジリエンス　157, 158
レントゲン描法　194
労働人口の減少　4
ロールシャッハ・テスト　93
ローレル指数　134
ロック, J.　2, 9

ワ 行

ワーキングメモリ　47, 49

ワーク・ライフ・バランス　239
ワトソン, J. B.　2, 9
わらべうた　205, 206

執筆者紹介 (執筆章順)

小山内美江子（東京未来大学客員教授）
脚本家。代表作に『3年B組金八先生』やNHKの大河ドラマ『徳川家康』『翔ぶが如く』などがある。「JHP・学校を作る会」代表。

近藤俊明（東京未来大学こども心理学部こども心理学科こども心理専攻）
Japanese Children's Planning skills: Differential Influence of American and Japanese Peer Collaboration（共著，2008，東京未来大学研究紀要，1）『子ども臨床心理学』（単著，2014，サイエンス社）

子どもについて学ぶことは，人間を知ること。そして，人間のかかえる問題を理解することです。解決のためのヒントは，この本の中に宝物のようにちりばめられています。一緒に，人間の未来について考えてみませんか。

渡辺千歳（東京未来大学こども心理学部こども心理学科こども心理専攻）
『発達と学習の心理学』（共著，2000，学文社）『発達心理学エチュード』（共著，2004，川島書店）

心理学が扱う対象は赤ちゃんからお年寄り，また人間だけでなく他の生物にまで広がっています。そして心・精神は生きている身体に存在するもの。すなわち私たち自身の日々の生活の中に心理学はあるのです。

平部正樹（東京未来大学こども心理学部こども心理学科こども心理専攻）
『障害ある人の語り』（共著，2005，誠信書房）「精神障害者の社会参加に関する要因分析」（単著，2005，日本社会精神医学会雑誌，14(2)）

この本を手に取った方は，「なぜ自分は子どもの心理について学びたいのか」「自分はどのように子どもに関わりたいのか」ということを，自らに問いかけてみてください。学びはそこから始まります。

井梅由美子（東京未来大学こども心理学部こども心理学科こども心理専攻）
『はじめて学ぶ心理学』（共著，2015，大学図書出版）『保育実践と家庭支援論』（共著，2016，勁草書房）

乳幼児期は誰しも経験してきた時期ですが，思い出すことが難しい時期でもあります。子どもの見ている世界はどんな風か，ぜひ想像を働かせて子どもたちの心に寄り添える大人になって下さい。

坪井寿子（つぼいひさこ）（東京未来大学こども心理学部こども心理学科こども心理専攻）

『子ども心理学入門』（共著，2004，北樹出版）『心理学』（共著，2012，樹村房）

記憶の働きによって，自己の連続性を感じ取ることができます。それを支えているのが，日々の生活で経験しているエピソードです。そのような時間の流れを大切にしながら，子どもの発達を辿ってください。

藤後悦子（とうごえつこ）（東京未来大学こども心理学部こども心理学科こども心理専攻）

『保育カウンセリング』（編著，2010，ナカニシヤ出版）『中学生のナーチュランスを形成する発達教育プログラム』（単著，2012，風間書房）

子どもの心を心理学の視点からのぞいてみましょう。私たち大人が子育ちのために何かできるかを考えるきっかけになるでしょう。

真家英俊（まいえひでとし）（東京未来大学こども心理学部こども心理学科こども保育・教育専攻）

『保育内容「健康」』（共著，2013，圭文社）

元気に走り回る子どもたち。よく見ると，一人ひとり走り方が違うことに気づくことでしょう。私たちのまわりには不思議や疑問がいっぱいあります。そこで抱いた「なぜ？」から「学び」が始まります。

小谷博子（こたにひろこ）（東京未来大学こども心理学部こども心理学科こども心理専攻）

『わたしが一番輝くとき』（共著，2008，医学映像教育センター）『いちばんやさしい はじめてのベビーマッサージ』（監修，2014，成美堂出版）など。

世界でたった一人の大切なあなたが，自分らしく生きるために，いま，知っておいてほしいココロとカラダについて本書では執筆しました。いつか大好きな相手と一緒に新しいいのちを産み育ててくださいね。あなたにすてきな未来が訪れますように……。

須田 誠（すだまこと）（東京未来大学こども心理学部こども心理学科こども心理専攻）

「セラピストが物語を大切にする意味」（単著，2013，哲学，131）「描画を通して行われた喪の作業」（単著，2013，応用心理学研究，38(3)）

子どもの言葉に興味があります。面白い言葉をご存知でしたら教えてください。「ほきごむな（吉田戦車さん情報）」，「なむはむだはむ（野田秀樹さん情報）」，「リーテ・ラトバリタ・ウルス……（宮崎駿さん情報）」。

ひゅうがのともこ
日向野智子 (東京未来大学こども心理学部こども心理学科こども心理専攻)
『図説社会心理学概説』(共著，2011，誠信書房)『対人社会心理学の研究レシピ』(共著，2016，北大路書房)
私には今年5歳になる娘がいます。母親と研究者双方の視点から子どもの成長を楽しみ，子どもに大切なことを教えられる毎日です。みなさんも，子どもとその心をみつめ，子どもからたくさんのことを学んでください。

きむよんじゅ
金瑛珠 (東京未来大学こども心理学部こども心理学科こども保育・教育専攻)
『Workで学ぶ保育原理』(編著，2015，わかば社)『保育の学びスタートブック』(共著，2012，萌文書林)
保育は，効率化や最短距離の追及とはかけ離れている世界です。最初は戸惑うかも知れません。しかし，そこには大切な事がたくさんあるはずです。保育について，たくさん考え，人と語り合い，共に学ぶことを楽しんで下さい。

すずきともひろ
鈴木公啓 (東京未来大学こども心理学部こども心理学科こども心理専攻)
『痩せという身体の装い』(単著，2017，ナカニシヤ出版)「成人日本人女性における装い起因障害の実態」(共著，2016，フレグランスジャーナル，44)
子どもが装うこと，そして，子どもにとって外見がどのような意味を持つのかについて，より深く考えてみましょう。

おおはしめぐみ
大橋恵 (東京未来大学こども心理学部こども心理学科こども心理専攻)
「「ふつうさ」の固有文化心理学——人を形容する語としての「ふつう」の望ましさについて」(共著，2005，実験社会心理学研究，44)「地域におけるスポーツのコーチの喜びと困惑」(共著，2017，コミュニティ心理学研究，20)
昔子どもだったみなさんに，子ども時代を振り返りつつ，現在の子どもの育ちについて考えてほしいなと思います。みなさんが子どもたちの良きサポーターになってくださることを願っています。

にしかわ
西川ハンナ (創価大学文学部社会福祉専修)
『保育士の今を問う相談援助』(共著，2014，ミネルヴァ書房)『社会福祉士相談援助演習第2版』(共著，2015，中央法規出版)
子どもの抱える問題は複雑で多岐にわたります。子どもやその保護者を支えるためにどんな力や技術が必要か，子どもに携わろうと考える方は，どの切り口からでもよいので深めてみてください。

おおにしひとし
大西 斎 （東京未来大学こども心理学部こども心理学科こども保育・教育専攻）

『憲法と学校教育』（単著，2012，大学教育出版），『ワンステップ憲法』（共著，2015，嵯峨野書院）

わが国は法治国家である以上，学校教育での制度や多くの事象（校内暴力・いじめ・モンスターペアレントなど）を考えるうえにおいて法制度は重要な役割を果たします。その点を意識して勉学に取り組んでください。

さ さ き ゆ み こ
佐々木由美子 （東京未来大学こども心理学部こども心理学科こども保育・教育専攻）

『保育における子ども文化』（共著，2014，わかば社）『エピソードから楽しく学ぼう 環境指導法』（編著，2017，創成社）

子どもたちのように，驚きや感嘆をもって世界をみることができたら，どんなに幸せでしょう。「不思議だな」「どうして？」と思う心は，学びの土台です。心をたくさん動かして，未知の世界を探求してください。

たかはしふみ こ
髙橋文子 （東京未来大学こども心理学部こども心理学科こども保育・教育専攻）

『美術 2・3下』（「仏像の美」授業実践掲載，2012，日本文教出版）「印象派絵画によって光と影の捕色対比とその効果を理解する授業実践──クロード＝モネ『ポール＝ドモアの洞窟』を用いて」（単著，2011，美術教育学，32）

幼児は，色や形や素材をおもちゃのツールとして，その美しさや楽しさを体感します。予定調和ではないところにその造形・美術の面白さがあります。守りではなく攻めていく関わりを楽しんでください。

もりかおる
森 薫 （東京未来大学こども心理学部こども心理学科こども保育・教育専攻）

「となえうたの教材化に関する基礎的検討──「どれにしようかな」の採集調査と「活動理論」をふまえて」（単著，2016，教材学研究，27）『保育内容 音楽表現』（共著，2010，一藝社）

子どもたちが日々の暮らしの中でふと発するつぶやきに耳を傾けてみると，その中に，うたの種が含まれているかもしれません。それを見つけ，受けとめ，子どもたちと一緒に育てていきましょう。

なかわ なぎさ
中和 渚（関東学院大学建築・環境学部）
Fun with MATH（共著，2012，啓林館，全9巻），"Children's Social Values Expressed in a Number Activity in a Japanese Kindergarten"（単著，2016，Proceedings of the 40th Conference of the International Group of the Psychology of Mathemathics Education）
子どもたちには素晴らしい発想があり，また独特の思考があります。彼らとの触れ合いの中で，できないことにフォーカスするよりも，何ができるのかという可能性を宝物探しのようにしてみてください。

おかもとあきひろ
岡本明博（東京未来大学こども心理学部こども心理学科こども保育・教育専攻）
『障害児心理入門第2版』（共著，2013，ミネルヴァ書房）『つながる・つなげる障害児保育』（共著，2015，保育出版社）
障害のある子どもとの出会いから，インクルーシブ保育に関心をもつようになりました。障害のある子どもの保育について共に考えていきましょう。

いまい やすはる
今井康晴（東京未来大学こども心理学部こども心理学科こども保育・教育専攻）
『子育て支援の理論と実践』（共著，2016，保育出版会）『新しい保育原理』（共著，2016，大学図書出版）
保育者は子どもだけでなく家庭も支援します。子どもの喜怒哀楽を保護者と共有する瞬間に楽しさ，喜び，やりがいを感じることでしょう。

しょざわじゅん
所澤 潤（東京未来大学こども心理学部こども心理学科こども保育・教育専攻）
『台湾のなかの日本記憶』（共編著，2016，三元社）「『小学校生徒用物理書』の時代と伊能せう『物理筆記』」（単著，2013，科学史研究，52）
子どものためによかれと思ってやっていることが，実は子どもをスポイルしていることがあります。多文化共生に関わってきた私の経験です。学び続けることで，狭い経験や俗説からくる誤りを乗り越えましょう。

子ども学への招待
――子どもをめぐる22のキーワード――

2017年4月25日　初版第1刷発行　　　　　　　〈検印省略〉

定価はカバーに
表示しています

編著者	近藤　俊　明
	渡辺　千　歳
	日向野　智　子
発行者	杉田　啓　三
印刷者	江戸　孝　典

発行所　株式会社　ミネルヴァ書房
607-8494　京都市山科区日ノ岡堤谷町1
電話代表　(075) 581-5191
振替口座　01020-0-8076

© 近藤・渡辺・日向野ほか, 2017　　共同印刷工業・清水製本

ISBN978-4-623-07899-8
Printed in Japan

森上史朗／大豆生田 啓友 編
よくわかる保育原理[第4版]
B5判・208頁
本体2200円

室田一樹 著
保育の場で子どもを理解するということ
●エピソード記述から"しる"と"わかる"を考える
A5判・172頁
本体2200円

子どもと保育総合研究所 編
子どもを「人間としてみる」ということ
●子どもとともにある保育の原点
四六判・308頁
本体2200円

ヴァスデヴィ・レディ 著／佐伯 胖 訳
驚くべき乳幼児の心の世界
●「二人称的アプローチ」から見えてくること
A5判・378頁
本体3800円

サトウ タツヤ／北岡明佳／土田宣明 編著
心理学スタンダード
●学問する楽しさを知る
A5判・288頁
本体2800円

子安増生 編
よくわかる認知発達とその支援[第2版]
B5判・216頁
本体2400円

子安増生 編著
「心の理論」から学ぶ発達の基礎
●教育・保育・自閉症理解への道
A5判・264頁
本体2700円

松本博雄／常田美穂／川田 学／赤木和重 著
0 1 2 3　発達と保育
●年齢から読み解く子どもの世界
A5判・240頁
本体2200円

―― ミネルヴァ書房 ――
http://www.minervashobo.co.jp/